"一带一部"论纲
基于区域协调发展的战略建构

AN OUTLINE OF
"THE BELT AND AREA"
STRATEGIC CONSTRUCTION BASED ON
REGIONAL COORDINATED DEVELOPMENT

童中贤 等 著

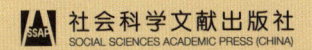

社会科学文献出版社
SOCIAL SCIENCES ACADEMIC PRESS (CHINA)

童中贤

湖南省社会科学院社会学研究所所长、城市发展研究中心主任，研究员。兼任中国社会学学会理事、中国领导科学研究会理事、中国软科学研究会理事、湖南省长株潭城市群研究会常务副会长、湖南省社会学学会常务副会长。主要从事城市发展、区域经济、社会治理、公共管理等领域的研究，先后出版著作20余部，其中独著4部、主著6部、主编（包括执行主编）9余部，发表论文200余篇，其中30余篇（次）被《新华文摘》、《中国社会科学文摘》、人大复印报刊资料等转载。主持国家社会科学基金课题1项、国家软科学研究计划项目1项、省部级课题20余项。获享受国务院政府特殊津贴专家等称号。

编委会

顾　问：刘茂松　方向新
主　任：童中贤
副主任：何绍辉　熊柏隆　刘　晓
委　员：（以姓氏笔画为序）
　　　　邓吉祥　申　晖　印道胜　刘　晓　杨盛海
　　　　李海兵　何绍辉　陈　律　范东君　周永根
　　　　周海燕　黄永忠　韩未名　童中贤　熊柏隆

序 一

金 碚*

区域协调发展是经济现代化进程中的重大问题，特别是对于幅员辽阔的大国，解决可能产生的区域发展不平衡的矛盾和问题，对于实现长期可持续发展具有重大战略意义，当然也是一个很大的难题。习近平总书记指出，"我国幅员辽阔、人口众多，各地区自然资源禀赋差别之大在世界上是少有的，统筹区域发展从来都是一个重大问题"。当前，我国经济由高速增长阶段转向高质量发展阶段，区域发展不平衡现象受到社会高度关切，国家发展对区域协调发展提出了新的更高要求。如何适应新形势新要求，谋划区域协调发展新思路，增强区域发展战略的联动性、协调性和整体性，是关系区域发展形成全国一盘棋的重大理论和现实问题。

"一带一部"是根据习近平总书记视察湖南工作时提出的关于区域协调发展战略原则和构想，所形成和勾画出的湖南经济发展整体性框架构思，习近平总书记指出：湖南要"发挥作为东部沿海地区和中西部地区

---

* 金碚，中国社会科学院学部委员，中国区域经济学会会长，研究员，博士生导师，国家社会科学基金评审委员，享受国务院政府特殊津贴专家。

过渡带、长江开放经济带和沿海开放经济带结合部的区位优势，抓住产业梯度转移和国家支持中西部地区发展的重大机遇，提高经济整体素质和竞争力，加快形成结构合理、方式优化、区域协调、城乡一体的发展新格局。"这一战略思想虽然主要是针对湖南经济的，但也体现了全国区域协调发展的全局性要求，将湖南经济发展的战略定位于全国经济发展的大战略之中。本书围绕这一战略思路进行了深入研究，是一个很有价值的研究成果。

自"一带一部"战略原则和构思提出之后，相关学术界和实际工作部门就开始进行多方面的研究和讨论，形成了一些共识，也有一些不同的理解和观点。本书认为，"一带一部"既是湖南战略，也是全国战略；既是发展战略，也是现实策略；既是湖南崛起的必然趋势，也是未来前行的必由之路。基于这样的思路，就更需要对"一带一部"进行全面、系统、深入的研究以及相关现实问题的探讨。

本书从"一带一部"的战略定位、战略使命、战略空间构想、国家战略联动、发展战略路径、发展战略保障等诸多方面进行了全面系统的讨论，理论密切联系实际，既有原创性的学术价值，也有务实的应用价值。读之获益良多，至少在以下几个方面值得细细品味。

一是全面系统阐释了"一带一部"的战略取向。作者阐释了，自改革开放以来，我国实施了东部率先、西部开发、东北振兴、中部崛起等一系列区域发展战略。继而以习近平同志为核心的党中央统筹内外、放眼全球，提出"一带一路"倡议和京津冀协同发展、长江经济带发展、粤港澳大湾区建设、长三角一体化发展等重大战略部署，推动形成东西南北纵横联动的区域发展格局。那么，在这一大格局中，湖南居于怎样的地位和负有什么使命呢？"一带一部"就是明确的战略方向，即湖南要发挥中国地区发展大格局中的"过渡带"和"结合部"的独特作用；既明确了湖南经济发展方向和定位，也是促进全国区域协调发展的明智抉择，当然，也是加快实现中部地区崛起的重要举措。

二是多维度分析了"一带一部"在国家发展中的区域位能。在明确了"一带一部"的战略取向和格局定位的基础上，本书对湖南经济以及实现这一战略的区域位势条件进行了较透彻的分析和研究。湖南位于湖北、重庆、贵州、广东、江西等省份之间，交通四通八达，是连接西南、华中、华南的腹地枢纽。本书不仅研究了湖南实行"一带一部"战略的独特禀赋与优势要素，而且深入讨论了湖南作为中国地区发展"过渡带"和"结合部"的区域位能。基于产业梯度转移、城市集群行为以及新区域发展等理论，廓清了湖南一度自感"不是东西"的迷茫。其中有些分析内容，读来可以让人有耳目一新的感觉。

三是探讨了实施"一带一部"战略的务实举措。实践是理论之源，理论是实践的先导。推动落实"一带一部"战略，需要靠湖南省六千八百万人坚持不懈的创造实践和长期不断的大胆创新，湖南人历来就有敢为天下先的文化传统和敢叫日月换新天的气魄。全书通过对"一带一部"产业体系构建、中心城市建设、战略联动、发展路径等诸多方面的新颖构思，提出了一系列对策建议，可以作为湖南更好融入国家战略和全方位对接跨域联动的战略实施的有益参考。

总之，本书从广视野、大格局、多层次上阐发了湖南的发展战略，无论在理论研究上还是在实践应用中，都是一个具有独到见解的智力贡献。

是为序。

2020 年 4 月于北京

序 二

深耕"一带一部"战略研究的精品力作

刘茂松[*]

湖南属于长江中游地区,南毗广东、通港澳台,东临江西、通苏沪杭,北连湖北、通江入海,西接川渝,通东南亚,有所谓"沿海的内陆,内陆的前沿"之称,是我国东部与中西部两大经济地域的连接带,具有承东启西、贯通南北、辐射周边的重要中枢功能。改革开放以来,湖南的发展战略定位前后经历了两个大的阶段,2005年以前先后提出了"以开放对开放,以开放促开发,建立湘南改革开放过渡试验区"、"放开南北两口,建设五区一廊,拓宽三条通道,加速西线开发"和"呼应两东(广东和浦东),开放带动,科教先导,兴工强农"等三大发展战略,总体上都是强调湖南的"通道与承接"的过道性功能,处于"传递中吸纳"的阶段,且支柱产业和先导区域不突出,分散开放开发的问题明显。2006年后提出"一化三基"和"四化两型"战略,突出了新型工业化强势带动和建设"3+5"长株潭城市群。这个阶段湖南的区位战略开始改变单纯的"通

---

[*] 刘茂松,经济学教授,博士生导师,享受国务院政府特殊津贴专家,湖南省首届优秀社会科学专家,湖南省经济学学会名誉理事长,湖南师范大学湖南经济研究所所长。

道与承接"定位，更多地强化了要素集聚和重点产业的集中发展，在长株潭城市群打造了工程机械、汽车及零部件、电子信息与新材料、轨道交通设备和钢铁冶金等千亿级产业和长沙高新技术产业开发区、株洲高新技术产业开发区、长沙经济技术开发区、湘潭经济技术开发区等千亿级园区，基本形成了湖南的核心增长极，推动湖南快速进入工业化中期，湖南由一个传统农业社会历史性地进入了现代工业社会，经济总量规模进入全国前十位以内，同沿海发达地区的差距明显缩小。当然，发展中的矛盾也比较突出，主要是传统产业占比很高，超过60%，经济发展的技术水平较低，亟须实现全面的转型升级发展。

正是在这种情况下，2013年11月初习近平总书记来湘视察工作时提出湖南应发挥作为东部沿海地区和中西部地区过渡带、长江开放经济带和沿海开放经济带结合部的区位优势，抓住产业梯度转移和国家支持中西部地区发展的重大机遇，提高经济整体素质和竞争力，加快形成结构合理、方式优化、区域协调、城乡一体的发展新格局。从经济地理学视域分析，"过渡带"的自然地理本质是指湖南作为内陆地区与沿海地区的地理联结带，在经济上表现为发展中地区同发达地区间产业与要素梯度转移的关联性，具有大过道、大容量、大承接的特征，是沿海产业梯度转移的腹地；而"结合部"则是在发展现代交通的前提下，国家提出长江经济带建设新战略后，处于长江中游的湖南具有了融合长江内陆流域开放带同沿海国际开放带的功能，具有大通道、大集聚、大都市的特征，呈现出打造内陆沿江沿河开放高地的新常态。基于此，"一带一部"改变了湖南的经济发展战略坐标，以新经济地理弥补自然地理的缺陷，进而把湖南放到了国家全方位纵深推进开放型经济的大战略中。所以，"一带一部"是党中央对湖南在我国深化改革和经济转型时期打造中国经济升级版大格局中经济战略区位的新定位，更是对湖南在我国长江经济带建设大战略中经济发展地位的新提升。总之，发挥"一带一部"区位优势，是新时期党中央对湖南经济实现高质量快速发展的重大战略布局。

习总书记"一带一部"重要指示提出六年多来，湖南省理论界和实际部门认真学习研究和贯彻落实，做了许多工作，取得了一些成绩。记得2013年12月20日在中共湖南省委召开的经济工作务虚会议上，我作为专家在大会发言中提出以做好"结合部"和"过渡带"为战略抓手，着力突出创新驱动发展的对策建议，尔后湖南省"十三五"规划正式提出实施"一带一部"战略，等等。但总的来看，湖南省推进"一带一部"战略无论是在认识上还是实践上都还存在一定差距，主要是对"一带一部"重要指示在研究上还缺乏学理性深度、认识上还缺乏自觉性高度、落实上还缺乏战略性力度，某些地方和部门甚至存在穿靴戴帽、流于形式的现象。对此，我们认为，在"十四五"新的发展时期即将到来之时，湖南很有必要对"一带一部"战略进行再认识、再深化、再行动。最近，湖南省社会科学院童中贤研究员主持完成的"'一带一部'战略研究"成果，为湖南进一步深入贯彻习总书记的重要指示，深化"一带一部"战略理论研究，做出了新探索，做出了新解释，提出了新思路，颇具理论价值和实践参考价值。

本研究成果认为，发挥"一带一部"区位优势，是党中央对新时代湖南发展提出的总战略、总纲领、总方针，为新时代湖南发展明确了定位、指明了方向、赋予了重大使命。全书以此为红线贯穿始终，系统研究了"一带一部"战略的科学内涵、发展基础、战略使命、战略空间、战略位能、战略重点、战略路径和战略保障，还研究了"一带一部"产业体系以及其同国家战略的联动问题。整个研究具有政治自觉性、理论创新性、战略科学性和对策系统性，有理论深度和战略高度，是一部区域经济发展战略研究的精品力作。通读全文后我特别感到，本书可帮助我们较为系统地掌握空间经济学常识，提高对以下三大核心问题的认识水平。

一是有助于提高对"区位"的认识。发挥"一带一部"区位优势，首先是如何科学认识区位和合理利用区位的问题。本书具有创意地提出"一带一部"优势区位战略是我国区域发展战略的一个逻辑"奇点"，深入研究了其地理空间、区位特点、发展思路、发展战略、责任担当和系统思维等六大内涵，并进一步论证湖南"一带一部"战略相对于国家"四大板块战略"，尽管其空间"小"，但能量密度、交会幅度、发展潜力、经济实力相对较大，因而在空间上关系到我国东中西地区、长江开放经济带和沿海开放经济带贯通的大局，这就使湖南由以往在全国自然地理格局中的内陆封闭区位转化为新时期我国新经济地理的中心枢纽区位，极大地深化了人们对湖南区位的认知。而且，本书还从优化国家空间治理结构上阐明了湖南"一带一部"优势区位利于内陆腹地开放崛起的经济地理效应，使人们认识到实施"一带一部"优势区位战略对整个湖南经济高质量发展的引领性和促进长江经济带建设的支撑性。

二是有助于区域"位能"的充分发挥。本书一个重要的贡献是引入物理学势能概念提出区域位能战略。所谓区域位能是指一个区域因所在的位置不同而具有的能量，其随区域自身条件和外部环境的变化而变化，同时也随区域与其他区域的空间联系而变化，是一种状态量。基于区域位能原理，本书首创性地设计了"一带一部"优势区位战略位能结构，在全省首次勾画出湖南"承东：承接东部产业转移；启西：打造湘黔高铁经济带；融南：增强粤港澳腹地动能；贯北：协同做强长武郑都市带；引中：共建长江中游城市群"的空间治理蓝图，全方位连接全国空间战略布局，以充分发挥"一带一部"优势区位在我国东部与西部之间、南部与北部之间的传导及聚集作用。这里尤其值得一提的是打造长株潭都市圈，创建国家中心城市，这是"一带一部"区域战略位能的核心。基于地理学对地域本质的认识，湖南北部的长江开放经济带，沿京广大通道向南辐射到长株潭与沪昆大通道交会形成四方通衢枢纽，直连以粤港澳大湾区为中心的沿海开放经济带，长株潭便构成了长江开放经济带同沿海开放经济带结合的空间节点。因此，推进长株潭一体化行政管理，在长江中游南部建成内陆开放式国家中心城市，使之同武汉一道成为长江中游城市群南北双核心结构，疏解武汉人口及产业，减少过度集聚的拥挤现象，实现长江中游城市群协同发展，促进中部崛起，并为湖南高质量快速发展提供新动能，其国家战略地位意义显著。

三是有助于推进对落后"区划"的调整。行政区划是国家为了进行分级管理而实行的国土和政治、行政权力的划分，并要结合经济社会的变化进行相应调整，以支持和促进区域发展。十九届四中全会通过《中共中央关于坚持和完善中国特色社会主义制度 推进国家治理体系和治理能力现代化若干问题的决定》明确指出"优化行政区划设置，提高中心城市和城市群综合承载和资源优化配置能力"。因此，实施"一带一部"战略必须下决心解决现有行政区划与经济区发展脱节的问题，着力推进长株潭国家中心城市的创建和促进各层级城市群发展，以充分发挥优势区域承载更多产业和人口的价值创造作用，促进湖南经济高质量发展。正是基于此，本书提出要深化改革开放，在行政区划改革上打开新局面，如积极推进长株潭行政一体化以打破各自为政的局面，加快建立津澧新城、衡山南岳、新化冷水江合并发展体制，适时组建武岗、攸州两个新的地级市，推动符合条件的县改城区等，这对优化湖南行政区划设置，完善行政治理体系和提高治理能力颇具参考价值。

总之，无论是理论研究还是战略设计，无论是制度创新还是政策建议，本书都堪称学界关于"一带一部"战略研究的深耕力作。我相信，这部著作的出版将对湖南经济高质量发展、实现创新引领开放崛起、加快建设富饶美丽幸福新湖南，发挥重要的决策咨询作用。

是为序。

2020 年 3 月 10 日于蓉园

前　言

2013年11月初，习近平总书记来湘视察工作时明确指出："希望湖南发挥作为东部沿海地区和中西部地区过渡带、长江开放经济带和沿海开放经济带结合部的区位优势，抓住产业梯度转移和国家支持中西部地区发展的重大机遇，提高经济整体素质和竞争力，加快形成结构合理、方式优化、区域协调、城乡一体的发展新格局。"[①] 这一殷切嘱托，本书称为"一带一部"战略，是中央对新时代湖南发展提出的总战略、总纲领、总方针，为新时代湖南发展明确了定位、指明了方向、赋予了重大使命，提供了认识论与方法论的逻辑支撑。

"一带一部"是个新战略。这是习近平总书记以对经济发展规律的深透把握和对湖南地理区位、历史地位、时空方位的深谋远虑提出来的，全新凸显了湖南在国家战略中的区域价值。改革开放以来，湖南区域发展战略经历了一个长期发展演变的过程，既实施过"南向战略""东向战略""北向战略""西向战略"等"单向发展"战略，也实施过"五区一廊""一点一线"等"点线结合"战略，还实施过"三大板块""四大板块"等"区块联动"战略。这些战略都是根据当时实际形成的，也取得了较大

---

① 《习近平在湖南考察时强调深化改革开放推进创新驱动》，新华社，2013年11月5日。

成效。但由于历史原因和认识的局限性，无论是"单向发展"战略，还是"点线结合"战略，抑或是"区块联动"战略，都只是一种局域性定位，存在全局性、整体性、时效性不足等缺陷，而"一带一部"战略，既是站在国家区域战略的高度审视和评价湖南，又是站在湖南角度思考和谋划新的发展方略与路径，是自然地理过渡带与新经济地理结合部耦合的一种新模式，是促进局域空间与整体空间联结的一个新指引。

"一带一部"是个好战略。战略的好坏不是主观臆断出来的，而是体现在科学性、可操作性、灵活性上，是经过深入思考后，发现一个核心问题，针对这个问题所思考出的一个系统的解决方案。这个方案的过程是具体的，有明确实施的条件、目的、任务、力量、路径或举措。好的战略能发挥竞争优势与质的变革。"一带一部"不仅深化了湖南的区域优势，揭示了其经济优势、竞争优势和发展优势，而且强化了区域内外的联动性和综合性；以区域担当与作为，将区位优势转化为经济优势、通道优势转化为聚合优势、竞争优势转化为发展优势，质的变革才能成功。此外，好的战略必须具有灵活性，能够相机对战略进行相应调整，使战略在各种可能的挑战和危机面前能应对自如。

"一带一部"是个大战略。首先是战略格局大，它是在国际环境发生深刻变化、国内发展面临转型升级的新常态下，为湖南也是为全国区域发展谋划的大思路、大指引、大愿景。其次体现全局性，关系我国东中西地区、长江开放经济带和沿海开放经济带贯通的大局，关系湖南未来的发展方向，是湖南区位优势的延伸和升级。最后增强大动能，让湖南不再只是立足中部崛起进行谋划，而是放眼全国，明确了湖南应在我国区域重大发展战略中发挥区位优势，在更大范围内勾联空间区块、吸引要素集聚，形成湖南经济社会持续发展的大载荷、大极化、大动能，为全国经济社会发展做出更大贡献。

推动"一带一部"战略实施，意义重大而深远。第一，是促进全国区域协调发展的必然选择。"一带一部"战略虽然是针对湖南提出的，但显然是统筹国家区域发展战略的一种新思路。通过实施"一带一部"战略，加快为粤港澳大湾区建设、长江三角洲区域一体化发展提供经济腹地支撑和长江经济带提供重要战略支撑，促进国家区域总体发展战略实施，为优化国家改革开放空间布局做出贡献，对落实国家统筹区域协调发展战略具有重要意义。第二，是加快实现中部崛起的战略支撑。"一带一部"战略是中部崛起战略的重要支撑，作为地处中部的湖南，通过"一带一部"战略的实施，提高经济整体素质和竞争力，在发展壮大自身的同时有效支撑中部崛起。第三，是促进内陆双重开放的重要举措。"一带一部"战略给湖南的开放格局带来了新的科学审视，它将湖南融入长江开放经济带的发展战略，将湖南引入沿海开放经济带的开放格局，强调了湖南在推动内陆开放中的示范作用，蕴含了要加大湖南外向型经济发展，打造内陆开放新高地，形成内陆开放发展样板的特殊意义。第四，是推动高质量发展的内在要求。"一带一部"战略不仅蕴含了高质量发展的内在要求，而且提出了实施高质量发展的战略路径，即"抓住产业梯度转移、国家支持中西部发展的机遇，提高经济整体素质和竞争力，加快形成结构合理、方式优化、区域协调、城乡一体的发展新格局"。第五，是提升新时代湖南发展战略的现实需要。改革开放以来，湖南区域发展战略经历了一个"单向发展—点线结合—区块联动"的长期发展演变过程，这些战略大多都只是一种局域性定位，全局性、整体性、系统性不强，"一带一部"战略是湖南区域战略定位实践经验的升华。

推动"一带一部"战略实施，湖南具有诸多优势，主要体现在区位交通优势、产业基础优势、对外开放优势、科技人文优势等方面。第一，湖南的区位交通优势突显。湖南北吞长江，南抱粤港，西引腹地，东接沪杭，既是沿海的内陆，又是内陆的沿海，区位优势可谓得天独厚。湖南交通基础设施完善，随着全国交通现代化的推进，湖南已形成"三纵三横"铁路网、"五纵六横"调整公路网、"一江一湖四水"水运网、"一干十支"航空网大格局。第二，湖南的产业基础优势突出。湖南是制造业大省，经过多年的努力，已经形成了工程机械、轨道交通、航空航天等一大批制造业品牌，逐步建立起较为完备的现代产业体系。第三，湖南的对外开放优势明显。湖南抓住国家对外开放战略机遇，主动融入"一带一部"建设，畅通北大门，建设好岳阳长江黄金水道、城陵矶新港，打开南大门，建设湘南承接产业转移示范区，完善西部陆海大通道，复制推广国家自贸试验区改革经验，打造中国—非洲经贸博览会国家级开放平台，形成良好的对外开放态势。第四，湖南的科技人文优势显著。湖南科技教育发达，居全国科技创新能力较强的地区行列，文化底蕴深厚，是华夏文明的重要发祥地之一，以"心忧天下、敢为人先、经世致用、兼收并蓄"为性格特质和以"吃得苦、霸得蛮、扎硬寨、打硬仗"为优良传统的湖湘文化薪火相传，培育形成了"忠诚、担当、求是、图强"的湖南精神，将为"一带一部"战略实施提供无穷无尽的战略力量。

同时应当看到，"一带一部"战略思想提出以来，我们从理论和实践上都做了不少探索和努力，也取得了一定成效。但应该承认，推进"一带一部"战略，发挥"一带一部"效应，我们交上的答卷，离总书记的要求还有相当大的差距。究其原因，主要还是对"一带一部"的深刻内涵、精神实质和实践要求领悟不深、把握不准、上劲不大。有的认为"一带一部"与"一带一路"扯不清、说不明；有的认为这个定位原来也提过，没什么新意；有的认为"一带一部"只是发展定位，不是发展战略；等等，结果就出现了把"一带一部"挂在嘴上、写在纸上，而不能真正内化于心、外化于行的现象，这样交出的答卷，成绩就可想而知了。因此，这就需要全省上下切实扭住"一带一部"战略不放松，对其进行再认识、再对标、再深化、再出发。

"一带一部"战略思想内涵是非常丰富的，不仅具有地理空间含义，更具有区域优势含义，不仅具有发展思路含义，更具有发展战略含义，不仅具有局部含义，更具有全局含义，因此，"一带一部"是个新战略、好战略、大战略。既是湖南的，更是全国的；既是自然地理的，更是区域优势的；既是现在的，更是未来的；既是实然的，更是应然的；既是经验总结，更是理论升华；既是发展定位，更是发展战略，等等，具有长期性、方向性、全局性、整体性、协同性、成长性等特征。

实施"一带一部"战略是一项宏大的系统工程，战略性强、涉及面广，需要我们突出重点，精准发力，当前尤其要扎实做好"五大"文章。一是增强大位能，承东——提升产业转移承接能力，启西——打造湘黔高铁经济带，融南——增强粤港澳腹地动能，贯北——协同做强长武郑都市带，引中——共建长江中游城市群。二是担当大使命，做强国家空间枢纽，升级国家经济重地，严守国家生态屏障，创优国家示范基地，促进国计民生保障。三是促进大联动，共建长江经济带，融入粤港澳大湾区，对接"一带一路"，呼应京津冀协同发展。四是构建大体系，即构建现代产业体系、现代城镇体系、现代治理体系、绿色发展体系。五是打造大引擎，就是要加快做大做强环长株潭城市群，加快推进长株潭同城化发展，力争把长株潭打造成国家中心城市。

目　录
CONTENTS

第一章　"一带一部"区域战略擘划　　001
  一　"一带一部"的科学内涵　　003
  二　"一带一部"的逻辑判断　　010
  三　"一带一部"的重大意义　　016

第二章　"一带一部"发展基础考察　　025
  一　历史演进轨迹　　027
  二　共生发展优势　　036
  三　协同崛起机遇　　049

第三章　"一带一部"发展战略使命　　057
  一　国家空间枢纽　　059
  二　国家经济重地　　064
  三　国家生态屏障　　071
  四　国家示范基地　　075
  五　国计民生保障　　096

第四章　"一带一部"战略空间构造　　101
  一　空间结构演变　　103
  二　空间要素解析　　108

　　　　三　空间体系构建　　　　　　　　　118

第五章　"一带一部"产业体系构建　　127
　　　　一　现代产业体系发展的基本概况　　129
　　　　二　现代产业体系建设的重点任务　　137
　　　　三　现代产业体系构建的路径选择　　146

第六章　"一带一部"中心城市建设　　155
　　　　一　中心城市发展的重要意义　　　　157
　　　　二　我国国家中心城市布局　　　　　171
　　　　三　"一带一部"中心城市培育　　　182

第七章　"一带一部"区域战略位能　　191
　　　　一　承东：承接东部产业转移　　　　193
　　　　二　启西：打造湘黔高铁经济带　　　200
　　　　三　融南：建成粤港澳的通勤区　　　206
　　　　四　贯北：协同做强长武郑都市带　　212
　　　　五　引中：共建长江中游城市群　　　218

第八章　"一带一部"国家战略联动　　225
　　　　一　融合联动：长江经济带　　　　　227
　　　　二　邻接联动：粤港澳大湾区　　　　234
　　　　三　节点联动："一带一路"　　　　238
　　　　四　平台联动：京津冀城市群　　　　244

第九章　"一带一部"发展战略路径　　249
　　　　一　建构跨越发展平台　　　　　　　251
　　　　二　聚集创新崛起动能　　　　　　　256

三　创建互利共赢市场　261
　　四　缔造产城融合载体　266
　　五　推进项目建设发展　270

第十章　"一带一部"发展战略保障　277
　　一　深化改革开放　279
　　二　创新现代治理　284
　　三　完善政策体系　289
　　四　增强文化自信　293

参考文献　299

后　记　307

第一章

"一带一部"
区域战略擘划

"一带一部"论纲:基于区域协调发展的战略建构

"一带一部"是习近平总书记睿智敏视，基于对中国区域经济发展大势的宏观辨识和对湖南地理区位、历史地位、时空方位深谋远虑的战略导向，更加鲜明地凸显了湖南在国家区域发展战略升级中的独特价值、重要支撑和实践策引。根据习总书记的科学论述，深刻领悟、准确认识、充分把握湖南作为"一带一部"的新空间、新使命、新赋能，重新审视、高远谋划湖南发展的新定位、新愿景、新举措，具有极其深远的历史引领意义和重大的现实自觉作用。

一 "一带一部"的科学内涵

"一带一部"既是习总书记指导湖南发展的核心理念，也是推进湖南跨域共生的前瞻战略，更是加速湖南强势崛起的实践大策。值得各界从湖南局部与国家大局、当下发展与长远取向、理论基础与现实抉择等方面认真探讨和理性思考。

（一）"一带一部"概念的提出

进入21世纪后，党中央、国务院相继制定了积极推进西部大开发、振兴东北地区等老工业基地、促进中部地区崛起、鼓励东部地区率先发展等区域发展战略，要求充分发挥各个地区的优势和积极性，通过健全市场机制、合作机制、互助机制、扶持机制，逐步扭转区域发展差距拉大趋势，形成东中西相互促进、优势互补、共同发展的新格局。这是我国推进区域发展的"四大板块战略"。党的十八大后，以习近平同志为核心的党中央审时度势、内外统筹，先后提出了推进"一带一路"建设、京津冀协同发展和长江经济带发展三大战略，着眼于实现一体联动和重点突破相统一，促进区域协调发展。这是学界所说的"三个支撑带"战略。① 在这些区域战略中有没有一个区域战略奇点呢？

2013年11月3日至5日，习近平总书记在湖南考察时明确提出，湖南要"发挥作为东部沿海地区和中西部地区过渡带、长江开放经济带和沿海开放经济带结合部的区位优势，抓住产业梯度转移和国家支持中西部地区发展的重大机遇，提高经济整体素质和竞争力，加快形成结构合理、方式优化、区域协调、城乡一体的发展新格局"。这里所提到的"过渡带"和"结合部"被概括为"一带一部"，这是习近平总书记在正确把握我国经济发展空间结构发生深刻变化现实的大背景下做出的科学论断，符合区域经济非均衡与均衡发展交替演进的客观规律。

由此可见，"一带一部"可以说就是我国区域发展战略的一个逻辑"奇点"。所谓"奇点"，既是一个物理学、宇宙学概念，也是一个数学概念。物理上把一个存在又不存在的点称为奇点。空间和时间具有无限曲率的点，空间和时间在该处完结。经典广义相对论预言奇点将会发生，"在具有合理物质源的广义相对论的经典理论中引力坍缩情形中的空间—时间奇性是不可避免的，在一定情形下奇点必须存在"。引力奇点是大爆炸宇宙论所说到的一个"点"，即"大爆炸"的起始点。该理论认为奇点是一个密度无限大、时空曲率无限高、热量无限高、体积无限小的"点"。把"奇点"引入区域发展战略中，"一带一部"就具有这样一些特征。无论是相对于"四大板块战略"还是"三个支撑带"战略，"一带一部"的空间肯定是"小"的，但是其能量密度、发展潜力、经济实力相对来说都比较大。"湖广熟，天下足"，湖南是中部地区的重要省份，在推动中部崛起中实现高质量发展有基础、有优势、有条件，以"一带一部"的战略视角观察21世纪的湖南发展、抉择新时代的湖南作为，聚焦更准、思域更深、行

---

① 姚星星：《我国区域发展总体战略的再认识》，《经济视角》2017年第1期。

动更实。

自"一带一部"提出以来，湖南省委、省政府积极响应。2014年初，"一带一部"作为发挥区域优势要求，被正式写入湖南省政府工作报告。2016年，中国共产党湖南省第十一次代表大会报告指出：习近平总书记到湖南视察时，从全局视野和战略高度科学阐述了湖南"一带一部"的区位优势，为湖南发展明确了定位、指明了方向。我们要紧紧抓住产业梯度转移、空间梯度开发、开放梯度推进和国家实施"三大战略"等重大机遇，发挥"过渡带"优势集聚资源要素，发挥"结合部"优势扩大对外开放，提高经济整体素质和竞争力，加快形成结构合理、方式优化、区域协调、城乡一体的发展新格局。

（二）"一带一部"的深刻内涵

"一带一部"，简而言之即东部沿海地区和中西部地区的"过渡带"、长江开放经济带和沿海开放经济带的"结合部"。"一带一部"思想内涵深刻而丰富，不仅具有科学理性视角含义，更具有高远精准判识含义；不仅具有国土空间区位含义，更具有地缘经济板块含义；不仅具有发展战略定位含义，更具有决策赋能取向含义。

从国家地理空间来看，符合东部沿海地区和中西部地区"过渡带"地理特征的区域并不是只有湖南，还有同居中部地区的河南和山西；而符合长江开放经济带和沿海开放经济带这一"结合部"地理特征的区域也不是只有湖南，还有同居中部地区的江西和安徽。但同时符合"过渡带"和"结合部"的区域，除了湖南则再找不出第二个地方了。这既是湖南区域独特性的重要体现，更是湖南区域战略性的重要体现。同时，如果以长株潭为圆心、以1000公里为半径画圈，覆盖的区域包括广东、广西、贵州、重庆、四川、湖北、陕西、河南、安徽、江苏、上海、浙江、江西、福建及港澳台等地区。中国一半以上的人口和经济都在以长株潭为圆心的圆圈内，湖南区位优势可谓得天独厚。

"一带一部"主要有六个方面的含义。一是地理空间含义,地理空间是物质、能量、信息的数量及行为在地理范畴中的广延性存在形式。湖南在国家地理版图上处在东部沿海地区和中西部地区的"过渡带";同时,又处在长江开放经济带和沿海开放经济带的"结合部"。二是区位优势含义,我国东部比较发达,中西部相对落后,湖南作为连接东部和中西部的"过渡带",具有承东启西、连南接北的区位优势;同时,在我国改革开放的发展时序结构中,沿海开放经济带发展较早,长江开放经济带相对滞后,湖南作为长江开放经济带和沿海开放经济带的"结合部",又具有在开放发展中的优势互补、资源共享的区位优势。三是发展思路含义,湖南要充分利用"过渡带"区位优势,综合东中西部的发展优势,集聚优势资源,构建区域经济发展的新格局;同时,湖南又要综合长江开放经济带和沿海开放经济带的开放优势,构建"对内开放"和"对外开放"相结合的区域经济开放新格局。这种开放新格局,既要实现长三角、珠三角、中三角"三角联动",使湖南由内陆"洼地"变为开放高地,全面推进长江经济带和长江中游城市群建设,使湖南由上下游连通、江河湖联动的一般节点变为战略支点;还要主动迎合国家对外开放新趋势,全方位融入国家开放新战略,坚持开放开发并举,扩大和深化对内开放与对外开放;更要有效融入国家"一带一路"倡议,加快形成全省开放开发新局面。① 四是发展战略含义,"一带一部"是中央对湖南发展的新定位和新要求,是新时代湖南开放发展的战略坐标,是统领湖南未来发展的重大战略,决定了湖南发展的战略布局和战略重点。在国际经济环境与科技变革发生深刻变化、国内发展转型升级全面加速的新常态下,运用360度空间思维与多元要素融合集成方法,将局域空间优势转化为整体发展优势,不仅是湖南加快实现中部地区率先崛起的重要举措,更是促进全国区域协调发展的必然选择。五是责任担当含义,"一带一部"不仅凸显了承东启西、连南拉北

---

① 楚尔鸣:《一带一部:奠定湖南区域自信新高度》,湖南人民出版社,2017。

的重大责任，而且承担着创新驱动、开放崛起的历史使命。在战略进程和实践行动中，需要各级、各界增强区域自信，加大改革创新力度、全面深化开放，进一步实化湖南发展的主动性、包容性与引领性，既促进省域动能转换、优化升级，更辐射带动周边地区动态融合、共生发展。六是系统思维含义，"一带一部"作为宏观战略，既是基于湖南地理区位优势的科学判断，也是聚焦湖南经济、社会、人文资源特性的综合认定，更是厘清湖南发展潜能、动能、赋能的精准识别，同时将湖南置身于全国区域发展格局和时代发展大势之中，不仅提供了精准聚焦、区域自信、整体自觉的新方法，而且体现了内因与外因、局部与整体、现在与未来、目的与手段的有机统一。

理解"一带一部"的深刻内涵，应正确把握"过渡带"和"结合部"之间的辩证关系。"过渡带"和"结合部"虽聚焦不同、语义有别，但两者共融一体，相辅相成，互为补充。"过渡带"在发挥湖南优势、汇聚中西部资源时，需以"过渡带"推展对内开放和对外开放为前提；"结合部"在承接沿海开放经济带和长江开放经济带的外溢辐射、促进内陆发展崛起时，必须以"结合部"资源承载能量为基础。因此，"一带一部"概念具有整体性、联动性、融合性与共生性，在国内区域发展板块中更具有唯一性。充分领会习总书记对湖南"一带一部"战略的科学指引，必须从全国区域互动协调发展全局、从湖南省际跨域共生发展板块的全局性、互动性、方向性和成长性上，对视角，调视距，开视野，才能明大理、顺大势、致大成，自觉主动抢抓国际经济全球化大变革和沿海产业梯度化大转移的演进机遇，积极务实把握国家实施中西部大发展、长江经济带建设、粤港澳大湾区建设、长三角一体化战略等重大战略机遇，加快湖南崛起与富民强省的现代化进程。

客观分析，推进"一带一部"战略，发挥"一带一部"效应，湖南仍存在一些短板和弱项，诸如经济综合竞争力偏低、辐射带动能量不足、开放合作面不宽、要素资源配置效率不高、公共服务短板弱项不少、部分领域创新治理滞后、社会发展不均衡不充分，等等。目前，对"一带一部"的深刻内涵、精神实质和实践要求，部分政府和知识界精英们仍然认识不深、领会不透、行动不力。有的认为"一带一部"与"一带一路"扯不清、说不明；有的认为这个定位原来也提过，没新意；有的认为"一带一部"只是发展定位，不是发展战略；等等，以致把"一带一部"仅仅挂在嘴上、写在纸上，未能真正内化于心、外化于行，务实推进，亟须全省上下凝心聚力再觉悟、再对标、再笃践。

（三）"一带一部"的战略要义

认识"一带一部"的战略要义，首先需要弄清战略一词的含义。战略一词源于军事术语，泛指对全局性、高层次重大问题的筹划和指导。通常意义上，战略是一种从全局统筹谋划的目标、纲领、规划和重大行动，战略的构成要素主要有战略目的、战略重点、战略力量、战略路径等，并具有全局性、方向性、竞争性、预见性、谋略性等特性。"一带一部"作为一个重大战略，蕴含以下重要特征。

一是全局性。在空间上，"一带一部"是联接国家区域战略的一个逻辑奇点，关系我国东中西地区、长江开放经济带和沿海开放经济带贯通大局；在时间上，"一带一部"是湖南现阶段发展定位和未来发展方向，也是湖南区位优势的拓展和升级，更是湖南位能的新赋能和动态融合，它将贯穿于指导湖南经济社会发展的各个阶段和全过程。

二是方向性。任何战略都反映一个国家、区域或集团利益的主目标与大方向，是前行主线或发展大势。"一带一部"是对湖南经济社会发展高屋建瓴的现实概括与长远谋划，是湖南未来发展的潜力所在、希望所在、出路所在。只有将"一带一部"作为统领湖南未来发展的宏大战略，积极引领湖南发展，才能加快形成结构合理、方式优化、区域协调、城乡一体的发展新格局。

三是竞争性。制定和实施战略都要针对一定的对象。通过对其各方面的情况进行分析判断，确定适当的战略目的，有的放矢地配置或运用优势力量，扬长避短，出奇制胜，以取得预期效果。"一带一部"是湖南的区位优势，是湖南在发展经济社会方面客观存在的有利条件。这种优势会随着时代的变迁、区域内部条件与外部环境的变化而变化，需要在外部因素的竞争挑战中不断激活、渐行渐强。

四是预见性。预见性是谋划的前提、决策的基础。在广泛调查研究的基础上，全面分析、正确判断、科学预测国际国内发展环境和区域关系以及竞争优势等因素的必然性与可能性变化，把握时代的特征，判明面临威胁的性质、方向和程度，科学预测未来发展的模式、路径、规模和结局。"一带一部"不仅阐明了湖南具有"过渡带"和"结合部"的区位优势，明确了湖南的发展定位，而且指出了发展结果，即要提高"经济整体素质和竞争力"，形成"结构合理、方式优化、区域协调、城乡一体的发展新格局"。

五是谋略性。战略是基于客观情况而提出的制胜策略，是在一定客观条件下，变被动为主动，化劣势为优势，实现由少变多、由弱变强、跨越发展的重要方法。运用谋略，重在对发展全局的谋划。制定战略强调深谋远虑，尊重发展的特点和规律，多谋善断，以智谋取胜。"一带一部"战略不仅廓清了战略优势、战略机遇，而且提出了战略重点、战略目标、战略路径，体现了战略的整体性、系统性、时效性、协同性、成长性特征。实施"一带一部"战略不仅是促进全国区域协调发展的必然选择，更是加快实现中部地区崛起的重要举措。

"一带一部"战略把湖南放在全国区域发展战略大局中来审视，是重塑湖南也是构筑全国发展新优势的重大战略，标志着湖南成为新时代中国经济区域动能转换的支撑性、长远性和枢纽性战略主体，改变了湖南以往地缘经济关系"临东近西""不东不西"的尴尬境地。同时，"一带一部"包含了战略的构成要素，而且其战略条件、战略目的、战略重点、战略力量、战略路径相互联系、相辅相成，是一个完整的统一体。"一带一部"

不仅是对湖南经济社会发展高屋建瓴的现实概括与长远谋划，而且是对中国经济社会特征深刻细致的理论分析与科学提升。

"一带一部"战略，不仅阐明了湖南具有"过渡带"和"结合部"的区位优势，明确了湖南的发展定位，提出了湖南的发展目标，而且指出了具体的战略重点和发展路径，即"抓住产业梯度转移、国家支持中西部发展的机遇，提高经济整体素质和竞争力，加快形成结构合理、方式优化、区域协调、城乡一体的发展新格局"。同时，既决定着战略力量建设与运用的性质和方向，又主要依靠战略力量具体贯彻落实。湖南有"心忧天下、敢为人先、经世致用、兼收并蓄"的性格特质，有"吃得苦、霸得蛮、扎硬寨、打硬仗"的优良传统，有"忠诚、担当、求是、图强"的湖南精神，有经济和科学技术的竞争实力等，能为"一带一部"战略实施提供坚实保障。

这些年来，湖南牢记总书记殷殷嘱托，围绕"一带一部"科学定位，紧紧抓住中部崛起战略机遇，着力推动高质量发展，正在加快形成结构合理、方式优化、区域协调、城乡一体的发展格局。2019年，全省经济总量逼近4万亿元，达3.975万亿元。在推动中部崛起、实现高质量发展的时代大势下，湖南已站到了新的起点上。

二 "一带一部"的逻辑判断

从认识论层面分析，"一带一部"作为一个重大战略，是根据国家战略布局、现代产业演进、城市集群建构、区域经济竞合、湖南发展基础等理性考量的智慧结晶，体现了区域战略逻辑、产业递进逻辑、空间演化逻辑、湖南发展逻辑等作用机理，是区域发展战略的经验总结与逻辑升华。

（一）国家战略布局的新视点

党的十八大以来，党中央先后提出了共建"一带一路"、京津冀协同发展、长江经济带发展等新的国家区域发展战略。国家传统的梯度推移、纵向布局战略，调整为"以流域为纽带、东中西相统一、横向互补发展"的新战略。"一带一部"的战略定位，高瞻远瞩，以新视点在全国顶层战略布局中对湖南发展取向进行了新聚焦，在国家全方位推进沿海沿江沿线开放大格局中给了湖南新指引。"一带一部"战略的推进与其他国家战略互为补充，可实现联动发展，互利共赢。

湖南处于连接我国东南部与中西部两大经济地域的重要中枢功能区域，具有"一带一部"的区位优势，尤其是环长株潭城市群面临新的发展契机，要凝聚共识与合力，抢抓国家优化城市群、都市圈布局，以及促进中部地区崛起、推进长江中游城市群发展契机，推动长株潭同城化和环长株潭城市群高质量发展，联动以武汉为中心的武汉城市圈、以郑州为中心的中原城市群，打造中国经济发展的"脊梁型"支撑。同时，长株潭复合城市还可以和武汉大都市组成"双子座"联动，打造长江两岸的"战略支点"，形成长江经济带"龙头"——上海、南京、杭州，"龙腰"——武汉、长株潭，"龙尾"——重庆、成都等协同发展的格局。

湖南应抓住这种国家区域发展战略调整的机遇，坚持发挥各地区比较优势，深化区域合作机制，推动区域合作互动，促进流域上下游合作发展，加强省际交界地区合作。充分发挥"一带一部"的区位优势，立足对接国家重大区域发展战略，积极参与"一带一路"建设，加快成为粤港澳大湾区建设、长三角区域一体化发展的经济腹地支撑和长江经济带的重要战略支撑。同时，湖南省际边界线长面广，且大部分处于欠发展状态，推进与周边地区开放合作，探索中部内陆地区省际边界开放合作、沿海发达地区与中部欠发达地区省际边界开放合作、特殊困难地区省际边界开放合作、大江大湖地区省际边界开放合作等新模式，是新时代对接国家区域战略、培育经济新增长极、构筑内陆开放开发新高地的客观要求，不仅有利于推动形成优势互补、合作共赢的区域发展新格局，而且可以成为优化国家改革开放空间布局的重要因素。

（二）全国产业递进的新态势

改革开放以来，我国优先选择开发东部沿海地区，而广大的内陆地区发展相对滞后。在出口型导向经济思维下，东部沿海有资本密集、航运便利的优势，形成产业集群的综合成本较低，因此也是外资企业投资中国的首选落脚地。在经过高速发展之后，如今东部地区的劳动力、土地、社会福利、环保等成本大幅上涨，其区位优势已经被完全对冲，近年来，东部沿海地区向中西部地区转移产业、长江开放经济带和沿海开放经济带协同发展的趋势十分明显。当今世界，正孕育着新一轮科技革命，大数据、信息技术和制造业的融合，以及新能源、新材料、生物等领域的技术突破，将催生新的产业，引发新的产业革命。全球产业转移，正进入技术密集型、资本密集型、劳动密集型产业转移并存阶段，国际国内将有一批又一批更大规模、更强竞争力的产业向内陆转移。

"一带一部"战略的提出，明确了湖南在长江经济带的产业经济地位，环长株潭城市群、武汉城市圈、环鄱阳湖城市群等作为国家战略在长江中游布局的重要支点，将为湖南带动长江经济以及中部区域经济的增长注入持续有力的发展动能，标志着湖南成为新时代中国经济区域动能转换中的关键性和过渡环节。"一带一部"改变了以往的地缘经济关系，凸显了湖南的区位优势。[①] 从国家产业转移的视角看，湖南拥有"一带一部"的区位，可以承东启西、连南贯北，在资源要素的集聚与市场产品的扩散上无疑具有成本的经济性和市场集聚的连结性。"过渡带"是促进协调发展的"纽带"，湖南作为"过渡带"上的重要省份，应该而且能够发挥更大作为。从发挥"结合部"优势来讲，必须更加积极主动地把东部沿海地区的改革开放经验、技术产业优势与长江经济带的资源禀赋、市场优势结合起来，扬长避短，抢占发展制高点。根据湖南产业的发展实际，把长株潭城

---

① 王韬钦：《湖南"一带一部"战略的核心要义》，《开放导报》2018年第6期。

市群打造成高质量发展引擎，把洞庭湖区建设成秀美富饶的生态经济区，把湘南地区打造成中西部地区承接东部沿海地区产业转移地，把大湘西地区打造成令人神往的生态旅游区，促进临空、临港、临湖、沿江产业发展，进一步优化产业布局，强化湖南"一带一部"经济地位。

湖南具有自然资源丰裕、劳动力成本较低、交通便利的优势，可充分把握产业梯度转移机遇，发挥"一带一部"区位优势，着力打造中西部地区承接产业转移领头雁、内陆地区开放合作示范区。坚持区域联动，进一步建立示范区与转出地无缝对接的合作机制，加强与东部沿海地区、"一带一路"沿线国家和地区的产能合作。提高第三产业服务一、二产业的能力建设，培育集约高效、联通国内外的现代物流体系和金融服务业体系，降低营商环境和实体经济运行成本，提升湖南经济的整体承载能力、成本控制能力以及外部吸引能力。实现企业从单一项目"走出去"向产业链整体"走出去"转变，引导和支持企业从单纯的工程施工向提供设计、建造、安装、融资、运营、管理等全方位服务转变，从项目承包商向综合服务商转变，占据国际工程承包产业链高端。

（三）城市集群建构的新取向

当前我国经济发展的空间结构正在发生深刻变化，中心城市和城市群正在成为承载发展要素的主要空间形式。以城市群为主体构建大中小城市和小城镇协调发展的城镇格局，是我国城镇化发展的方向。以京津冀城市群、长三角城市群、珠三角城市群、长江中游城市群、成渝城市群等一批城市群推动国家重大区域战略融合发展，建立以中心城市引领城市群发展、城市群带动区域发展新模式，推动区域板块之间融合互动发展。依托发达的交通通信等基础设施网络所形成的空间组织紧凑、经济联系紧密，并最终实现高度同城化和高度一体化的城市群体，有利于建立更加有效的区域协调发展新机制。

长江中游城市群定位为中国经济新增长极、中西部新型城镇化先行区、内陆开放合作示范区、"两型"社会建设引领区。长江中游城市群承东启西、连接南北，是长江经济带的重要增长极，是国家布局的五大城市群之一，也是实施促进中部地区崛起战略、全方位深化改革开放和推进新型城镇化的重点区域。"环长株潭城市群是长江中游城市群的重要组成部分，是实施中部崛起战略的重要载体。应大力实施环长株潭城市群协同发展战略，推进长沙与株洲、湘潭同城化，形成国际化大都市区，辐射带动岳阳、常德、益阳、衡阳、娄底等城市发展，提升城市群整体竞争力。"① "一带一部"战略为湖南更好地融入长江中游城市群发展，更好地发挥环长株潭城市群的优势，使湖南更好地融入我国经济增长"第四极"，提升湖南整体实力和综合竞争力，都明确了发展思路。

随着城市群的不断发展，在城市群中便出现了以大城市为核心，周边城市共同参与分工、合作，一体化的圈域经济现象，这就是都市圈。根据《国家发展改革委关于培育发展现代化都市圈的指导意见》，都市圈是指围绕某一个中心城市（即超大或特大城市）的城镇化形态。城市群是由若干个都市圈构成的广域城镇化形态，其内部应该包含若干个中心城市。在体量和层级上，都市圈要低于城市群的概念。国家规划的长沙都市圈，是环长株潭城市群的核心，是"一带一部"的战略引擎，通过创新引领、开放崛起的推进，加强分工合作，深化密切协作，努力把长株潭打造成全国都市圈同城化发展的璀璨明珠和国家新型中心城市。这是长株潭都市圈发展的新取向，也是把"一带一部"战略落到实处的必然要求。

（四）区域经济增长的新能极

任何区域经济都是在一定区域内经济发展的内部因素与外部条件相互作用而产生和发展的。每一个区域的经济发展都受到自然条件、社会经济

---

① 童中贤、刘晓、黄永忠：《环长株潭城市群融入长江中游城市群发展研究》，《企业经济》2015年第9期。

条件和技术经济政策等因素的制约。湖南地处中国腹地，是三大经济地域的连接带，是两大开放经济带的结合部，具有承东启西、贯通南北、辐射周边的重要中枢功能。但更多的是相对优势潜力尚未被完全挖掘出来，湖南的区域经济发展面临新的问题，如区域联动不够，口岸及区域经济协作水平不高；产业结构不合理，弱化了湖南承东启西的经济枢纽地位；生产要素市场资源紧缺，降低了湖南参与国家产业分工协作的能力，高端人才外流化等。在转型升级的新常态背景下，习近平总书记提出的"一带一部"发展战略，为湖南如何将区位优势转化为经济优势明确了发展的新思路、新目标、新路径，为湖南打造区域经济重要增长极指明了发展方向。

湖南可充分发挥"一带一部"应有的经济联通作用，抓住融入长江经济带、长江中游城市群建设的机遇，加快构建以长沙都市圈为核心，大中小城市和小城镇合理布局、协调发展的新型城镇体系，推动环长株潭城市群融入长江经济带、中部崛起战略，使其成为落实"一带一部"定位和区域协调发展的重要战略抓手。做强做优长沙都市圈，促进湘西地区加快发展，推进湘南地区开放发展，推进洞庭湖地区生态发展，加快形成以特大城市为依托、大中小城市和小城镇协调发展的新型空间经济形态，实现区域经济协调发展。统筹推进京广高铁经济带、长张新型经济带、沪昆高铁经济带、张吉怀精品生态文化旅游经济带四个经济带高质量发展。

实施"一带一部"战略，提升区域经济增长的新能极，首先必须扭住制造业高质量发展这个着力点。充分发挥岳麓山大学科技城、马栏山视频文创园、湘江新区、长株潭自主创新示范区、湘南湘西承接产业转移示范区、港口综合保税区和国家级开发区、国家级高新区等战略平台的带动效应，把湖南制造的优势巩固好、提升好，加快建设制造强省，推进新兴优势产业链加速成长。着力推进供给侧结构性改革，坚决落实"三去一降一补"，以壮士断腕的决心推进关停并转，倒逼新旧动能转换。推动制造业高质量发展，关键是坚持创新驱动，提高自主创新能力，推动湖南制造向湖南智造转变，加快建设现代化经济体系。进一步优化要素市场资源供给，提升湖南参与国家产业分工协作的能力。通过市场竞争机制，最终形成要素市场价格调节机制，真正把资源的决定权交给市场，提升湖南整体参与国家产业分工协作的能力。探索企业聚集发展的路径和模式。促进先进生产要素和创新资源流动，推动优势产业、龙头企业主动融入全球产业体系，提升国际化水平。加快湖南航空经济融入"一带一部"和"空中丝绸之路"进程。进一步优化国际航线布局，促进湖南高效便捷参与国际分工合作、推动湖南经济高质量"走出去"，进而带动全省经济实现高质量发展，成为区域经济增长的新能极。

三 "一带一部"的重大意义

"一带一部"战略，不仅为湖南的发展指明了方向，而且对促进全国区域协调发展、加快实现中部崛起、提升新时代湖南发展动能都具有十分重要的现实意义和深远的历史意义。

（一）促进全国区域协调发展的必然选择

"一带一部"的提出是以习近平同志为核心的党中央对湖南发展的新定位和新要求，重构了湖南发展的战略坐标。党的十八大以来，京津冀协同发展、长江经济带、粤港澳大湾区、长三角区域一体化等战略稳步推进，新的增长极增长带加快形成，区域整体实力和竞争力明显增强，我国区域协调发展不断向更加均衡、更高层次、更高质量方向阔步前行，这也体现了习近平总书记提出的新形势下区域协调发展的总思路，进一步落实优化主体功能区战略，完善空间治理，积极构建优势互补、高质量发展的区域经济布局，进一步推动区域协调发展向更高层次和境界迈进。

"一带一部"是国家统筹发展战略的一种新思路，反映了习近平总书记从国家战略层面对湖南发展路径的殷切期望。新时代区域协调发展呈现区域经济发展分化态势明显，发展动力极化现象日益突出，部分区域发展面临较大困难等新情况新特点新问题。湖南的发展定位必须融入国家整体的区域协调发展战略中，通过充分发挥"过渡带""结合部"的作用，承接和集聚东部的要素转移，辐射和带动西部的均衡发展；通过长江经济带扩大开放，对接"一带一路"走向世界。[①]

"一带一部"战略有利于湖南区域空间布局优化。"过渡带"要求湖南在地理空间上承东启西、连南贯北，"结合部"要求湖南在经济发展上优势互补、资源共享，"一带一部"战略必将推动湖南区域发展战略升级转型，在既有的长株潭、湘南、洞庭湖、大湘西四大经济区的基础上，从"纵横交集、点线联结、突出枢纽"的新思路出发，进一步培育新的增长点，发展新的增长极，打造新的增长带，实现"区、带、极、点"的联动发展，重构湖南区域发展空间经济新格局。[②] 湖南立足"一带一部"战略定位，加快成为粤港澳大湾区建设、长三角区域一体化发展的经济腹地支撑和长江经济带的重要战略支撑，为优化国家改革开放空间布局并带动省际关联区域协同发展、共生繁荣做出大贡献、释放新能量。

（二）加快实现中部崛起的战略支撑

中部崛起是国家自改革开放以来一直大力推动的国家战略，是为了区域更好的协调发展。早在2009年，国务院出台《促进中部地区崛起规划》为中部崛起勾画蓝图。2019年5月，在中央将长三角一体化发展上升为国家战略后，习近平总书记在江西南昌主持召开推动中部地区崛起工作座谈会。会议强调，当前中部地区崛起势头正劲，中部地区发展大有可为。要紧扣高质量发展要求，乘势而上，扎实工作，推动中部地区崛起再上新台阶。这次会议就做好中部地区崛起工作提出了八点意见，包括推动制造业高质量发展、提高关键领域自主创新能力、优化营商环境、积极承接新兴

[①] 楚尔鸣：《一带一部：奠定湖南区域自信新高度》，湖南人民出版社，2017。
[②] 《以"一带一部"新战略提升湖南发展新优势》，《湖南日报》2016年10月10日。

产业布局和转移、扩大高水平开放、坚持绿色发展、做好民生领域重点工作、完善政策措施和工作机制。这为未来一段时期内推进中部地区崛起指明了方向。

目前，中国不能单纯依靠外向型发展战略拉动经济增长，而是主要通过内需，中部地区恰好在扩大内需方面有较大潜力。相比长三角和珠三角，不断升级的中美贸易摩擦对中部地区的影响较小。在目前错综复杂的环境下，国家需要新的增长点来保持平衡，而中部比较适合成为拉动中国经济增长的新引擎。在任何发展阶段，中部发展对全局都有重要影响。中部地区是全国重要的能源基地和制造业聚集区，承东启西，融南贯北，战略位置极其重要，在中国整体区域发展格局中有重要的支撑作用。同时，在当前错综复杂的国际形势下，中国经济要抵御外部不确定性风险，需通过扩大内需稳增长、稳预期，而中部地区人口众多、市场潜力大、经济增长后劲足，中部崛起对国家整体发展尤为关键。中部地区发展已进入提质升级的新阶段，在新的历史条件下更有新的发展要求，从国内国外的形势来看，当下最重要的是发展好自己。中部地区要抓住发展时机，凭借区位、人口、资源等优势，不断增强自身经济实力，做大做强做优。[①]

习近平总书记提出的"一带一部"不仅是对湖南加快发展、扩大开放的准确定位，更是对实现中部崛起、形成区域新格局的一个科学审视，"一带一部"战略是中部崛起战略的重要支撑。"过渡带"与"结合部"的新发展定位，重构了湖南战略坐标，彰显了湖南区位优势，明确了湖南历史使命。湖南作为中部重要省份，产业基础好，人口规模大，经济发展力量比较强。另外，水陆空交通便利，地理位置极其重要。只要准确定位、加快崛起，就能真正肩负国家层面的使命担当。湖南加快实施"一带一部"发展战略，通过谋划将区位优势转化为经济优势、通道优势转化为聚合优势、竞争优势转化为发展优势的路径和方法，挖掘自身比较优势和

---

① 《中央此时再提"中部崛起"背后有何深意？》，中国新闻网，2019年5月23日。

发展潜力，培育提升核心竞争力，推动区域协调发展，在发展壮大自身的同时有效支撑中部崛起，使湖南等中部地区成为新时代引领中国经济健康成长、推进现代化建设的重要动力。

（三）促进内陆双重开放的重要举措

对外开放是世界历史发展的不可逆过程，更是发展中国家和地区推进经济快速优质高效发展的重要路径。通过扩大开放可以把内陆地区的内需激发出来，为我国经济持续健康发展提供巨大的能量。对外开放是我国的基本国策，以开放促改革、促发展，是我国现代化建设不断取得新成就的重要法宝。党的十九大报告指出，开放带来进步，封闭必然落后。这得到国际经验证实，我国改革开放的实践也证实了这一真理。在经济全球化深入发展、各国经济加速融合的时代，只有打开国门、省门搞建设，实行更加积极主动的开放战略，才能获得更多推动发展所必需的资金、技术、资源、市场、人才乃至机遇，才能不断为经济发展注入新动力、增添新活力、拓展新空间，才能更好地实现可持续发展。

湖南作为中部内陆省份，与东部沿海省份相比，在开放程度和开放格局方面都还有一定的差距，"一带一部"的提出则给湖南的开放格局带来了新的科学审视。湖南既要对内开放，也要对外开放。对内就是发挥"过渡带"作用，实行"西引东联"，把东中西部有机衔接起来，让资本、人才、技术在不同区域间高效流通和组合，迈向更高质量发展。对外就是要发挥"结合部"作用，在新形势下提高对外开放水平，充分利用开放经济平台，吸引新一轮高附加值产业集聚，使其成为中部地区的增长极和创新极。另外，要加强与共建"一带一路"国家和地区的经济合作，为湖南寻找新的市场空间和增长点，打造内陆开放新高地。

实施"一带一部"战略，促进双重开放。首先，"一带一部"将湖南融入长江开放经济带的发展战略。长江经济带横跨中国东中西三大区域，是具有全球影响力的内河经济带、东中西互动合作的协调发展带、沿海沿江沿边全面推进的对内对外开放带,也是生态文明建设的先行示范带。湖南是长江经济带上的重要节点,具有实施双重开放的便利优势。其次,"一带一部"将湖南引入沿海开放经济带的开放格局。沿海开放经济带是我国改革开放的前沿陆地,是我国发展开放型经济的重要窗口,更是拥有众多的开放发展平台,湖南作为"内陆的沿海",既可以借船出海,又可以更便捷地承接产业转移。借助沿海产业特别是长三角、珠三角的产业加速向内地转移的历史机遇,湖南凭借适中的位置和良好的交通条件,既是承接产业转移的战略重地,又是沟通南北、扶持内地的重要廊道。最后,"一带一部"更加强调了湖南在推动内陆开放中的示范作用。湖南北吞长江,南抱粤港,西引腹地,东接沪杭,既是沿海的内陆,又是内陆的沿海。"一带一部"蕴含了要加大湖南外向型经济发展,打造内陆开放新高地,形成内陆开放发展样板的特殊意义。

(四)推动高质量发展的内在要求

高质量发展是 2017 年中国共产党第十九次全国代表大会首次提出的新表述,表明中国经济由高速增长阶段转向高质量发展阶段。推动高质量发展,既是保持经济持续健康发展的必然要求,也是适应我国社会主要矛盾变化和推进现代化建设的必然要求,更是遵循经济规律发展的必然要求。"一带一部"战略不仅蕴含了高质量发展的内在要求,而且提出了实施高质量发展的战略路径,即"抓住产业梯度转移、国家支持中西部发展的机遇,提高经济整体素质和竞争力,加快形成结构合理、方式优化、区域协调、城乡一体的发展新格局"。

高质量发展根本在于经济整体素质。经济整体素质由微观经济主体活力、科技创新能力、劳动者和管理者基本素质、经济结构、经济增长方式、宏观经济管理水平等诸多因素所决定。高质量发展要建立在生产要素、生产力、全要素效率的提高之上。推动高质量发展,不简单以 GDP 论英雄,不被短期经济指标的波动所左右,坚定不移实施创新驱动发展战略。应该说，高质量发展，就是能够很好满足人民日益增长的美好生活需要的发展，是体现新发展理念的发展，是创新成为第一动力、协调成为内生特点、绿色成为普遍形态、开放成为必由之路、共享成为根本目的的发展。

高质量发展重点在于竞争力。竞争力是经济整体素质的综合表现，对省份来说，是指一个省（市、区）在全国范围内对资源的吸引力和对市场的争夺力和对周边地区的辐射力、带动力。在经济全球化趋势不断加剧的形势下，经济发展要同时面对国内和国外两个方面的激烈竞争，开创并确保竞争优势，对一个省级行政区来说，最根本的是要具有很强的经济综合竞争力。在新时代，省域经济只有不断增强和提升自身的经济综合竞争力，才能有效地利用经济全球化的机遇，克服经济全球化的难题，分享全球化的收益，促进经济高质量发展。

高质量发展还需要发展新格局支撑。经济整体素质和竞争力同发展格局是否合理、优化有密切联系。要"加快形成结构合理、方式优化、区域协调、城乡一体的发展新格局"。湖南城乡二元经济结构的矛盾还比较突出，城镇化水平较低；省域内部一体化发展仍然存在难点，城市联系不够紧密，市场、产业、交通的一体化布局还有待加强；产业结构不够优化，区域竞争力相对东部沿海还比较弱等。因此，需要完善区域协调、城乡一体的规划体系，完善结构合理、方式优化的现代化经济体系，完善共建共享、保障有力的公共服务体系，打造推动内陆地区高质量发展的"湖南样本"。

（五）提升新时代湖南发展战略的现实需要

改革开放以来，湖南区域发展战略经历了一个"单向发展—点线结合—区块联动"的长期发展演变过程。

单向发展。改革开放后，我国首先在东南沿海设立经济特区，特别是1987年中央决定在广东进行全面的综合改革开放试验，对湖南的震动最大，湖南随即决策要办好湘南改革开放过渡试验区，即"南向战略"。20世纪80年代中期，随着改革开放和经济发展步入正常轨道。为顺应经济的发展，重庆、武汉、南京三市共同发起，于1985年12月组建了长江沿岸中心城市经济协调会。自此长江流域地区开始组建区域性经济协作会，1987年5月，以武汉为中心的武汉经济协作区在岳阳成立，湖南的长沙、岳阳、常德、益阳、湘潭、株洲市等成为其成员，长江经济带建设战略实施后，湖南启动对接长江经济带发展，即"北向战略"。1990年4月，国家提出开放开发上海浦东新区，并赋予了一系列优惠政策，上海作为中国经济的领头羊，有强大的竞争力，领先的数字化、智能化、自动化等高新技术，以及大量推动发展的功能平台，于是湖南便相机做出了"借船出海，扬帆起航"的向东发展、对接长江三角洲的发展定位，即"东向战略"。2000年1月，国务院成立了西部地区开发领导小组，标志着我国西部大开发正式启动，不仅湘西土家族苗族自治州被纳入西部大开发的范围，湘黔两省还签署了关于建设湘黔高铁经济带合作框架协议，促进中西部联动发展，即"西向战略"。

点线结合。1995年，省委、省政府结合制定"九五"计划和2010年远景目标，明确战略实施的区域重点为"一点一线"，即以长株潭为一点，107国道、京珠高速、京广铁路沿线的岳阳、长株潭、衡阳、郴州为一线。其实，"一点一线"战略源于"五区一廊"战略，1992年邓小平同志南方谈话发表后，湖南省委提出了"放开南北两口，建设五区一廊，加速西线开发"的改革开放战略。"五区一廊"即五个地级市及其形成的经济走廊，包含岳阳、长沙、株洲、湘潭、衡阳五个市及其所辖的25个县、市，国土面积为5.86万平方公里，占全省的27.7%。《湖南省"五区一廊"经济社会发展规划》提出，该区域要在改革开放上率先突破，在经济建设上超常规发展，并以此辐射全省，带动和促进全省经济更好更快地跃上新台阶。2004年，确定"十一五"区域发展战略，提出"一点一线"尤其是长株潭地区有责任率先发展，带动全省在中部崛起中抢占先机。

区块联动。2005年,"3+5"城市群空间发展战略研究出台,"3+5"城市群的空间结构轮廓呈现出来。① 2006年5月,在"抓住中部崛起机遇加速推进湖南新型工业化座谈会"上,省委提出了"3+5"城市群建设思路,"3+5"城市群成为湖南的区域发展战略。"3+5"城市群是以长株潭以核心,包括岳阳、益阳、常德、衡阳、娄底等城市在内的空间区域,其空间结构为"一核、两圈、三轴、四带、五心",呈网络化城市群和扇形发展模式,以此带动和辐射全省其他市、州发展。后来"3+5"城市群以环长株潭城市群名义被正式写进国家"十二五"规划、国家主体功能区规划,成为国家批复实施的长江中游城市群发展规划的重要组成部分。2011年10月,湘南承接产业转移示范区正式获批成为国家级承接产业转移示范区,范围包括衡阳、郴州、永州三市,是湖南改革开放的先行地区,具有区位条件优越、资源要素丰富、产业基础和配套能力较好等综合优势。发挥这些优势,努力将示范区建设成中部地区承接产业转移的新平台、跨区域合作的引领区、加工贸易的集聚区和转型发展的试验区。2011年,中央扶贫开发工作会议召开前夕,国务院扶贫开发领导小组于11月15日在湘西土家族苗族自治州吉首市召开武陵山片区区域发展与扶贫攻坚试点启动会。湖南37个县(市、区)(包括湘西土家族苗族自治州、怀化市、张家界市及邵阳市的新邵县、邵阳县、隆回县、洞口县、绥宁县、新宁县、城步苗族自治县、武冈市,常德市的石门县,益阳市的安化县,娄底市的新化县、涟源市、冷水江市)被纳入武陵山片区区域发展与扶贫攻坚规划范围。至此,湖南环长株潭、湘南、大湘西三大区域战略板块形成。2014年5月,国家批复实施《洞庭湖生态经济区规划》,湖南省岳阳市、常德市、益阳市、长沙市望城区被纳入范围,三大战略板块演变成长株潭②、湘南、大湘西、洞庭湖四大战略板块。

---

① 童中贤:《长株潭城市群发展战略新构想》,《湖南省情要报》2005年第7期。
② 2007年12月,国家批准长株潭城市群为"全国资源节约型和环境友好型社会建设综合配套改革试验区"。

上述区域战略定位，大多数都只是一种基于省内的局域性定位，宏观性、全局性、整体性、系统性不足。"一带一部"战略定位，既是站在国家的战略高度审视和评价湖南，又是站在湖南角度思考和谋划新的发展方略与路径，是湖南区域战略定位实践经验的升华。"一带一部"战略，清晰阐明了湖南相对于周边省份的独特区位优势，让湖南的发展定位，不再只是立足中部崛起进行谋划，而是放眼全国，极大地提升了湖南在全国经济版图中的区位价值，明确了湖南应在我国区域重大发展战略中发挥区位优势，在更大范围内吸引要素集聚，形成湖南经济社会持续发展的新动力，为全国经济社会发展做出更大贡献。

"一带一部"战略，从更广视野、更高层次上重塑了湖南省域的新位能，明确了湖南担当的新使命，激活了湖南发展的战略力量。既是湖南战略，也是全国战略；既是发展战略，也是现实策略；既是湖南崛起的必然趋势，也是未来前行的必由之路。

第二章

"一带一部"
发展基础考察

"一带一部"论纲：基于区域协调发展的战略建构

区域发展是一个动态的历史过程，是随着区域经济社会发展、区域自身条件和外部环境的变化而变化的。湖南不同历史阶段的发展战略都因应着不同的历史背景，是综合区位交通、资源禀赋、产业体系、生态环境、人文底蕴等自身条件作用的产物。湖南发展经历了从"点状优先"转"带状重点"发展、"东向发展"转"南进策略"和"中部崛起"兼"东中西融合"等阶段，国民经济和其他各项事业取得长足发展，是"一带一部"战略形成的历史基础。

一 历史演进轨迹

（一）"点状优先"转"带状重点"发展

改革开放以来，国家先后在东南沿海地区的深圳、珠海、汕头、厦门确立4个经济特区，继而建立14个沿海开放城市，在1992年又提出了全方位开放的战略决策，即沿海、沿江、沿边实行全面开放。改革开放的宏大画卷"由点到线""由线到面"在中华大地上逐步展开，改革的深度、开放的广度、经济发展与技术进步的速度也在不断推进。湖南在全国大力推进经济建设以及周边经济特区带动激励下，认真贯彻执行党的十一届三中全会以来的路线、方针和政策，区域发展经历了从"点状区域"优先发展向"带状区域"重点发展转变。

1. "点状区域"优先发展阶段

长株潭一体化发展。早在20世纪50年代，湖南就有专家提出把长、株、潭3市合并成"毛泽东城"的设想。随着1978年12月党的十一届三中全会召开，改革开放的春风吹遍了祖国大地。当时中央就提出了在深圳、珠海等沿海四个城市建立特区的设想，周边特区的建立对湖南区域发展有极大的带动作用。基于长株潭三市本身具有的区位、科技、产业优势等，1982年12月，湖南省社会科学院经济研究所副所长、湖南省经济学会副会长张萍在湖南省政协四届六次会议上，以提案的形式提出"把长沙、株洲、湘潭从经济上联结起来，逐步形成湖南的综合经济中心"，正式提出"长株潭经济区（金三角一体化）"的建议。[①] 其后，湖南省委对其建议予以充分肯定，1984年11月10日，省委常委召开第66次会议，一致认为，湖南省社会科学院副院长张萍"关于建立长株潭经济区建设方案"（简称"方案"）的汇报中，这项"建议是可行的""具有长远战略意义"，并形成《中共湖南省常委会议纪要（第66次）》，就建立长株潭经济区、成立长株潭规划办公室、建立长株潭经济区经济技术开发协调会议制度等相关问题做出决定。[②] 此后，"方案"进入实践探索阶段，突出基础设施建设，推进产业结构调整，编制区域发展规划……长株潭20世纪90年代成为发展核心，21世纪成为"两型社会建设综合配套改革试验区"和"自主创新示范区"。长株潭一体化在不同时代经历了不同的发展历程，对湖南、中部地区以及全国都有深远影响，不仅有效推动湖南经济发展和繁荣，而且长株潭城市群是由东部地带向西部地带实行重大转移的中间地带，南部沿海联动长江经济带开发的强大支点和基地，发挥着重要战略作用。

改革开放后，湖南省委、省政府就湖南区域经济结构调整，曾先后做出建立湘南（衡阳、郴州、零陵）改革开放过渡试验区和怀化山区开放开发试验区的尝试。1988年4月2日，湖南省政府向国务院呈报《关于加速湖南开放开发的请示》，要求将郴州、零陵地区和衡阳市作为由沿海向内

[①] 张萍：《张萍自传》，社会科学文献出版社，2019，第29页。
[②] 《湖南省志·经济和社会发展计划志（1978－2002）》，中国文史出版社，2010。

陆改革开放推进的过渡试验区。同年5月11日，国务院批准了湖南的请示，对湘南地区实行9个方面42条优惠政策，要求其"改革探索在全省先行一步"。1988年，省委、省政府同意怀化地区建立山区开放开发试验区。1990年11月，国务院批准将其列入全国农村改革试验区，正式承担全国农村改革试验办公室下达的任务。试验区建立后，坚持"为改革探路，为决策服务，为面上示范"的原则，紧密结合当地实际，探索山区综合开发与改革的路子，进行了一段时间的积极探索。[①] 尽管改革开放过渡试验区的发展阶段并不长，但无论是湘南地区的过渡试验区还是怀化山区的先行先试，都是加速湖南开放开发的先行尝试，为"一带一部"战略的形成、发展、实施奠定了基础。

2. "带状区域"重点发展阶段

"五区一廊"发展。湖南省委、省政府根据区域经济发展不平衡的客观规律，以上海浦东开发和沿江经济开发带开发为契机，1992年，提出建设"五区一廊"的发展战略，1993年8月30日，省政府批转《湖南省"五区一廊"经济社会发展规划》。"五区一廊"包含湖南沿湘江流域从北到南的岳阳、长沙、株洲、湘潭、衡阳五个市及其所辖的25个县市，国土面积为5.86万平方公里，占全省的27.7%。一廊是指沿京广线形成一条高新技术产业走廊。当时的"五区一廊"区位条件优越，经济实力雄厚，技术力量密集，基础设施相对完备，是湖南经济发展的精华地带。在"放开南北两口，拓宽三条通道，建设五区一廊，加速西线开发"总体开发战略的指导下，"五区一廊"成为辐射全省、带动全省的经济结构合理、水平较高的改革开放示范区。"五区一廊"开发建设的时间虽然只有3年，但在带动和促进全省经济更好更快发展上，跃上了新台阶。1994年，长、株、潭、岳、衡5市地区生产总值达777.93亿元，比1991年增长106.55%，高出全省平均水平8.54个百分点，在全省地区生产总值中的比

---

① 《湖南省志·经济和社会发展计划志（1978－2002）》，中国文史出版社，2010。

重由 1991 年的 45.20% 增加到 1994 年的 47.15%。外向型经济比重也不断提高，到 2000 年，经济外向度由 1992 年的 14% 提高到 22% 以上，逐步形成一条外向型经济走廊。①

"一点一线"优先发展。邓小平南方谈话后，改革开放的春风吹遍大江南北。随着改革开放进一步深入发展，从 1995 年开始，湖南区域经济发展战略，从在建设"五区一廊"的基础上，省委、省政府结合制定"九五"计划和 2010 年远景目标，转变为建设"一点一线"优先发展区域带，一点即把省会长沙市作为重中之重建成这一区域带的多功能综合中心，"一线"即以 107 国道、京珠高速、京广铁路沿线的岳阳、长株潭、衡阳、郴州为一线。从 1997 年起，把"一点"放大，转变为"长株潭经济一体化"和"以长株潭为核心增长极的'一点一线'地区优先发展区域带"；2004 年，湖南在株洲召开长株潭一体化暨"一点一线"地区加速发展座谈，明确"十一五"发展战略是"一点一线"尤其是长株潭地区有责任率先发展，带动全省在中部崛起中抢占先机。"一点一线"优先发展战略避免了"撒胡椒面"式的平均分配，把有限资源集中投入核心区域，"一点一线"地区（包括长沙、株洲、湘潭、衡阳、郴州、岳阳 6 市）经过多年的发展，成为带动湖南发展的战略重点地区。

可见，20 世纪 80 年代初至 20 世纪末，无论是长株潭一体化发展、改革开放过渡试验区发展，还是"建设五区一廊""一点一线"优先发展，湖南发展的空间重心是一脉相承、与时俱进的。湖南省委、省政府在遵照党中央、国务院部署安排的前提下，参照学习沿海地区、经济特区的做法，不断寻求湖南区域发展和对外开放的突破口。现在看来，这些战略措施都是卓有成效并经得住历史检验的，不同程度地促进了湖南经济社会发展和对外开放，为"一带一部"战略实施打下了坚实的省内发展基础。

---

① 《湖南省志·经济和社会发展计划志（1978-2002）》，中国文史出版社，2010。

（二）"东向发展"转"南进策略"

随着党的十四大提出建立社会主义市场经济体制，省际经济关系联系的形式、动力机制发生了重大变化。商品与要素的流动较多地出于各利益主体的自主决策，省际相互交往的经济动机大大加强，湖南也加强与发达省域之间的交流互动。1995年10月，湖南省第七次党代会提出了湖南面向新世纪开放带动新战略：呼应"两东"，开放带动，即主动接受以广东为主的东南沿海开发开放区和以上海浦东为龙头的长江流域开发开放带的辐射，加强与沿海市场经济体制和运行机制的对接，主动融入"两东"经济圈建设。[①] 这为"东向发展"和"南进策略"的实施提供了行动指南。

1. "东向发展"

随着改革开放的推进，1990年4月，中共中央、国务院做出了开发、开放浦东的重大战略决策，这不仅展示了上海发展外向型经济、迎接腾飞十分光辉的前景，而且对长江三角洲、长江中下游地区的改革开放和经济振兴，起着"龙头"作用。[②] 2002年，随着浦东开发的拓展和上海国际经济、贸易、金融中心地位的逐渐确立，浦东对湖南的东向拉力不断增大，越来越成为主要拉力。国家对以上海为龙头的长江经济带在改革开放上给予了许多优惠政策和较大的自主权。相比快速发展的广东、湖北、江西等省，在浦东开发的新形势下，特殊的地理位置决定，湖南一方面可以享受浦东开发带来的经济辐射发展的特殊机遇；另一方面，如果没有好好利用浦东开发的机遇加快自身发展，在经济位列的竞争上，湖南与长江流域的其他省市相比，就有居后位的危险。当时的湖南有极为强烈的求发展意愿，必须抓住这一机遇，掌握开放的主动权，湖南省政府也因此提出"东向发展"和相应的产业发展战略。

---

① 《湖南通鉴（下）》，湖南人民出版社，2007，第1274页。
② 王新坚、李楚凡：《开发湖南与浦东开发》，《湖南社会科学》1992年第1期。

2002年5月25至30日，湖南—上海经贸合作活动周吸引1500多名客商，共发布省级重点招商项目354个，举办了湖南省投资说明会和企业融资上市、基础设施、工业、农业、产权交易项目洽谈会，台商投资区洽谈会，律师业对接洽谈会等专题活动。① 开幕首日，仅长沙市分团就签约了38个项目，总投资达135.9亿元人民币。"据不完全统计，从2002年经贸合作活动周到2006年底，湖南与上海的合作项目就达309个，引进资金166.9亿元。"为此，上海媒体称湖南起着"南联北进、承东启西的枢纽作用"。②

2."湖南，向南"

继建立湘南改革开放过渡试验区后，湖南再度将南进策略提到重要议事日程上来。一是基于国内外产业转移的关系。早在20世纪八九十年代，湖南积极贯彻省委"以开放对开发、以开放促开发"方针，与广东、香港、澳门等地区逐步建立了联系，1988年，还在珠海和海口分别设立了办事处和实业公司。到了21世纪初期，随着全球工业复苏、欧美装备制造业向中国转移，广东开始实行全方位开放，由于广东处于承接欧美产业转移的主阵地位置，珠三角地区也因此进入产业升级的关键阶段，珠三角地区原有产业向内陆转移，相邻的湖南自然成为此轮产业转移首先被辐射和影响的地区。二是基于借力发展的选择。当时湖南资金不足，内源性的经济自发推动力严重不足，民营、国营、外资都缺乏大企业，规模总量和质量上还不如其他先进省份，缺少重点主力型支柱产业，需招商引资，借助外源性动力推动经济发展。三是打破瓶颈的需要。湖南存在经济开放度水平低、内部发展差异大等问题，很难有效地吸引和利用外资，亟须寻求跨区域大中城市的有力支持和带动，引入外地及国际产业资本，并通过市场化和民营化来改造和提升全省的工业化进程。四是人文相融的必然。从历史

---

① 《湖南年鉴2003》，湖南年鉴社，2003，第33页。
② 杨杰妮、刘霞：《湖南发展新定位：一带一部》，《潇湘晨报》2014年2月11日。

和现实来看，相对于江浙沪地区，湖南与广东在基础设施、商贸合作、农产品供应、旅游合作、吸引外资等方面互补性更强，经济对接更有"亲和力"和"天然优势"。

"湖南，向南"成为一股风潮。2002年7月，湖南首次参加第10届广州博览会，各项产品顺利打开了通向南部地区乃至世界的大门。活动期间，湖南团参展的产品有长沙湘绣、永州女书、邵阳竹器以及金健米业、辣妹子系列等绿色食品，推销的湘籍商品达600多个，会展期间签订销售合同金额达8.1亿元。与此同时，湖南—广东经贸合作活动也在第10届广州博览会上成功举办，仅7月11日举办的"湖南省投资说明会暨项目签约仪式"，就吸引了来自珠江三角洲及港、澳、台的200多家企业共400多名客商到会，全省9个市州共计25个省级项目签约，项目总投资为17.97亿元，吸引投资14.2亿元。[1] 2003年10月15~17日，在深圳市五洲大酒店举办了"湖南（深圳）投资洽谈会"，其间全省共签约项目646个，总投资1250亿元。[2] 2004年4月，在长沙举行的湘粤经贸合作项目签约仪式上，共签下98个合作项目，签约资金达358.34亿元，"超过前5年广东对湖南的投资总和"。[3] 2004年6月，湖南省政府领导出席在港澳穗三地举行的首届"泛珠三角区域合作与发展论坛"，并与"9+2"范围内的其他政府首长一起签署了泛珠三角区域合作框架协议。据统计，当时广东企业在湘投资几乎占了外省投资的1/3强，广东成为在湘投资项目最多、投资额最大的省份，粤资已进入湖南的工业制造、基础设施、房地产、商业等领域。香港、澳门与湖南的合作力度在逐年加大。[4] 这一时期，湖南积极主动接受南部经济辐射，逐步融入泛珠三角经济圈，与广东和南部其他地区的合作潜能越来越大。

---

[1] 《湖南年鉴2003》，湖南年鉴社，2003，第34页。
[2] 《湖南年鉴2004》，湖南年鉴社，2004，第34页。
[3] 杨杰妮、刘霞：《湖南发展新定位：一带一部》，《潇湘晨报》2014年2月11日。
[4] 陈叔红：《湖南参与泛珠三角区域合作的若干思考》，《学习导报》2005年第7期。

无论是东向发展还是南进策略,都是湖南在当时的国际国内背景下,充分利用周边资源优势加速自身发展的举措,在自身发展的同时又作用于周边地域,通过这一时期的"东进南下",湖南外向型经济得以快速发展。

(三)"中部崛起"兼"东中西融合"

根据国际国内形势的不断变化,中国区域经济协调发展战略依据传统的地理方位——东、中、西、东北四大板块开展进行,这些战略的实施在一定程度上缩小了地区之间的发展差距,为今后建立更加有效的区域协调发展新机制奠定了基础。湖南抢抓"中部崛起"机遇并在"东中西融合"发展战略中发力,奋力开创经济发展新局面。

1. "中部崛起"战略实施

中原定,天下安。进入 21 世纪以来,随着东部率先发展、南部泛珠三角、西部大开发以及振兴东北战略的实施,中部地区虽然在全国发展"大棋盘"中具有特殊地位,但由于区域政策的缺乏,中部地区的区域发展呈现相对滞后的态势。为了加快中部地区的发展,国家适时提出了促进中部崛起战略。"中部崛起"最早由时任国务院总理温家宝同志在 2004 年 3 月的政府工作报告中提出。2005 年,"中部崛起"成为湖南政府工作报告中的"热词"。2006 年,《中共中央 国务院关于促进中部地区崛起的若干意见》发布,这标志着"中部崛起"战略正式实施。2009 年,国务院出台了《促进中部地区崛起规划》,该规划成为今后相当长的一段时期内中部地区经济社会发展的纲领性文件,为中部崛起勾画了蓝图。2012 年 8 月,《国务院关于大力实施促进中部地区崛起战略的若干意见》明确提出,鼓励和支持湖南长株潭城市群与武汉城市圈和环鄱阳湖城市群开展战略合作,促进长江中游城市群一体化发展。2013 年 2 月,湖南长沙又与湖北武汉、安徽合肥、江西南昌签署《武汉共识》,四省会城市联手打造以长江中游城市群为依托的中国经济增长"第四极"。党的十八大以后,以习近平同志为核心的党中央高度重视中部地区发展,制定了一系列政策文件,引领中部崛起战略实施取得新进展、新成效。湖南抢抓中部崛起机遇，全省综合实力大幅跃升，结构调整扎实推进，基础设施日益完善，社会事业全面进步，成为中部崛起的重要增长极。这为"一带一部"战略实施打下了坚实的物质基础，提供了重要支撑力量。

2. "东中西融合"发展

20世纪末到21世纪初，随着我国区域差距的不断扩大，我国的区域发展战略开始由非均衡向均衡发展战略调整。东部率先发展战略是对20世纪70年代末我国实行的东部沿海地区对外开放战略的延续和深化，随着1999年西部大开发战略、2003年振兴东北战略以及2004年中部崛起战略的相继提出，国家有针对性地对西部大开发、东北振兴、中部崛起、东部率先发展实行扶持政策。从发展实践来看，这种板块化的区域扶持战略使区域发展差距相对缩小，区域经济发展更加协调。特别是党的十八大以来，国家在全面实施"四大板块"的区域发展总体战略基础上，重点实施了"一带一路"、京津冀协同发展和长江经济带建设三大战略，取得明显成效，区域发展协调性增强，东中西融合发展。湖南也因为国家东、中、西、东北四大板块战略实施而不断调整自身发展重点，2006年，长株潭与岳阳、益阳、常德、娄底、衡阳的"3+5"城市群发展战略成为新发展战略，2011年，区域发展战略扩容为"一带两廊"，即以长株潭为发展核心的"京广经济带"为"一带"，以"长常张"和"潭邵怀"经济走廊为"两廊"。2013年底，习近平总书记视察湖南时提出的"一带一部"的战略定位，要求湖南发挥东部沿海地区和中西部地区过渡带、长江开放经济带和沿海开放经济带结合部的区位优势。2014年初，习总书记提出的"一带一部"新定位被正式写入湖南省政府工作报告。自此，湖南在全国的版图中有了"专属定位"和"特色标签"。[①]

追寻历史的轨迹，"一带一部"发展战略的形成和发展，历经"点状

---

① 吴义国：《"一带一部"新定位引领湖南新发展》，《湘潮》2018年第2期。

区域"优先转"带状区域"重点发展，"东向"转"南进"策略，"中部崛起"兼"东中西融合"发展，是国家区域发展战略和湖南经济地理区位共同作用的结果，有利于充分利用湖南承东启西、连南接北的区位优势，积极发挥"过渡带"和"结合部"的作用，联通东部沿海和中西部地区，对接融入长江经济带和沿海开放经济带，打造"一带一路"重要节点，促进长江中游城市群形成全国经济增长第四极，重构全国发展版图上的湖南战略坐标。

二 共生发展优势

（一）独特的地理区位

湖南位于东经108°47′~114°15′、北纬24°38′~30°08′，地处我国南方中部，位于长江中游、洞庭湖以南，是一个典型的中部内陆省份。随着经济的发展，在互联网、大交通、经济带等的综合影响下，传统意义上对区域发展具有关键影响的区位要素不再仅仅是一成不变的自然地理位置，而是当下国内外环境下的新经济地理区位。"一带一部"战略的提出，重构了湖南的发展坐标，展现了湖南由传统自然地理区位弱势向新经济地理区位优势的蝶变。

1. 从"不东不西"向"临东靠西"转变

从传统的自然地理区位来说，湖南地处云贵高原向江南丘陵过渡和南岭山脉向江汉平原过渡的地带，拥有21.18万平方公里土地，占全国国土面积的2.2%，北枕长江，南邻两广，西接贵州、重庆，东接江西，处于中国东部沿海与西部腹地的过渡带，与湖北、江西、广东、广西、贵州、重庆6省市接壤，陆地边界线达4127.5公里。尽管承东启西、连南通北，是中部地区的枢纽，但由于往年交通的不便利与不发达，湖南的区位优势不够明显，对内对外开放水平不够高，综合竞争力不够强，曾被戏谑为不沿海不靠边的"不东不西"地区。大交通、大枢纽、大节点的新经济区位优势的发展，为湖南谋求新的发展空间提供了便利条件。在产业梯度转移、空间梯度开发、开放梯度推进和国家实施"三大战略"等机遇的推动下，"一带一部"凸显了湖南临东近西的区位优势。

2. 从"中部湖南"向"中心湖南"转变

从传统的自然地理区位来说，湖南在全国的版图中位于中部，是"中部的湖南"。然而，经济的全球化、市场的开放以及信息技术的快速发展，"边缘地区和中心地区正在经历新一轮全球化再表达，越来越不存在绝对的和永远的边缘地区，也不存在绝对的和永远的中心地区"。[①] 从新经济地理区位来说，"一带一部"战略改变了湖南的战略坐标，湖南不再只是立足中部崛起进行谋划，而是将发展视角扩展到全国，重新找到自己的定位，湖南可充分发挥对周边地区的虹吸效应、辐射效应、回流效应，成为"中心的湖南"。在国家纵深推进开放型经济发展的大战略中，湖南地处中三角、长三角、珠三角结合的特殊区位，是我国多重过渡地带的结合部，亦是多个经济地带和板块之间的重要节点，具有中心区位。发达便利的交通条件让湖南区位不再仅仅立足于中部六省，而是进一步加强了与长三角城市群、长江中游城市群、珠三角城市群、京津冀城市群、北部湾经济区、成渝经济区、中原经济区等的区域协作，成为东、南、西、北四大方位经济辐射的交会点，极大地提升了湖南在全国甚至世界经济版图中的区位价值，深刻地改变了湖南的经济坐标。

3. 从"中国湖南"向"世界湖南"转变

就湖南在国家整体战略布局的经济坐标而言，以前的湖南主要是"沿海的内地""内地的沿海"。自国家根据国际国内形势实施"一带一路"倡议以来，湖南作为中部省份积极对接"一带一路"，在国际上的新经济地理区位价值毫不逊色，在装备产能出海、基础设施联通、对外贸易提

[①] 叶一剑：《湖南区域战略定位之思辨》，方塘智库，2018年7月1日。

升、人文交流拓展等领域发挥了巨大的辐射优势和区位价值。湖南东南距海仅400公里，充分发挥其作为长三角一体化发展的经济腹地和长江经济带的重要战略支撑作用，通过航空、海轮、江海联运船舶等与东南亚国家互联互通；湖南与南部港澳台地区之间交通也十分便利，特别是随着2018年广深港高铁使"湘港"直达以及2019年直飞澳门航班开通，湖南可发挥粤港澳大湾区各方优势与南亚以及葡语系国家互联互通；与此同时，随着中欧、中亚班列的开通运营，长沙、怀化等城市成为开通中欧、中亚班列的站点城市。中欧班列西经新疆、北经二连浩特（或满洲里），加强了与英法德意等欧洲国家的互联互通，中亚班列加强了湖南与乌兹别克斯坦、哈萨克斯坦等中亚国家的互联互通。可见，湖南的独特区位也可成为世界东部与西部的黄金"桥梁"和"纽带"，通过"区位红利"提升湖南的国际竞争力。湖南未来的发展，必将是以此为突破口发展"一带一部"战略，并引领这一战略纵深推进。

（二）纵横发达的交通

"中部通则全国通。"随着公路、水运、铁路、航空等交通项目的不断建成，湖南正进一步发挥承东启西、连南通北的大通道、大节点、大枢纽优势，加快构建综合交通枢纽体系，致力于形成省内省外通道联通、区域城乡覆盖广泛、枢纽节点功能完善、运输服务一体高效、贯通南北连接东西的交通新格局。随着湖南入选首批交通强国建设试点地区，湖南的交通发展也从省域内交通节点、开放腹地，区域板块的各自发力、差异发展，转向全国性交通枢纽、开放高地，区域点极带的竞相发展和协同推进，为湖南"一带一部"战略的实施和创新引领开放崛起战略的发展，提供蓄势赶超的强大引擎。

1. 公路交通四通八达

湖南大力推进交通运输网络建设，综合交通枢纽网络已基本形成，公路里程跃升全国前列。从1994年第一条长永高速建成通车，到2019年全省高速公路通车里程达 6725 公里，居全国第四位，"五纵七横"高速公路网业已形成，打通出省通道 25 个；全省除石门县外，已有 121 个县（市、区）可半小时上下高速公路。湖南公路总里程已达 24 万公里，位居全国第六，是新中国成立初期的 76 倍。① 全省二级及以上公路里程超 2.3 万公里，农村公路里程近 21 万公里，建制村通畅率达 99.97%，通客班车率达 99.70%。② "县县通高速""村村通客车"正加快实现。

2. 水路交通通江达海

北通巫峡，南及潇湘，西连成渝，东达四海的湖南，省内长江水系发达，有全国第二大淡水湖——洞庭湖，湘、资、沅、澧构成了湖南水运的"黄金水道"，航道港口能力稳步提升。截至 2019 年 9 月，全省水运通航里程达 1.2 万公里，居全国第三位。其中，千吨级以上航道达 1111 公里。全省共有港口 63 个、千吨级以上泊位 107 个。全省港口吞吐量达 2.43 亿吨，集装箱量达 67.7 万标箱。岳阳港、长沙港发展为全国内河主要港口，其中岳阳港跻身全国内河亿吨大港行列。岳阳城陵矶港自 2019 年以来加大铁水联运力度，进一步挖掘箱量增长点，还开通了到东盟、澳大利亚、日本、韩国、中国港澳地区等多地的直达航线或接力航线，基本形成以洞庭湖和湘资沅澧四水下游高等级航道为骨架，岳阳港、长沙港为主枢纽的内河水运体系。③

3. 轨道交通高效畅通

千里互联，万线互通。2009 年底，随着我国真正意义上的第一条高速客运专线铁路——武广高铁的开通运营，长沙到各地的距离迅速缩短，长

---

① 邓晶琎、龚国清：《入选交通强国建设"试验田"湖南凭什么》，《湖南日报》2019 年 10 月 23 日。
② 《省发改委、省交通厅联合发布新中国成立 70 年全省基础建设成就》，湖南省发改委官网，2019 年 9 月 10 日。
③ 《省发改委、省交通厅联合发布新中国成立 70 年全省基础建设成就》，湖南省发改委官网，2019 年 9 月 10 日。

沙到广州的时间从 9 小时缩短为 2 小时，长沙到武汉只需 1 小时。铁路尤其高铁的迅猛发展让湖南交通红利不断释放，作为中部省份的湖南，将进一步发挥"过渡带"和"结合部"的新优势，在承东启西、连南通北中发挥举足轻重的作用。京广、沪昆两条高铁大动脉在长沙交会，洛湛、焦柳、湘桂、渝怀等国家干线铁路建成，营运里程达 5069 公里，是 1949 年的 5.3 倍。蒙华、渝长厦、张吉怀高铁也在加快建设。截至 2019 年 9 月，湖南境内高铁营运里程达 1730 公里，排名全国第四位。铁路复线率、电气化率分别达到 65.8%、78.1%。①

4. 航空运输联通全球

湖南不断新增国际（地区）航线航班，推进"长沙四小时航空经济圈"构建，更好助力全省对外开放。湖南航空运输通航 166 个机场，实现五大洲全覆盖。全省在已开通运营长沙、张家界、常德、怀化、永州、衡阳、邵阳、岳阳 8 个干支线机场的基础上，正加快建设湘西机场、郴州机场。2019 年，全省民航旅客年吞吐总量达 3360.3 万人次，运输起降 25.8 万架次，货运吞吐量达 17.8 万吨。其中，长沙机场旅客吞吐量达 2691.1 万人次。全省新开国际航线 13 条，在飞国际航线达到 57 条，② 可直达洛杉矶、法兰克福、悉尼、墨尔本、莫斯科、伦敦、名古屋、曼谷、加德满、内罗毕等国家和地区，实现了对五大洲、东盟十国的全面直航。

（三）禀赋富集的资源

"我欲因之梦寥廓，芙蓉国里尽朝晖。"地处中国中部的湖南，锦绣潇湘、物华天宝、人杰地灵。多种多样的自然资源、备受瞩目的科技资源、基础厚实的教育资源等，无一不是"一带一部"战略优势发挥的本源所在。

---

① 《省发改委、省交通厅联合发布新中国成立 70 年全省基础建设成就》，湖南省发改委官网，2019 年 9 月 10 日。
② 《2019 年湖南机场新增航线 50 条 通航 166 个机场》，红网，2020 年 1 月 2 日。

1. 自然资源丰富多样

自然资源是发展之基、生态之源、民生之本。湖南独有的自然资源主要包括自然矿产资源、土地资源、水力资源、生物资源等。截至2019年，全省已发现矿种144种，探明资源储量矿种109种。其中，能源矿产7种，金属矿产39种，非金属矿产61种，水气矿产2种，是著名的"有色金属之乡"和"非金属矿之乡"。丰富的矿产资源为湖南经济的发展提供了资源保障。湖南土地资源丰富，种类齐全。在全省2118.36万公顷的土地总面积中，耕地面积为414.88万公顷，林地面积为1221.03万公顷，牧草地面积为47.48万公顷，分别约占全国耕地、林地和牧草地总面积的3.1%、4.8%和0.22%。这为湖南因地制宜地发展农业、林业、牧业、渔业等生产，提供了有利条件。湖南省河流众多，河网密布，水系发达，有全国第二大淡水湖——洞庭湖，有长江及湘、资、沅、澧"五水"，5公里以上的河流有5341条，水资源总量居全国第六位，人均占有量为2500立方米。全省水系以洞庭湖为中心，以"四水"为骨架，主要属长江流域洞庭湖水系，约占全省总面积的96.7%。洞庭湖及"五水"是湖南沟通全省大部分地区的重要水运通道，让"一带一部"战略自然具有"通江达海"优势。湖南生物资源丰富多样，被誉为全国乃至世界珍贵的生物基因库之一，有华南虎、云豹、麋鹿等13种国家一级保护动物；有南方红豆杉、资源冷杉、绒毛皂荚等国家重点保护野生植物64种。生态资源优质，拥有全球200个具有国际意义生态区中的两个区——武陵雪峰山脉和南岭罗霄山脉亚热带常绿阔叶林生态区。

2. 科技资源备受瞩目

科技资源是一个国家的战略资源，乃国之利器，其数量、质量及管理水平是一个国家和地区的创新能力水平的重要标志。从科研经费投入来看，20世纪50年代后期，湖南每年政府科研投资为1000万~2000万元。1978年，全省科研经费为3400万元。到2018年，全省研发经费投入总量突破了700亿元。全社会研究与试验发展（R&D）经费投入强度由1996

年的 0.31% 提高到 2018 年的 1.94%。从科研机构数量来看，解放初期，湖南全省仅有 3 家科研型机构。到 2018 年，已形成了以 18 家国家重点实验室、14 家国家工程技术研究中心、3 家国家级临床医学中心为龙头，覆盖重点产业和重大民生领域、多学科、多层次的科研平台服务体系。从科研人员数量来看，1957 年，湖南全民所有制单位拥有科技人员 3.75 万人；1978 年，全省拥有科技人员 17.83 万人；2018 年，科技人员总数达到 179 万人，比 1978 年增长 9 倍。从科技成果转化应用比率来看，改革开放之初，科技成果难以迅速转化为现实生产力。随着《关于科技兴湘的决定》等一系列政策出台，科技成果转化应用比率不断提高。从 1991 年长沙国家级高新区获批到现在，全省已拥有 8 个国家高新区和 24 个省级高新区。截至 2018 年，全省高新技术产业实现增加值 8468.05 亿元，同比增长 14.0%，居国家高新区创新能力增长率全国第 2 位，科技成果转化应用比率提升近 3 倍，2018 年技术合同成交额达 281.7 亿元。[①] 诞生了 C/C 航空制动材料、超级计算机、中低速磁浮、"海牛号"深海钻机等许多标志性科技成果。目前，湖南已成为全国第 10 个获批建设的创新型省份，湖南创新型省份建设正在加紧推进中，将是打造"一带一部"区域创新平台、促进东中西部融合协同创新和建设创新型国家的重要支撑。

3. 教育资源基础厚实

教育兴则国家兴，教育强则国家强。一是教育规模不断扩大。改革开放以来，湖南各级各类教育稳步发展，实现了从人口大省到教育大省的历史性跨越。截至 2019 年 9 月，全省共有各级各类学校 2.7 万余所，在校学生 1350 万人，教育总规模居全国第 7 位。二是教育门类不断完善。已基本形成了从幼儿教育、初等教育、中等教育到高等教育，从普通教育到职业教育、特殊教育、成人教育、老年教育、社区教育、少数民族教育、妇女

---

① 俞慧友：《湖南：红色热土创新潮涌 中部崛起敢为人先》，《科技日报》2019 年 7 月 29 日。

教育，从学历教育到非学历教育、各种培训、继续教育等，较为完整、相互沟通衔接的教育体系。[1] 三是教学质量不断提升。各级各类学校注重"五育并举"，全面提高学生的综合能力。特别是高校注重教学与科研相互促进、相辅相成。从1978年到2019年，累计培养博士、硕士、学士230万人。其中4所大学、12个学科进入"双一流"建设行列，39个学科进入ESI全球排名前1%、5个学科进入前1‰。高校国家级教学名师和团队、科技创新平台和团队等指标均保持在全国前列。[2] 四是教育对外开放力度不断加大。近年来湘留学人数、公派出国人数、中外合作办学项目等不断增多。2018年，湖南省共有来自100多个国家的留学生5439人；全省共有700余名高校教师公派出国研修，省内各级各类学校与50多个国家的300多个教育机构以校际交流、姊妹学校等形式建立了稳定联系，师资队伍的国际化水平大幅提高；与此同时，来自全球100多个国家的1000多名选手参与的"汉语桥"世界大学生中文比赛已连续11年在湖南省举行。五是教育保障不断健全。学前教育普惠发展得到有效推进，城乡义务教育一体化发展走向均衡，职业教育基础能力持续增强，普通高中和职业教育加快协调发展，高校办学条件显著改善等。

（四）体系完备的产业

湖南产业结构正向现代产业体系演进。坚决淘汰落后产能，推进传统产业迭代升级，产业结构更加优化，由"一、二、三"产业发展为"三、二、一"产业。加快构建以现代农业为基础、战略性新兴产业为先导、先进制造业为主导、现代服务业为支撑的产业新格局。产业不断向更高端、更现代、更智能化升级，建立了体系完备的现代产业格局，取得了一系列世界级领先成果。

---

[1] 刘欣森、孟湘砥：《湖南教育史（第三卷）》，岳麓书社，2003。
[2] 蒋昌忠：《70年，湖南教育改革发展实现"四个跨越"》，湖南省教育厅官网，2019年9月18日。

1. 日益精细的现代农业

食为人天，农为邦本。湖南素有"九州粮仓""湖广熟天下足"的美誉，是中国的农业大省，新时期农业得以不断发展。

产业结构由单一向多元转变。湖南是粮食生产大省，稻谷总产量连续40多年居全国首位，也是特色农产品大省，油菜、生猪、苎麻、油茶、烤烟、茶叶、淡水产品、水果等产量都居全国前列，产业结构由"粮猪独大"逐步向粮经饲统筹、农牧渔结合转变。2018年全省农林牧渔业实现总产值5361.62亿元，打造形成了粮食、畜禽、蔬菜、水果、油菜、油茶、茶叶、中药材、南竹等一批1000亿级、500亿级的优势特色产业。

产业模式由粗放农业向精细农业转变。湖南省第十一次党代会提出建设以精细农业为特色的优质农副产品供应基地，以三个"百千万"工程为抓手，实施"六大强农"行动，有力推动湖南农业从粗放向精细转变。2018年，湖南农业科技贡献率达58%，高于全国平均水平；全省农产品加工业年销售收入突破1.65万亿元，跻身全国七强；袁隆平领衔的杂交水稻研发仍是湖南的亮丽名片，2018年超级杂交稻测产验收亩产达到1152.3公斤，再次刷新世界纪录。农业在逐步建设农业标准化基地，制定农业技术规程和地方标准，完善农副产品质量安全监管体系、检测体系和追溯体系等方面成效显著。目前已有1300多家农业企业、3700多个名优特农产品进入"身份证"管理，逐步打造从田间到餐桌全链条精细农业管理体系。

农产品由高产量向优品牌演进。做大做强农业产业化龙头企业，全面推进农业品牌建设。注重开发"一县一特"品牌，湖南现已创建省级特色产业园559个、14个省级优质农副产品供应基地、10个现代农业特色产业集聚区。靖州杨梅、茯苓，宁乡花猪，安化黑茶产业园获批创建国家现代农业产业园；重点打造了"湖南茶油""湖南红茶""安化黑茶"三大区域公用品牌；涌现了古丈毛尖茶、保靖黄金茶、麻阳冰糖橙、新宁崀山脐橙、江永香柚、靖州杨梅等一批农产品特色品牌。①

2. 享誉全球的制造基地

制造业是国民经济的主体，是一个国家、一个地区经济繁荣的支撑。

制造业领域"全面开花"。湖南是制造业大省，已经形成了工程机械、轨道交通、装备制造、航空航天等一批领先世界的制造品牌。工程机械"艳压群芳"，湖南拥有全国最大的制造基地，混凝土机械产量居世界第一位；轨道交通勇立潮头，电力机车全球市场占有率居世界第一位；装备制造翘楚天下，拥有世界最大起重能力的履带起重机、世界最长臂架的混凝土泵车、世界最大工作幅度的塔式起重机等"世界之最"，部分新兴优势产业从无到有，蓬勃发展：电子信息产业领域建成国内首条8英寸IGBT生产线，移动互联网产业突破千亿元大关。3个万亿级产业，11个工业产业过千亿，20条工业新兴优势产业链……形成了在国际上具有强大影响的产业体系。

制造业技术高端引领。中国第一台电力机车、第一台航空发动机、第一枚空空导弹等诞生在湖南，中车株机研制出120km/h速度等级米轨城际动车组，填补了国内空白；衡阳特变电工研制出SFP-750000/750发电机变压器，打破了国外长期的技术垄断；湖南中大创远研制的高性能机床装备使国内厂商采购同类设备的成本降低50%；中国长城基于PK技术（即飞腾CPU+麒麟操作系统）的计算机体系，成为世界计算机领域又一主要技术选择……核心技术、关键零部件、关键原材料等领域技术创新的每一小步，都会带来制造业发展的一大步。②

制造业发展"智能"可期。随着移动互联网、大数据、云计算等新一代信息技术与传统制造产业跨界融合，引导传统优势产业加快向智能化方

---

① 《新中国成立70年来湖南农业农村发展成就新闻发布会召开》，湖南农业农村厅官网，2019年9月12日。
② 晨风：《在创新开放中实现产业转型升级——二论推动湖南制造业高质量发展》，湖南省人民政府官网，2019年5月16日。

向演进成为大势所趋。目前，全省已有16家企业被列入国家智能制造试点示范，27个项目被列入国家智能制造专项，试点示范和专项项目分列全国第六、第七位，居全国前列。三一集团18号智能化车间，长沙博世工业4.0智能化模块生产线，"华菱云""三一根云""长沙工业云"等云平台也形成了影响力。借力工业互联网、智慧城市建设等平台，拓展"智能+"，将进一步打造智能制造创新发展产业生态。

3. 潜力巨大的文旅产业

湖南是文化旅游资源大省，山水风光秀美奇特，历史文化底蕴深厚，文旅品牌日渐响亮。

拥多娇山水之美。湖南有张家界、崀山两处世界自然遗产和永顺老司城世界文化遗产，有世外桃源之称、《桃花源记》真迹地常德桃花源，有"碧嶂屏开，秀如琢珠"的岳麓山，"五岳独秀"的南岳衡山，"张家界之魂"的天门山，"江南青藏高原"的雪峰山……有奔流不息的湘、资、沅、澧"四水"，烟波浩渺的大美洞庭湖，碧波万顷的东江湖，"九曲十八弯"的浏阳河……

具厚重人文之景。湖南人杰地灵，人才辈出：中华民族的先祖炎帝和舜帝流芳千古，屈原、贾谊、周敦颐、朱熹等历代文人墨客大放异彩，魏源、曾国藩、左宗棠、黄兴等众多名人志士叱咤风云，新中国的开创者毛泽东、刘少奇、彭德怀等一批领袖人物扭转乾坤……中华民族始祖炎帝神农氏的安息地——"神州第一陵"炎帝陵，孕育博大精深、广袤无垠湖湘文化的千年学府岳麓书院，因"先天下之忧而忧，后天下之乐而乐"闻名的岳阳楼，入选首批国家全域旅游示范区的伟人故里韶山等一批人文景观无不彰显湖南人文历史的悠久与厚重。

成"品牌文化"之魅。文学湘军、广电湘军、出版湘军、演艺湘军是湖南文化的标签，"欢乐春节""四海同春""亲情中华""汉语桥"等是文化交流的名片；湖南卫视、芒果TV、中南传媒入选世界媒体500强；世人熟知的湘茶、湘戏、湘剧、湘菜、湘绣、醴陵瓷器、浏阳花炮等文化产品誉满全球。"锦绣潇湘"走进"一带一路"文化旅游合作交流系列活动，更是获评2018年中国最具影响力营销推广品牌活动第二名。湖南，以其独有的湖湘文化魅力，向世界展示东方风采，让世界领略了中国文化软实力。

（五）优美宜居的生境

山水是湖南最亮丽的名片，生态是湖南最大的资源。特别是党的十八大将生态文明建设纳入"五位一体"总体布局以来，全省认真践行习近平生态文明思想，牢记"守护好一江碧水""绿水青山就是金山银山""望得见山、看得见水、记得住乡愁"的谆谆教诲，厚植"生态强省"竞争力，在绿色发展道路上走在全国前列，逐步建立起优美宜居的生态家园。

1. 天更蓝的洁净潇湘

2017年，湖南通过了《湖南省大气污染防治条例》，这是湖南首次将大气污染防治纳入法治化轨道。湖南还建立了重污染天气应急管理制度，针对蓝色、黄色、橙色、红色四级重污染天气预警采取相应的应急响应措施。相比2015年，2018年全省PM2.5、PM10平均浓度分别下降24.1%、20.5%，全省空气质量优良率达到85.4%，空气质量优良天数比例增加了7.6个百分点，高出全国平均优良率6.1个百分点，全省空气环境质量达到国家二级标准的城市有5个，占35.7%。实现了PM2.5浓度明显降低、重污染天数明显减少、大气环境明显改善、蓝天幸福感明显增强的目标。[①]

2. 水更清的灵动潇湘

湖南水资源总量居全国第六位，拥有"一湖五水"及5000多条大小河流。湘江保护和治理"一号重点工程"自2013年启动以来，全省达标的Ⅰ类至Ⅲ类水质占比由1996年的27.1%提升至2018年的94.5%，用实际行动守护好一江碧水；洞庭湖经过生态专项整治行动，防洪排涝效益明显提高，调蓄面积较1978年增加了779平方公里，建立了总面积达3076

[①] 《70年湖南成就权威发布｜绿水青山新画卷》，湖南省人民政府官网，2019年9月25日。

平方公里的湿地类型自然保护区。在深入实施湘江保护和治理"一号重点工程"和扎实开展洞庭湖水环境综合整治五大专项行动基础上,湖南加强长江治理专项整治、全面建立河长制体系、划定"一湖三山五水"为湖南生态红线……相比环境质量最差的1996年,2018年取得显著成效,全省工业废水排放量由14.49亿吨降至3.27亿吨;水环境监测断面由81个增至345个,全省地表水水质总体为优。

3. 山更绿的秀丽潇湘

湖南植被丰茂,四季常青。自1983年2月省委、省政府提出开展全民义务植树和造林绿化运动后,据省林业部门统计,近40年来,全省累计有9.02亿人次参加义务植树,植树44.82亿株,为湖湘大地披上了绿色的新装。截至2018年,已批准建设自然保护区170个,面积达147.8万公顷。其中,国家级自然保护区23个、省级自然保护区30个。全年完成造林面积35.6万公顷,年末实有封山(沙)育林面积138.3万公顷。湖南森林覆盖率由1954~1958年的30.38%上升为2018年的59.82%,位居全国第六,活立木总蓄积量由1954~1958年的2.82亿立方米增至2018年的5.72亿立方米。[①] 绿色湖南秀美如画。

4. 家更美的宜居潇湘

相关资料显示,全省14个市州城市中有9个"国家森林城市";湖南的国家级森林公园总数达63个,居全国第一位;湿地保护率达75.73%,位居全国前列;全省建成国家园林城市(县城)15个、国家历史文化名城名镇名村39个、全国绿色村庄1430个,宜居环境不断优化,城镇化率达到56.02%。[②] 生态优美、宜居宜业的生态环境让老百姓得以安居乐业、休养生息。

[①] 曹娴:《壮丽70年·奋斗新时代——湖南发展成就巡礼·领域行业篇 生态强省奏凯歌》,华声在线,2019年8月29日。

[②] 唐婷、刘笑雪:《中流击水新湖南——新中国成立70周年湖南发展成就综述》,华声在线,2019年9月30日。

三　协同崛起机遇

（一）加速融入全球机遇期

从世界经济发展来看，18~19世纪，世界的经济中心在欧洲；20世纪，世界的经济中心在美洲；21世纪，世界的经济中心正在向亚洲特别是向东亚转移。随着2008年全球金融危机的爆发，以美国为首的西方国家经济实力显著下降，世界经济面临深刻的、复杂的、相互交织的结构性矛盾，绝非短时间内能够得以解决，在国际金融危机的冲击下，世界各主要经济体都采取了各种措施推动经济增长，鼓励创新、扩大开放就成为各国的基本国策。顺应创新开放的世界发展大势，是湖南"一带一部"战略实施的应有之义。"一带一部"战略的实施，将湖南置身于全球发展全局，以亚洲、北美洲、欧洲、非洲、大洋洲等为多重发展半径，以共建"一带一路"国家和地区为战略核心辐射腹地，极大地延伸发展的维度，迎来开放发展的新态势；"一带一部"战略的实施将让湖南充分发挥区位、交通、资源、产业等比较优势，产生巨大的外溢效应，对接全球的商品、设备、市场、基础设施建设和技术供给等，为世界经济增长提供新的动力；"一带一部"战略的实施还将有助于推动全球范围内的资源有效整合和区域一体化，一定程度上改变国家乃至世界的产业结构和发展状态，从而为中国经济乃至世界经济振兴崛起提供助力。

从世界政治发展来看，国家间力量对比正在经历深刻变革，国际关系正面临百年未有之大变局。自2008年全球金融危机爆发之后，传统霸权国家日渐式微，以美国为首的西方国家主导世界事务的能力显著下降，美国奉行单边主义和"美国至上"原则、英国脱欧、欧洲走进民粹主义危机……全球治理的重要参与者普遍自顾不暇。与此同时，新兴国家群体性崛起和分化，国际力量对比发生改变。尽管国际形势发生重大变化，国际格局面临不断调整，特别是新冠肺炎疫情发生，会短时间暂缓和影响全球各国之间的贸易合作，但从发展趋势来看，全球化、区域化和一体化的发展方向并没有发生根本逆转，未来国与国之间的相互依赖和相互合作只会加强而不会削弱。面对当下国际关系的大变化大调整，为了更有效、更全面地参与全球治理，中国在积极为全球治理提供中国智慧和中国方案的同时，更需要充分练好"内功"。湖南"一带一部"战略的实施就是练好"内功"的重要手段，一方面，它同外部世界的紧密联系和互动对开放型世界经济的稳定发展起到促进作用；另一方面，除了经济领域外，它在政治、安全、民生、环境等领域将为国际社会提供更多的公共产品，发出发展中国家求和平、谋合作、促发展的时代强音，有力推动国际秩序朝着更加公正合理的方向发展。

（二）国家战略叠加机遇期

1. 长江经济带发展的战略机遇期

长江经济带横跨中国东中西三大区域，覆盖上海、浙江、江苏、湖北、湖南、江西、安徽、四川、重庆、云南、贵州11个省和直辖市，土地面积超过200万平方公里，人口和生产总值都超过全国的40%，具有得天独厚的优势和巨大的发展潜力。湖南地处长江经济带中部腹地，作为"长江开放经济带"与"沿海开放经济带"的结合部，以长株潭地区为核心引领，充分发挥岳阳在沿江开放的"桥头堡"作用，与长江经济带协同发展。一方面，在基础设施建设、产业升级发展、促进新型城镇化、生态文明建设、助推大开放大合作等方面与《长江经济带发展规划纲要》的要求高度契合，有利于湖南与长江经济带省份同频共振，抓住这一千载难逢的机遇实现跨越发展；另一方面，长江经济带横跨东、中、西部地区，既包括经济发达的沿海地区省份，也包括与湖南发展水平相差无几的中部地区省份，还有不够发达的西部地区省份，区域差异性大，互补优势明显，有非常大的合作空间。①

2. 京津冀协同发展的战略机遇期

京津冀即京津冀都市经济圈，主要包括北京、天津和河北的石家庄、唐山、沧州、保定、秦皇岛、廊坊、承德、张家口、邢台、邯郸十地市，地域面积约21.6万平方公里，占全国的2.3%，2018年末常住人口为1.1亿人，占全国的8.1%，地区生产总值为8.5万亿元，占全国的9.4%。由于它地处环渤海地区和东北亚的核心重要区域，被确定成为北方的经济中心。尽管京津冀地区与湖南不相邻，但北京作为首都，具有政治、经济、文化、科技、国际交往等突出优势，天津作为港口城市，具有制造业基础雄厚、研发转化能力较强、国际航运发达的优势，河北各市则具有自然资源丰富、劳动力相对充裕、产业基础较好、经济体量较大、有广阔发展空间的优势。② 京津冀地区的优势为湖南"一带一部"战略实施提供了优势互补、协同发展的良好条件，湖南本身所具有的独特的区位优势、良好的产业基础、丰富的科技资源等，让双方在打造跨区域合作平台、扩大央企对接、推动科技成果创新转化以及加强教育、科技、人才、文旅、产业等领域合作方面拥有巨大的潜力。

3. "一带一路"建设的战略机遇期

2013年9月和10月，国家主席习近平在中亚和东南亚之行，先后提出共建"丝绸之路经济带"和"21世纪海上丝绸之路"（简称"一带一路"）的重大倡议，得到国际社会的广泛认同和高度关注。2013年11月，习近平主席赴湘考察时，随即提出了"一带一部"发展战略。可见，"一带一路"与"一带一部"都是以习近平同志为核心的党中央主动应对全球形势深刻变化、统筹国内国际两个大局、促进国家和地方发展做出的科学论断。近年来，"一带一路"倡议为湖南带来许多发展机遇。以2018年为

---

① 毛明芳：《坚持"一带一部"战略定位 大力实施创新引领开放崛起战略》，《长沙晚报》2018年10月11日。

② 《京津冀协同发展》，国家发展和改革委员会官网，2019年11月14日。

例，全省实际境外投资 16.67 亿美元，其中对共建"一带一路"国家和地区投资 3.28 亿美元，占总额的 19.7%。全省实现进出口总额 3079.5 亿元，其中对共建"一带一路"国家和地区贸易额达 802.6 亿元，占总额的 26.06%。[1] 可见，"一带一路"倡议已经为湖南发展带来了许多实际利益。随着"一带一部"战略的深入推进，还将在新的领域、新的平台、新的空间实现"一带一部"与"一带一路"的协同发展。

4. 粤港澳大湾区发展的战略机遇期

粤港澳大湾区包括香港特别行政区、澳门特别行政区和广东省广州市、深圳市、珠海市、佛山市、惠州市、东莞市、中山市、江门市、肇庆市等九个城市，总面积达 5.6 万平方公里，是中国改革开放的前沿和中国经济增长的重要引擎，更是我国开放程度最高、国际化水平最高、经济活力最强的区域之一，在国家发展大局中具有重要战略地位。粤港澳大湾区建设是湖南"一带一部"战略的重要机遇，目前，香港已成为湖南第一大外资来源地、第一大出口市场和"走出去"湘企聚集度最高的地区之一；澳门已成为湖南重要的劳务输出和农产品出口目的地；广东已成为境内在湘投资项目最多、投资额度最大的省份，湖南"一带一部"战略可以充分享受大湾区的"溢出效应"红利。随着粤港澳大湾区一体化的加速发展，大湾区内部的产业联系将会变得愈发紧密，产业转移一方面会内部自行消化，另一方面向邻近省份转移。湖南作为"过渡带"和"结合部"，同时是粤港澳大湾区的重要产业转移承接地、重要劳务输出地、农副产业供应地以及休闲旅游腹地，更应抢抓机遇，主动融入粤港澳大湾区，在区域合作中获得先机。

（三）内陆开放发展机遇期

1. 开放政策越来越实

湖南积极融入世界，从"关起门来搞建设"到高水平"引进来、走出

---

[1] 孟姣燕：《古丝路续写新传奇——湖南与共建"一带一路"国家互利共赢》，华声在线，2019 年 4 月 27 日。

去",不断推动更高水平、更高层次的对外开放。20 世纪 80 年代,出台加速开放开发八条措施。90 年代,提出了对外开放开发的第一个"以引进促改造、以外经促外贸、以开放促开发"的总方针。特别是党的十八大以来,湖南牢牢把握习近平总书记关于"一带一部"的开放理念,确立了"1+2+5+N"的开放崛起推进体系,明确了"一核两极三通道四个百亿美元项目"的重点区域、重点平台、重点项目,开放崛起的"四梁八柱"推进体系已然全面建立。

2. 开放平台越来越多

湖南开放平台取得历史性突破。目前湖南拥有 16 个国家级经开区、高新区,123 个省级园区和一批海关特殊监管平台,开放平台数量居中部第一位。国内外平台陆续登陆,中国—非洲经贸博览会、中国国际轨道交通和装备制造产业博览会长期落户湖南,世界计算机大会永久落户长沙,湖南湘南湘西承接产业转移示范区、长沙跨境电商综合试验区、高桥市场采购贸易方式试点、汽车平行进口等国家级平台相继获批;从互联网岳麓峰会,到国际工程机械展,再到国际矿物宝石博览会等重大活动相继举办,立足"一带一部"战略定位,日益增多的开放平台助推开放型经济加速发展。

3. 开放环境越来越好

在硬环境建设上,湖南是中部唯一拥有两个国际机场的省份,截至 2019 年 9 月,湖南开通国际航线 51 条,通航直达的国家有 20 个,中欧班列来往于 15 个国家,物流覆盖沿线 30 个国家,货物运输总量居全国第一方阵。在软环境改革上,近年来,长沙海关简化通关手续,优化通关流程,极大提高了通关效能;湖南还深入推进"对接北上广优化大环境"行动,持续推进"放管服"改革,积极开展"互联网+政务服务",《2018 年中国城市营商环境评价报告》显示,长沙在全国城市营商环境的排名跃升到第九位,其中软环境指数居全国第二位,[①] 营造了开放透明、亲商安

---

① 《湖南省庆祝新中国成立 70 周年系列新闻发布会第二场发布——对外开放 迈开大步》,华声在线,2019 年 9 月 5 日。

商、优质高效的良好社会环境。

4. 开放脚步越来越大

湖南国际"朋友圈"不断发展壮大，合作领域从经贸交流到教育、科技、人文、旅游等全方面拓展。截至 2019 年 9 月，湖南与 35 个国家的 90 个地方结为友好城市，与 200 多个国家和地区建立经贸往来，173 家世界 500 强企业在湖南投资。全省的对外贸易额从 1985 年的 319 万美元增长到 2018 年的 465.3 亿美元，实现了跨越式发展。实际利用外资已经从 1983 年的 26 万美元增长到 2018 年的 161.91 亿美元。1570 多家湖南企业走进 93 个国家和地区，累计境外合同投资 233.82 亿美元，稳居中西部第一位。① 湖南的开放发展为"一带一部"战略深入实施拓展了广阔空间。

（四）承接产业转移机遇期

1. 通过承接产业转移实现产业转型升级

承接产业转移不是国外和沿海低端、污染产业的转移，更不是沿海工厂的简单搬迁，而是立足于自身产业的短板和长板，寻求特定时期目标国或特定地区的对标企业来加强深度合作，通过承接外地优势产业转移来实现本地劣势产业的转型升级。湖南制造业尽管优势明显，但总体上大而不强，创新不够，诸如超高强度钢板、高端轴承、高品质汽车底盘及发动机、高精度液压马达等关键核心技术难以实现突破。湖南需抓住世界企业变迁的大趋势，立足于"一带一部"战略定位，以数字经济、分享经济、平台经济、智能经济等新经济形态为抓手，及时主动对接国内外特别是国外相关企业，加强跨境合作，聚焦核心技术，强化产品研发，补充高管团队，服务自身发展短板，从而走出一条专精特新产业转型升级之路。

2. 通过承接产业转移促成特色产业集聚

当代世界，一方面，以大数据、信息化、智能化等新型技术与制造业

---

① 《湖南省庆祝新中国成立 70 周年系列新闻发布会第二场发布——对外开放 迈开大步》，华声在线，2019 年 9 月 5 日。

的融合发展正在不断催生新的产业形态，另一方面，由于受新冠肺炎疫情这样突如其来的重大危机事件的影响，全球一批不适应发展需求的中小型企业退出市场的速度加快。湖南应立足于"一带一部"的战略定位，借助丰富的自然资源、较低的劳动力成本、便利的交通条件等优势，积极抢抓全球产业结构格局重塑和全球供应链体系重构的机遇，以大中型龙头企业为产业集群的发展载体，重点吸引与湖南产业集群高度相关的知名制造企业、研发机构与金融力量来湖南投资合作，加快构建以特色产业集聚为导向的、产业园区强强联合的、区域协同发展的新格局。

3. 通过承接产业转移打造内陆开放新高地

从国内外经验来看，任何一个国家或地区的经济腾飞都离不开产业梯度转移。湖南虽然是中部省份，但有居全国第九位的地区生产总值，有居中部第一位的开放平台数量，有全国排名靠前的软硬件营商环境，有持续扩大的国际"朋友圈"，有具备核心优势的三一、中联等一大批龙头企业，从而对全球资本、技术、人才等生产要素形成巨大吸引力。坚持对内开放和对外开放并举，湖南应以"一带一部"战略为发展契机，抓住全球产业转移的新机遇，进一步创新发展空间，优化经济环境，注重承接产业转移的重点和顺序，根据各县市不同的发展定位、产业优势和发展方向进行相应的承接，从而把湖南打造成为国际资本流入的内陆新高地。

"一带一部"论纲：基于区域协调发展的战略建构

第三章

"一带一部"
发展战略使命

"一带一部"论纲：基于区域协调发展的战略建构

区域发展战略的最终目的在于完成区域每一发展阶段的历史性使命。"一带一部"战略虽然立足湖南，却关系我国东中西部地区、长江开放经济带和沿海开放经济带贯通的大局。通过实施"一带一部"战略，可以更好地促进国家空间枢纽联动发展，把湖南建设成国家经济重地、国家生态屏障、国家示范基地，更好地保障国计民生，加快湖南联通世界、打造内陆开放新高地，实现区域更加有效协调发展，支撑长江经济带，引领中部地区崛起。

一 国家空间枢纽

（一）"一带一路"联动发展内枢纽

近年来，国家经济发展的重心逐渐由非均衡向均衡转变，战略空间也逐渐向内陆转移。在这一过程中，区域经济学重要的"点—轴"发展理论具有典型的指导意义，"一带一路"倡议即这一发展理论的国际实践，为中国"构建全方位开放新格局，深度融入世界经济体系"注入了活力，也为中国"开展更大范围、更高水平、更深层次的区域合作，共同打造开放、包容、均衡、普惠的区域经济合作架构"指明了方向。"一带一路"倡议实施，有助于中国与沿线国家更好地实现经济较快可持续发展的目标，创造培育国内、区域乃至全球范围的新经济增长点。

湖南省地处以沪昆高铁和长江开放经济带为标志的横向大通道与以京广线和粤港澳大湾区为标志的纵向大通道的交会点上，是国家在中部地区重要的大十字交通枢纽，其优越的地理区位条件、便捷的公铁水空交通、广阔而有潜力的经济腹地为全省承担国家建设"丝绸之路经济带"和"21世纪海上丝绸之路"的联动发展内枢纽提供了强有力的支撑。湖南承担内枢纽的优势凸显,2019年,长沙黄花机场完成旅客吞吐量2691.1万人次,保障运输起降19.5万架次,实现货邮吞吐量17.6万吨,完成国际及地区旅客吞吐量273.7万人次,年旅客吞吐量在全国排名第15位,是湖南飞向世界的重要枢纽;长沙金霞经开区已有覆盖14个国家、27个地区,贯通亚欧大陆的11条(9去2回)铁路线,有连通湖南省14个市州,实现122个县(市、区)定时、定点、定班的华中公路枢纽港,成为陆上丝绸之路的重要节点;城陵矶"一区一港四口岸"的建设有助于推动岳阳成为湖南省通江出海的重要区域航运物流中心;怀化依托其铁路枢纽优势,打造面向西南、辐射南亚的区域性商贸物流枢纽,具有巨大潜力;张家界正努力成为世界重要的旅游目的地;郴州机场及其公铁综合枢纽建设,打通了湖南向两广及东南亚发展的重要通道。

作为"一带一路"联动发展内枢纽,湖南已有了扎实的基础,但仍存在全面融入全球网络不深、整体竞争力不强等瓶颈。面对联动发展新使命,首先,湖南要打造内外便捷的交通网、物流网、信息网等网络系统,加快建设以"一纵五横"为重点的水路运输网、以"六纵六横"为主干的铁路运输网、以"七纵七横"为骨架的公路运输网、以"两干九支"为支撑的航空运输网,构建贯通全国、连通世界的立体交通网络。其次,湖南要进一步将枢纽优势转化为要素聚集优势,在世界信息化和产业化融合发展的大趋势下,放大湖南综合交通枢纽的集聚和辐射效应,大力发展"枢纽+贸易""枢纽+电子商务""枢纽+旅游""枢纽+物流"等新型业态,增强枢纽对区域要素资源的吸力和扩散力。[①] 最后,湖南要进一步优化区域功能布局,重点建设"一核三带四组团",即建设以长岳联姻为中心的长株潭岳大都市功能区和湖南境内的京广经济带、长江经济带、沪昆

---

① 谢建辉:《落实"一带一部"战略要聚焦六大任务》,《新湘评论》2017年第7期。

经济带，以及湘北、湘南、湘西、湘中都市区组团，以顶层设计推动区域协调发展，进而促进整体竞争力的提升。①

（二）长江经济带协同成长主成员

沿海先行、溯内河向纵深腹地梯度发展，是世界经济发展的重要规律。20世纪80年代，著名经济地理学家陆大道提出了"T形"发展战略，即我国区域经济应形成一个以沿海为战略轴线、沿江为主轴线的整体空间格局。但受长期非均衡发展思想的影响，改革开放以来我国的经济发展重点主要集中在沿海轴线上，对横向发展轴线关注不够。进入"十三五"时期，长江经济带建设速度逐渐加快，其集聚优势和发展潜力逐渐显现。2018年末，长江经济带地区生产总值和常住人口总数分别约为402984.17亿元、59842.27万人，占全国总量的40%以上，已成为中国最重要的经济带，是支撑21世纪中国经济成长的轴线和经济增长潜力最大的区域。

湖南省2018年地区生产总值占长江经济带的9.04%，人口占11.53%。长株潭三市经济总量达15796.31亿元，高于武汉市的14847.29亿元，三市年末常住人口为1504.03万人，高于武汉市的1108.1万人，地方财政收入达1195.31亿元，进入千亿级省会城市行列。随着长株潭三市同城化推进，以及"两型社会""湘江新区"等政策和平台叠加，以三市为主体打造的长株潭都市圈将与武汉市共同构成长江中游地区的"双核心"，湖南省在长江中游地区的影响力也将进一步增大。

按照中央总体战略部署，湖南省定位为长江经济带重要的战略支点，这是推动长江经济带发展重点工作实施的必然要求，也是历史发展赋予湖南省的重要使命。湖南应主动融入沿江区域发展合作框架，形成内外对接，多方联动对外开放新格局。一是充分发挥岳阳作为长江经济带建设桥

---

① 刘茂松：《实施"一带一部"战略，推进多层级一体化集聚发展——关于湖南"十三五"发展高密度经济的建议》，《湖湘论坛》2016年第1期。

头堡的核心作用，突出城陵矶港连接长江内河水运的优势，加快资源整合，打破地域界限，重点考虑规划由岳阳湘阴、汨罗和长沙县部分乡镇组成的长岳联动发展承接带，拓展湘阴、汨罗产业承接功能，承接长沙先进制造业、农副产品加工、轻工纺织、生物医药、非金属矿产品加工等劳动密集型、劳动与资本密集型产业，把长岳联动发展承接带建设成为长沙—岳阳产业开放合作的新基地，形成湖南融入长江经济带的"T形"产业布局。① 二是积极探索构筑跨省高质量发展合作新机制、新模式，推动沿江各区域打破行政壁垒下的地域限制，加强地区在生态修复和保护、区域经济发展、交通网络等方面的合作，以更加开放和有序的状态更高效地配置各种资源。一方面加强与湖北、江西等长江中游省份的合作，促进区域之间的产业融合，避免恶性竞争；另一方面抓住新一轮对外开放的机遇期，加强与江浙沪等发达地区的产业与政策对接，加速传统产业转型升级，大力发展战略性新兴产业，不断提升现代服务业比例，拓展"走出去"的腹地跨域空间，增强长株潭都市区的经济辐射能量与长江经济带主要成员城市的责任担当。

（三）粤港澳大湾区邻壁体

世界经验表明，湾区已成为带动区域乃至全球经济发展的重要增长极，是引领全球技术变革的创新引擎。推进广东省9个城市与香港、澳门的深度合作，打造一个可与旧金山、纽约和东京等湾区相媲美的世界一流城市群，建设具有国际影响力的全球科技创新中心，深度融入全球经济分工竞合网络，是国家对粤港澳大湾区的重大战略部署，实施的每一举措于区域乃至国家都将产生深远影响。目前，大湾区人口约6800万人，地区生产总值达到1.4万亿美元，已具备在高端制造业、科技创新、航运、贸易

---

① 李明：《长江经济带战略视野下的岳阳绿色发展研究》，《湖南理工学院学报》（自然科学版）2019年第4期。

和金融等方面发挥领导作用的条件。

湖南作为大湾区最紧密的邻居，也是泛珠三角的重要一员，在对接粤港澳大湾区建设上有得天独厚的优势。在地理空间上，湖南连接内陆腹地与大湾区，是外向型经济由沿海向内陆推进的过渡地区。同时，湖南也是中部地区承接粤港澳大湾区产业转移的重要通道，是大湾区辐射带动内陆的前沿阵地。广深港高铁通车后，由湖南长沙至香港仅需3.5小时，两地来往更加便捷。在产业发展上，湖南在先进轨道交通装备、工程机械、新材料、新一代信息技术产业、航空航天装备、节能与新能源汽车制造、电力装备、生物医药及高性能医疗器械、节能环保、高档数控机床和机器人、海洋工程装备及高技术船舶、农业机械等领域已有一定基础。

湖南对接粤港澳大湾区须以高度的使命担当，积极对接粤港澳大湾区整体发展规划，积极抓规划协同，从宏观上全面把握湖南对接大湾区的大方向、总目标，深入研究对接融入的技术路径、技术细节、技术过程、技术要领等，进行高起点、高水平规划，赢得开放发展的主动权。一是增强与粤港澳大湾区的硬联通能力，重点推动高水平基础设施和公共服务设施互联互通，完善交通网、物流网、信息网，打通联江通海战略通道，强化各种运输方式衔接，畅通各种信息网络。二是对接粤港澳大湾区内各行政区域的相关政策，研究实施产业发展"负面清单"制度，明确以鼓励类、限制类和禁止类产业类别作为引领，扎实推进行政政策、人事政策、金融政策、财政税收政策以及其他相关政策体系的有序建构，不断优化技术环境、市场环境、制度环境和人才环境，[①] 携手扩大开放，推动湖南与广州、深圳等地通关一体化建设，全面推行国际贸易"单一窗口"各项主要业务功能应用，实现口岸信息互联互通。三是稳步推进产业协同，结合自身产业结构和产业优势，主动融入粤港澳大湾区产业分工体系，积极主动承接

---

① 许奕锋：《湖南对接融入粤港澳大湾区的路径研究》，《湖南省社会主义学院学报》2019年第4期。

大湾区外溢的高端制造、生产性服务、区域总部等新兴业态的梯度转移，以此为契机推动湖南相关产业的转型升级，重点发展科技研发、交通物流、会展旅游、临空服务、高铁服务等核心产业，着力拓展湖南的产业链、供应链和服务链。四是加强要素对接，依托长株潭国家自主创新示范区、国家级高新区等平台，促进湖南与大湾区的人才、信息、科技、资金、技术等要素更加频繁地交流，培育战略性新兴产业，共建一批产业技术创新平台，开展重大技术联合攻关，打造科技创新共同体。

二 国家经济重地

（一）产业内移首载区

产业转移本质上是生产能力的重新分配，是不同国家或地区充分发挥其比较优势，实现资源最优配置的重要手段。刘易斯最早从劳动力成本角度进行了分析，认为劳动力成本上升导致企业生产成本上升，进而产生产业转移。在中国，深入实施产业承接转移，是实现东西部经济增速换挡、结构调整与动能转换的重要举措。2011年10月，湘南承接产业转移示范区成为中国第4个国家级承接产业转移示范区，也是湖南第二个被纳入国家层面的区域规划。2018年11月15日，国家发改委正式批复《湘南湘西承接产业转移示范区总体方案》，湘南湘西承接产业转移示范区包括衡阳、郴州、永州、湘西州、怀化、邵阳等城市，总面积达12.1万平方公里，常住人口达3234万人，使湖南承接空间和承接能力进一步扩大和提升，成为中部地区承接粤港澳大湾区产业转移的"桥头堡"。

目前，湘南湘西示范区承接粤港澳大湾区产业转移已有较好的基础和优势。在人文交流领域，示范区6市州劳动力人口有2000多万人，其中700多万人常年到广东沿海地区工作或经商创业，培育了大批湘籍企业家、技术管理人才和熟练产业工人，熟悉广东沿海地区营商环境，具备熟练劳动技能，是湘南湘西承接粤港澳大湾区产业转移的后备人力资源。同时，湘南湘西地区在风土人情、生活习惯方面与粤港澳大湾区相似，为两地开展各类交流与合作提供了天然的人文基础。[①] 在经济交往方面，广东企业在湘投资项目数量与投资额均稳居第一，5000 家以上的广东企业和 30 多万粤籍人士在湘投资创业，粤企在湘投资额居全国各省（市、区）首位。香港一直是湖南外资的主要来源地，2018 年香港在湖南省的投资项目为 668 个，占全省的 63.6%。香港在湘投资项目、合同外资额、实际使用外资额都居境外来湘投资第一位，且占总数的一半以上。在产业基础方面，示范区所覆盖各地在装备制造、新能源、信息技术、矿产品加工等方面具有较好的产业基础，湘西地区在轻工制造业、农业及其深加工、生态旅游、医药健康等方面具有良好的发展基础，各地已建成省级及以上等级的各类产业园区 66 家。在平台建设方面，示范区内有国际快递中心、综合保税区、保税仓、出口监管仓、铁路和公路口岸等物流平台，拥有国家级示范物流园区、进口肉类指定查验场、服务业综合改革试点示范城市、湘南进出口食品（农副产品）检测中心、电子商务进农村示范县等国家级平台。

　　成为中西部地区承接产业转移"领头雁"、内陆地区开放合作示范区、国家重要先进制造业基地、支撑中部地区崛起重要增长极，湖南仍需要进一步明确产业承接方向。一是突出产业承接重点，增强对加工贸易产业的吸引力，因地制宜承接发展特色优势产业和新一代信息技术产业，在中高端消费、创新引领、绿色低碳、共享经济、现代供应链、人力资本服务等领域培育新增长点、形成新动能，促进产业迈向价值链中高端。二是优化产业空间单元，根据主体功能分工和资源环境承载能力，调整优化生产力布局，更好地发挥衡阳市、郴州市、永州市、湘西自治州、怀化市、邵阳

---

① 刘宝磊：《提升湘南湘西示范区承接粤港澳大湾区产业转移能力研究》，《市场论坛》2019 年第 12 期。

市区域中心城市的引领带动作用，促进产业集中布局和集聚发展，发挥规模效应，提高辐射带动能力，形成"一县一产业""一园区一特色"的承接发展格局。三是推进产业创新升级，加强示范区与沿海地区人才、技术、设备等创新要素的对接，推进创新资源向示范区集聚，提升创新驱动发展能力。

（二）中部崛起支撑区

改革开放40多年来，中国东中西部地区呈现梯度发展的格局，中部地区作为承接东部地区产业转移、推动西部地区发展的"二传手"，其战略地位十分突出。2004年政府工作报告首次明确提出促进中部地区崛起，2006年中部地区崛起上升为国家战略，2016年12月，国务院常务会议审议通过了《促进中部地区崛起规划（2016－2025年）》，提出"一中心、四区"（全国重要先进制造业中心，全国新型城镇化重点区、全国现代农业发展核心区、全国生态文明建设示范区、全方位开放重要支撑区）的战略定位，2018年中部六省以占全国近11%的土地和占全国近27%的总人口，贡献了全国近22%的GDP。在经济转型发展阶段，面临经济下行压力持续加大、国际局势错综复杂等形势，中部地区需要加快培育新的增长点，努力成为拉动中国经济增长的新引擎。对此，习近平总书记2019年5月在江西考察时从战略和全局的高度就做好中部地区崛起工作提出了八点要求，为中部地区崛起指明了方向。

湖南作为中部地区人口大省，也是中部脱贫攻坚的主战场、全国"两型社会"综合配套改革试验区。2018年，湖南经济总量达3.64万亿元，居全国第8位、中部地区第3位。近年来，湖南在稳步推进脱贫攻坚，大力实施污染防治，着力推进供给侧结构性改革，坚持创新引领开放崛起，加快制造强省建设等领域成绩显著，已成为中部崛起重要增长极。

加快崛起，湖南应找准关键着力点，用好用足湖南的比较优势，写好中部崛起的"湖南篇章"。一是高质量构筑城市群。打破城市群行政性地区化产业结构体系，推动环长株潭城市群深度融合，形成"齿合型"产业分工结构，并通过产业链、价值链与生态链的融合，实现一、二、三产业融合发展和更大空间上的产业集聚。二是加速升级先锋产业。抓住以大数据、工业互联网、智能制造为代表的新一轮科技革命和产业变革带来的发展新机遇，实现"换道超车"，紧紧围绕智能制造、高端装备、新材料、大数据、新一代信息技术、新能源等重点产业领域构建产业技术创新链，提升湖南省在区域乃至全国、全世界价值链中的地位；同时重点发展现代物流、科技服务业、信息服务、文创等生产性服务业。三是全面实施以现代农业为引领的农业强省战略。以建设全国现代农业发展示范区为目标，大力发展以精细农业为特色的现代农业，继续为国家粮食安全和全国农产品供给提供有力保障，加快推进农业供给侧结构性改革，打造大湾区高端农产品供给基地和休闲农业后花园。

（三）内陆开放引领区

近些年来，国家出台和发布了多项推动内陆沿边区域开发开放的政策文件，设立了一批支持内陆地区深化改革、扩大开放的试验区，为提高内陆地区开发开放水平提供了政策平台与着力点。通过不断提升地区开放型经济水平，积极融入区域价值链，广大内陆地区有望成为推动国民经济增长的新增长极。湖南省紧抓内陆开放崛起新机遇，提出了"将湖南打造成'一带一路'的重要腹地和内陆开放的新高地"战略任务，拓展开放合作空间成效显著。对内，湖南正积极推进多层次区域合作、省部合作、省际合作以及与央企和高校的合作，在更大范围与"长三角"、"珠三角"、西部地区、中部各省寻求更宽领域的合作；对外，湖南正积极对接"一带一路"、自由贸易试验区等国家战略，推动借船出海。这种内外结合的开放合作方式为湖南开放型经济发展提供了广阔的空间支撑。

依托"海、陆、空"三个通道。其中海运主要依靠湘江和洞庭湖水域，带动湖南开放发展。岳阳是长江沿岸首批对外开放城市，也是湖南唯一临长江口岸城市、国家对外开放一类水运口岸和海峡两岸货运直航港口，对内可将"一湖四水"的水运体系与湖南74个县（市、区）相沟通，至少连接全省70%大中型工矿企业和全省80%地域；对外可上通川渝，下达长江及沿海各主要港口，实现与海岸线的无缝连接。陆运主要依靠湘欧班列，通过湘欧班列，湖南的机械电子、烟花等产品可大量供应欧亚国际市场。霞凝货场也不断辐射华南、华东市场，搭建起了中国内陆省份和亚洲、欧洲国家之间沟通联系的桥梁。长沙临空经济示范区是湖南现代交通体系最完备的地区、中南地区最核心的交通枢纽，拥有国家级长沙经济技术开发区、长沙黄花综合保税区、高铁新城、隆平高科技园等众多平台载体，聚集了含有世界500强企业在内的数千家企业，产业基础雄厚，是全省商务活动最频繁的区域。

随着海、陆、空多种交通方式协同发展的运输体系不断完善，湖南的综合性交通枢纽地位不断提升，为打造内陆开放新高地创造了有利条件。在新形势下，湖南要抢抓机遇，优化营商环境，吸引外来资本投资，加快"走出去"步伐，实现开放崛起。一是要拓宽开放发展新空间。深入推动对接"一带一路"，主动参与沿线国家和地区基础设施建设与产业发展合作；积极融入长江经济带建设，与长江经济带各省份实现多层次、宽领域的协作；深化与粤港澳大湾区、长三角等区域合作，努力实现产业合作与辐射；强化与中西部省份的发展合作，实现产业互补。二是营造促进开放型经济发展的政策环境。加快推进综合保税区等海关特殊监管区建设，积极争创自由贸易区；全面实施单一窗口和通关一体化，建立便利跨境电子商务的服务体系；调动各类市场主体参与开放的积极性，全面提高各级领导干部开放服务意识，以及利用好国际国内两个市场、两种资源、两类规则的能力和水平。三是大力实施"走出去"与"引进来"战略。积极促进"湘品出境"，不断推进加工贸易转型升级，不断扩大服务贸易规模，不断增加对外贸易总量，促使外贸对湖南经济贡献率不断提升；支持轨道交通、装备制造、新材料、生物医药等优势产业"抱团出海"；积极助推

"万商入湘",从资金、人才、技术、管理经验等方面加大引进力度,重点推动产业集群、总部经济、研发中心、采购中心、结算中心等方面的引进,促进招商引资质量与效益不断提升。

(四)转型升级创新区

突破性技术创新是推动产业转型升级的重要驱动力。在新一轮产业革命背景下,突破性技术创新不断涌现,为后发经济体实现产业赶超提供了机会窗口,也为湖南加快突破性技术创新发展、促进产业转型升级提供了机遇。"十三五"时期,湖南经济保持了较快增长,但发展不足、发展不优、发展不平衡的阶段性特征尚未根本改变,经济发展正处在爬坡过坎、转型升级的关键时期。湖南制造业总体上大而不强,仍处于价值链中低端,一些关键核心技术、共性技术长期难以突破,超高强度钢板、高端轴承、高品质汽车底盘及发动机、高精度液压马达、液压泵等主要依赖进口,技术"卡脖子"问题亟待破解;产业链条不完整,零部件配套及后续服务、生产性服务业跟不上;品牌质量有待提高,存在低端过剩、同质化竞争等问题,迫切需要将创新、协调、绿色、开放、共享的新发展理念落到实处,推动经济转型升级。2016年11月,湖南省第十一次党代会做出实施创新引领开放崛起战略的重要决策。2017年10月12日,湖南正式获批创新型省份,为加快推动高质量发展和实现富饶美丽幸福新湖南注入了新的强大动力。

湖南转型升级政策环境较好,创新资源相对丰富,产业发展基础扎实,为打造转型升级创新区提供了有利条件。科技政策方面,湖南省完善了科技政策法规,相继出台了《湖南省科学技术成果推广条例》《湖南省高新技术发展条例》《湖南省实施〈中华人民共和国促进科技成果转化法〉办法》等政策法规,取得一系列创新成果,并构建了"511"科技创新计划体系,在全国率先实施两型产品政府采购制度,率先支持以专利权出资注册公司,率先实行两个"70%"的创新激励政策等多项改革举措。创新资源方面，超级杂交稻、超级隧道智能装备、超大直径掘进装备、全球首列时速160公里商用磁浮列车、"鲲龙500"采矿机器人、广域电磁勘探技术装备、国内首个皮肤病人工智能辅助诊疗综合平台、心脑血管医防融合管理平台等一批重大创新成果持续涌现。创新人才优势显现，2019年度何梁何利基金"科学与技术进步奖"湖南省获奖人数全国排名第三位，全省两院院士有73位。产业基础方面，全省建成了门类比较齐全的制造业体系，形成了一批具有一定规模和实力的主导产业，装备制造、材料等产业过万亿，先进轨道交通装备、工程机械等11个工业产业过千亿，拥有享誉全国的工程机械制造基地、轨道交通装备产业集群、中小航空发动机和飞机起降系统研制基地。

湖南建设创新型省份已有较强的基础，下一步，应加快将基础转化为核心竞争力，为带动催化中西部地区发展、加快实现创新发展提供示范。一是优化科技供给结构。瞄准受制于人的核心技术、转型升级的关键难题、湖南发展的迫切需要，加大全社会研发投入，实现政策链、资金链、创新链与产业链的无缝对接，使产品链、产业链和价值链从中低端迈向中高端，实现由"湖南制造"向"湖南创造"与"湖南智造"跨越。二是营造优良制度生态。围绕全省经济社会发展的重大战略需求，开展创新补助政策试点，探索试行创新产品与服务远期约定政府购买制度；制定和出台鼓励有创业潜力和意向的公务员、科研人员、企业员工内部创业或离职创业的激励制度；建立省科技企业孵化器天使投资引导基金，加大科研人员股权激励力度。① 三是集聚业界创新要素。依托长株潭国家自主创新示范区和国家级园区，汇聚创新资源，加强协同创新，打造区域创新转型升级新高地。支持企业与高等院校、科研院所、上下游企业、行业协会、科技中介服务机构共建研发机构和产业技术创新战略联盟，共享大型科学仪

---

① 中国国际经济交流中心：《把实施"一带一部"发展战略作为促进中部地区崛起的重要战略支撑》，《湖南日报》2016年6月23日。

器设施服务。以企业技术创新能力提升为主要抓手,通过企业创新税收减免、鼓励企业设立工程(技术)中心和研究中心等措施,努力提升企业自主创新能力。加快布局一批国家级重点实验室、研发中心、技术中心、博士后工作站,提升湖南科技创新能力。不断完善国际化高端人才创新创业服务,打造全国人才生态优质区。

三 国家生态屏障

(一)长江中游地区水利调蓄安全屏障

洞庭湖主要由东洞庭湖、南洞庭湖、西洞庭湖组成,自西向东形成一个倾斜的水面,天然湖泊总面积为2625平方公里,总蓄水量为167亿立方米,流域面积为26.33万平方公里,是我国第二大淡水湖,也是我国水量最大的通江湖泊,是长江中下游重要水源地、湿地和农副渔业生产基地,在保障长江中下游防洪安全、供水安全、生态安全和航运安全等方面具有举足轻重的地位,素有"长江之肾"之称。

作为长江中游水生态的重要一环,洞庭湖区总人口有2224.4万人,农业人口有1026.3万人,粮食产量达1384.3万吨,是我国重要的大宗农产品生产基地、最大的水稻产地和商品粮调出地。同时,洞庭湖南汇湘、资、沅、澧"四水",北纳松滋河、虎渡河、藕池河三口分泄的长江洪水,东接汨罗江和新墙河水,由城陵矶注入长江。一旦湖南"四水"发生较大污染,将会影响长江中游水质,危及长江生态安全,因此,确保湖南洞庭湖和"四水"安全关乎长江水安全。自2014年国务院批复《洞庭湖生态经济区规划》以来,湖南省联合湖北及国务院有关部门积极推进洞庭湖水环境治理,在保障城乡供水安全、水资源保护和水污染治理、水生态保护等方面取得了一定成效,但也面临局部地区季节性、水质性缺水,城乡供水安全受到威胁,水污染形势严峻、大部分湖泊断面水质持续超标,部分生境破坏严重、生态功能退化，治理体系不完善、综合管理能力待加强等问题。

洞庭湖区作为长江中游地区水利调蓄安全屏障，任重而道远。一是坚持新发展理念。按照高质量发展要求，加强对洞庭湖和"四水"的治理，严格落实河长制，坚决打好污染防治攻坚战，着力提升供水安全保障能力，着力加大水污染防治力度，着力加强水生态保护与修复，确保洞庭湖流域的水生态安全。二是促进洞庭湖流域生态经济发展。坚持共抓大保护、不搞大开发，坚持生态优美、绿色发展，大力发展符合流域沿线资源禀赋的优势产业和特色产业，走生态保护与经济协同发展路子，打造现代生态产业体系。保护好"四水"现有洲岛、滨水区、森林植被，打造水文化生态游、洲岛休闲娱乐游、城乡滨水风景游等水观光旅游产品，让"一湖四水"成为湖南生态经济走廊。同时，在流域沿线大力发展优质高效生态农业，加大绿色食品、有机农产品等基地建设力度，实现生态保护与发展双赢。[①] 三是创建横向流域生态补偿机制。积极推进建立长江流域省际联席会议制度，探索建立洞庭湖生态补偿示范区，在重金属污染严重和生态退化严重地区推广耕地轮休试点，开展跨区流域生态补偿试点，共同保护好流域水生态。

（二）珠江、湘江、赣江源头生态屏障

珠江、湘江、赣江三大江河的源头涉及湖南境内的资兴市、汝城县、桂东县和宜章县（"三县一市"），拥有以东江湖为核心的蓄水库群和数百条大小河流，流域植被丰富、河流密布、降水充沛，是湘粤赣三省重要的战略水源地和湖南防洪抗旱的调蓄池，长江经济带、珠三角经济区的重要生态屏障，华南和中南地区的重要森林、湿地生物基因库，生态地位显

[①] 陈礼平、刘贻石：《长江经济带建设中湖南的战略定位与发展思路研究》，《财经界》（学术版）2016年第22期。

著。建立"三江源"流域生态屏障有利于减少区域生态灾害,既能减少洪水、崩塌、滑坡、泥石流等自然灾害,也能减少城镇生活污染、矿山生态破坏态势持续、农业面源污染加重、小水电过度开发等人为因素对生态环境的严重威胁。维护和发挥好"三江源"流域生态功能,对实现全国绿色崛起意义重大。湖南打造"三江源"生态屏障,一是加强"三江"源头污染源控制与治理。对流域工业污染源、城镇生活污染源、规模化畜禽养殖污染源以及非点源污染进行全面治理和管控,大力实施"水体生态修复"工程,强化水生植物保护和培育。二是加强"三江源"流域生态补偿的顶层设计。一方面积极推动中央生态环保部门牵头协调湘、粤、赣三省相关部门,共同制定"三江源"流域生态补偿实施方案,建立领导协调小组,明确各省域生态补偿的具体责任,共同维护好"三江源"流域水生态环境。另一方面把"三江源"流域生态补偿作为生态文明建设的重要内容,落实相应的支持机制与保障措施,并争取纳入国家长期生态保护和建设的重要项目,同时依法制定湖南省"三江源"流域生态补偿条例,将"三江源"流域生态补偿纳入制度化范围。[①] 三是构建立体化的生态补偿机制。加大对"三江源"流域生态补偿的财政转移支付力度,加强长株潭、粤赣等生态受益地区对"三江源"流域保护地区的生态补偿,构建"三江源"流域市场化生态补偿机制,按照"谁受益、谁付费"原则,力争将"三江源"流域纳入全国水资源有偿使用补偿试点。

(三)武陵山、罗霄山、南岭山脉物种基因保护屏障

生物物种资源是人类生存和社会发展的基础,是国民经济可持续发展的战略性资源,生物物种资源的拥有和开发利用程度已成为衡量一个国家综合国力和可持续发展能力的重要指标之一。湖南省是我国生物多样性的关键地带,其特殊的地理位置决定了生物多样性有其不可替代的独特性,

---

① 刘建武:《找准湘粤赣"三江源"发展保护平衡点》,红网,2016年10月27日。

省内物种丰富且区系复杂；起源古老，孑遗物种多；特有属、种丰富，保护和利用价值高；在区系组成上湖南为生物地理分布东西南北交会地带，热带—亚热带—温带生物在本区都有分布，特别是湘西武陵—雪峰山地和湘南南岭—幕阜、罗霄山地受人为干扰相对较少，各类野生动物活动频繁，森林植被资源丰富，是中国生物多样性分布极其重要的区域。同时，湖南省生物多样性也面临威胁，主要包括原生植被的大量消失、气候变化、社区居民生产生活、重大工程项目建设、旅游开发、火灾、外来物种入侵、环境污染以及农业遗传基础脆弱化等问题。加强对武陵山、罗霄山、南岭山脉的生态敏感区和脆弱区的保护，促进生态系统退化、破坏区域得到有效恢复，优先保护关键生态系统、珍稀濒危和特有物种。永续保持湖南省遗传多样性的丰富度，对守护好中国生物物种基因，促进湖南省人与自然的和谐共处意义重大。

一要加强顶层设计，建立省市协同生物多样性保护机制。积极推动各省市加强协调，成立由林业部门牵头的武陵山、罗霄山、南岭山脉管理机构，严格保护各自区域内森林植被及森林生态系统、野生动植物生境等，加强原始次生林生态系统、草地植被的保护和高海拔草地水土流失治理，打造山水林田湖草"生命共同体"。建立野生动物救护中心、鸟类迁徙通道观测站与配套设施建设，促进区域监测能力提升。构建区域生物多样性保护廊道，增强生态系统的连通性和完整性，提升生态系统服务功能。

二要推展重要物种空间生态移民，争取中央财政支持，严格按照"搬得出、稳得住、能致富、不回头"的移民要求，引导武陵山、罗霄山、南岭山脉等生态敏感地区内居民异地搬迁安置，实现移民异地安家、异地创业、异地致富。

三要强化生态治理和修复。通过人工恢复和人工促进自然恢复方式，全面提升武陵山、罗霄山、南岭山脉生物多样性和生态功能。不断修复已破坏山体，加强石漠化地区生态治理与修复，控制水土流失，逐步恢复生态系统结构和功能。

四 国家示范基地

（一）国家功能型示范区

1. 湘江新区

国家级新区承担着国家重大发展和改革开放战略任务，是我国重要的产业创新发展承载地和地区核心增长极。2017年，国家级新区以占全国0.25%的土地面积，承载了2.12%的总人口，GDP产出占全国的4.4%。截至2017年4月1日河北雄安新区设立，党中央和国务院先后批准设立了19个国家级新区，湘江新区于2015年4月8日被国务院批复，是中国第12个、中部地区首个国家级新区，覆盖长沙高新技术产业开发区、宁乡经济技术开发区和望城经济技术开发区3个国家级园区，面积达490平方公里。新区交通条件优越，科教创新实力雄厚，有两院院士40余名、大中专院校30余所、在校大学生30余万名，拥有国家超级计算长沙中心等120余个国家级技术创新平台、40余家部（省）属科研机构，是国家重要的海外高层次人才创新创业基地和中南地区科技创新中心。新区形成了装备制造、电子信息、新材料、新能源及节能环保、医药、食品加工等优势产业集群，是中部地区重要的战略性新兴产业基地和先进制造业基地。

湖南湘江新区的设立和建设，是打造"一带一路"核心增长极的重大举措，也是助推长沙在更高层次上融入"一带一路"和长江经济带等国家战略的重要平台。近年来，湘江新区已成为带动全省成为沿江开发开放的新支点，为高质量转型发展树立了典范，但相对于国内外一些国家级先进新区，湘江新区仍有较大的发展空间。

一是优化湘江新区空间布局，打造"两走廊，五基地"总体布局。依托湘江西岸现代服务业走廊，重点发展金融服务、文化创意、商贸物流、中介服务、生态旅游等服务业，向南辐射湘中、湘南地区，向北带动洞庭湖生态经济区，引领带动长株潭城市群现代服务业发展。依托319国道战略性新兴产业走廊，重点发展高端制造、新材料、电子信息、新能源与节能环保、生物医药等产业集群，向东对接长沙主城区和浏阳市，向西辐射带动益阳等经济发展腹地，打造国内领先、国际先进的战略性新兴产业走廊。同时，依托现有基础，打造自主创新引领基地、先进制造业发展基地、总部经济集聚基地、生态旅游休闲基地和现代都市农业示范基地。

二是探索创新发展路径。大力实施自主创新能力提升工程，加快关键核心技术研发攻关，在若干重点领域组建一批技术创新平台，形成具有较强竞争力的自主创新体系。建设全国一流的科技成果转化交易平台，鼓励和引导国内外高校和科研机构、企业等在新区建立技术转移中心、大学科技园和成果转化基地，培育具有国际竞争力的高科技产业链。建立健全富有活力的科技创新体制机制，建立产学研协同创新机制，强化企业在技术创新中的主体地位，推进应用型技术研发机构市场化、企业化改革。

三是构筑创新创业竞争高地。在新区探索优化营商环境试点，出台国内外高新技术人才所得税减免、住房提供、土地优惠等政策，依托创新园地，借助国防科大、中南大学、湖南大学等人才集聚优势，通过多方参与、政社联动，构建高校、园区企业、科研机构等密切合作的协同创新体系，[①] 加大全球人才引进力度，强化人才引进。搭建优秀人才"一站式"服务平台，建立高层次服务人才引进绿色通道，[②] 为高端人才进区创新创业提供更加便利、宽松、自由的环境，把湘江新区打造成宜居、宜业、宜游的示范区。

2. 长株潭自主创新示范区

国家级自主创新示范区是建设创新型国家和实施创新驱动发展战略的

[①] 张迎春：《湖南湘江新区：中部首个国家级新区的"双创"经验》，《中国战略新兴产业》2018年第41期。

[②] 郭丁文：《建设富有新区特色的现代产业体系——以湖南湘江新区为例》，《中国经贸导刊》2018年第21期。

核心载体，在推进自主创新和高新技术产业发展上发挥着集聚、示范、引领、辐射的巨大作用。自 2009 年以来，国家级自主创新示范区的数量已达到 19 个。长株潭自主创新示范区作为国家继北京中关村、武汉东湖、上海张江、深圳及苏南之后的中国第 6 个国家级自主创新示范区，依托于原有的长沙市、株洲市、湘潭市国家高新区。其中，长沙高新区是全球重要的工程机械生产基地，拥有中联重科、三一重工等世界级企业，拥有大量全球领先成果；株洲高新区是全国最大的电力机车研发生产基地、国家级轨道交通装备制造产业基地，株洲轨道交通产业集群被列为全国首批十大创新型产业集群之一，集聚南车时代、南车株洲电力机车等龙头企业；湘潭高新区拥有涵盖矿山、港口等领域的先进矿山装备产业体系，拥有湘电矿山装备、泰富港口装备等具有自主知识产权的知名品牌。

将长株潭自主创新示范区建成具有全球影响力的"一带一部"创新创业中心，需在创新能力培育、创新生态建设、创新体制改革等方面持续发力。

一是提升自主创新能力。发挥长株潭科教资源集聚优势，强化企业技术创新主体地位，促进高等院校和科研院所成果转移转化，激发各类创新主体活力，推动产学研合作体制机制创新，构建优势突出、特色鲜明的区域创新体系，增强持续创新能力。

二是优化创新创业生态。以构建市场化、专业化、集成化、网络化的众创空间为载体，有效整合资源，培育创新创业主体，完善创新创业服务体系，弘扬创新创业文化，形成有利于创新创业的生态系统。

三是深化科技体制改革。充分发挥市场在资源配置中的决定性作用，在科技成果转化、科研院所转制、检验检测认证机构整合、科技金融结合等领域强化体制机制创新，积极吸引社会民间资本参与创新创业，将自主创新优势转化为产业竞争优势，为全国科技体制改革提供示范。

四是建设创新智力富聚区。坚持敢为人先、先行先试，注重高端引领、衔接带动，加快推进人才发展体制机制改革和政策创新，探索形成具有国际竞争力的人才制度优势，切实抓好重大人才工程实施，激发人才智库高度密集、创新创业活跃的强劲动能。

五是培育创新型产业集群。按照"做强主导产业、做大先导产业、培育新兴业态"的发展思路，培育一批企业集聚、要素完善、协作紧密、具有国际竞争力的创新型产业集群，形成"5+5+X"的产业格局和分工明确、优势互补、良性互动的空间布局，在全球新一轮产业革命中抢占先机，壮大竞争优势。

（二）国家生态文明型示范区

1. 全国"两型"社会建设试验区

为促进经济"高投入、高能耗、高污染、低产出"发展模式向"低投入、低能耗、低污染、高产出"模式转变，2007年底，长株潭城市群获批全国首批资源节约型和环境友好型（简称"两型"）社会建设综合配套改革试验区。十余年来，湖南牢牢把握国家赋予的先行先试这一特殊政策和机遇，通过科学谋划、大胆创新，对长株潭"两型"社会建设试验区进行了周密的顶层设计，进行了一系列重大改革部署，出台了《长株潭两型社会建设综合配套改革试验总体方案》，制定了《长株潭城市群区域规划》和《长株潭城市群生态绿心地区总体规划（2010-2030）》，颁布了《长株潭城市群区域规划条例》，出台了全国第一个省级层面的生态文明体制改革实施方案，并先后出台了10余个专项改革方案、10余个专项规划、将近20个示范片区规划以及将近100个市域规划，率先在全国建立了"两型"指标体系、"两型"标准认证、"两型"示范创建，及时有序推进了资源性产品价格改革、排污权交易、产业准入等多项重大改革，形成了50余个可复制、可推广的生态文明改革成功案例。

如今，"两型"已成为湖南的绿色名片。长株潭地区生态环境不断好转，"两型"文化逐步落地生根，"两型"产业加快发展，高质量发展特征日趋明显。长株潭"两型"社会建设的实践，不仅带来了看得见的经济社会发展重大变化,也带来看不见的发展理念、生活生产方式等深刻变化,对当前湖南的转型发展起着重要推动作用,也为湖南的可持续发展打下基础。

在新时期,湖南要再接再厉,让"两型"建设成为湖南转变发展方式的突出特色和全国实践绿色发展理念的先行示范。一是培育绿色发展新动能,加速传统产业转型升级,在全国实施产业转型发展背景下,严把产业准入关,严格产业准入绿色门槛,打造绿色园区,确保高质量发展得以落实。二是大力推进生态型、集约式区域发展新模式,加强长株潭三市之间生态环境保护的协调沟通,签订三市绿色发展保护责任状,按照集约布局、有机融合、生态服务的组团式发展理念,逐步走出一条集约式、生态化的长株潭区域发展新模式。三是探索突破地区间行政区划的协调合作机制,加速推进长株潭区域规划、产业发展、公共服务等一体化进程,实现交通一体、信息共享、生态共建、环境同治,全力促进"三通四化",实现公交、社保、医疗一卡通,形成三市半小时通勤圈与居民生活圈。四是大力推进绿色产业园、轨道交通、湘江风光带、城际管网共同沟等一批重大项目建设,打造长株潭一体化发展的"升级版",为国家"两型"试验区建设提供湖南样板。

2. 洞庭湖生态经济区

洞庭湖是我国第二大淡水湖、国际重要湿地和长江重要的调蓄湖泊,维系着长江流域生态安全、水安全和国家粮食安全。2014年,国务院批复《洞庭湖生态经济区规划》,该生态经济区成为继长株潭、大湘南、大湘西发展进入国家战略层面之后,湖南省的又一大区域经济发展板块。洞庭湖区经济基础较好、文化底蕴深厚,是我国粮食、棉花、油料、淡水鱼等重要农产品生产基地,矿产资源丰富,农产品加工业实力较强,已形成装备制造、石化、轻工、纺织等支柱产业,拥有众多国家级风景名胜区、自然保护区和历史文化名城名镇名村。洞庭湖区生态功能突出,具有保持江湖水域生态平衡的重要功能。

近年来，湖南在洞庭湖生态经济区实施了一系列重大举措，在推进湖区水资源保护、水污染防治、水生态修复等方面成效显著。2017 年下发了《关于全面禁止在自然保护区范围内进行河道采砂活动的通知》，禁止在东洞庭湖、西洞庭湖、南洞庭湖自然保护区采砂。2018 年基本拆除了破坏生态、威胁行洪的非法矮围。2018 年洞庭湖区全部退出制浆、落后造纸产能，并将全面退出造纸产能。截至 2018 年底，洞庭湖 11 个国控断面水质总体为轻度污染，取得了明显好转。但受江湖关系、气候变化和人类活动等因素影响，湖泊萎缩、生态退化等问题依然严峻。

积极应对洞庭湖生态经济区的环境危机，一须牢固树立绿色发展理念和超前思维，坚持"共抓大保护、不搞大开发"的理念，加快调整优化产业结构、空间布局，促进产业升级，培育发展高附加值、高科技含量产业，大力发展文化旅游、粮油、节能环保等绿色产业。二须持续推进湿地生态修复，以湿地公园建设为抓手，在规划、建设和管理三个层面发力，引导洞庭湖生态经济区涉及的市县基于自有生态资源，建设差异化的湿地公园。三须构建跨流域纵向与横向生态补偿制度，政府利用生态补偿资金杠杆，激励企业和农户主动保护好洞庭湖湿地生态环境。① 四须系统推进"一湖四水"保护与治理，做到"四水"协同、江湖联动，上下游、左右岸协调推进，水域与陆地共同治理，建设生态优美的大湖区域。②

3. 武陵山片区、湘江源头生态文明先行示范区

生态文明建设是关系中华民族永续发展的千年大计，党的十八大对生态文明建设做出了战略部署，要求把生态文明建设放在突出地位，融入经济建设、政治建设、文化建设、社会建设各方面和全过程，努力建设美丽中国。为保护好长江中游城市群的水生态环境，2014 年，湖南省湘江源头区域、武陵山片区被国家发改委、财政部、国土资源部、水利部、农业

---

① 邝奕轩：《推进洞庭湖湿地生态治理体系建设》，《中国国情国力》2019 年第 1 期。
② 詹晓安：《打造洞庭湖生态文明建设示范区的思考》，《长江技术经济》2017 年第 1 期。

部、国家林业局等六部门纳入第一批生态文明先行示范区建设名单。在"生态共同体"共享共建理念下，武陵山片区、湘江源头生态文明先行示范区是赣鄂湘三省携手推进生态文明建设中的重要一环，山、水、林、田、湖生态共建，对整个长江打造"水清、地绿、天蓝"的生态廊道有重要意义。

加快武陵山片区、湘江源头生态文明先行示范区建设，一是优化布局，开展不同地域的政策实验，为全省生态文明建设提供经验。在赣鄂湘三省生态文明建设合作框架下，探索湘江源头区域资源有偿使用和生态补偿机制，创新区域联动机制，建立源头区域承接产业转移的负面清单制度和动态退出机制；在武陵山片区探索健全自然资源资产产权和用途管制制度，建立体现生态文明要求的领导干部评价考核体系，创新区域联动机制。

二是牢固树立生态文明建设理念，助推政府从宏观布局到微观需求，从顶层设计到具体项目，从各级各部门到各个工作对象，改变传统的以GDP为主导的经济发展思想，深植"绿水青山就是金山银山"理念，持续推进生态文明建设。[①]

三是正确处理好经济发展与生态保护之间的关系，在重点生态功能区推进文化旅游、休闲观光、康体养生、绿色农业、园艺等产业发展，做大碳汇交易市场，把武陵山片区、湘江源头区域的生态产业做成主导产业，既能促进生态环境保护，也能彰显生态的经济价值。

四是探索建立横向和纵向生态补偿机制。省财政厅会同省生态环境厅与片区、流域源头涉及的广东、重庆、湖北、江西、贵州等省市就跨省横向生态补偿机制展开磋商，建立磋商协调机构和机制，健全生态保护财力横向转移支付制度。同时，推动建设武陵山片区和湘江源头生态保护的纵向补偿机制，建立合理的中下游受益地区补偿上游地区的政策机制。

---

① 段超、李亚：《全面推进武陵山片区生态文明建设研究》，《中南民族大学学报》（人文社会科学版）2016年第3期。

（三）国家级园区

1. 国家级经济开发区

经济技术开发区（简称经开区）是中国最早在沿海开放城市设立的以发展知识密集型和技术密集型工业为主的特定区域，后来在全国范围内设立，实行经济特区的某些较为特殊的优惠政策和措施。经开区的任务是在一个城市不可能全面建设基础设施时，划定一块较小的区域，集中力量建设完善的基础设施，创建符合国际水准的投资环境。通过吸收利用外资，形成以高新技术产业为主的现代工业结构，成为所在城市及周围地区发展对外经济贸易的重点区域。

截至2018年底，湖南有望城经济技术开发区、常德经济技术开发区、浏阳经济技术开发区、长沙经济技术开发区、宁乡经济技术开发区、娄底经济技术开发区、岳阳经济技术开发区、湘潭经济技术开发区等8个国家级经济技术开发区，占全国总量的3.65%，在吸引外商投资、优化园区产业结构、推动技术密集型产业集聚、扩大进出口等方面起到了很大的作用，经开区的发展也带动了全省区域经济发展和人才的培养。

2019年5月，国务院发布《关于推进国家级经济技术开发区创新提升打造改革开放新高地的意见》，为湖南经济技术开发区高质量发展指明了方向。一是推动园区内产业转型升级，有效地引导战略性新兴产业、高新技术产业在园区内落地，避免主导产业趋同，及时配套现代服务业。二是继续深化改革开放，着力打造产业聚集推动型、经营主体带动型、科技创新驱动型、生态循环促进型、三产融合引领型、服务支持拉动型等具有鲜明特色的现代化绿色产业园区。三是推进各优势产业的融合和集聚，进一步促进产业园区专业化市场的形成，以数字融合、智能融合、产融结合、产城融合等模式，持续推动园区产业跨越式融合协调发展。

2. 国家级高新区

高新技术产业开发区（简称高新区）是我国改革开放之后出现的新事

物，初期包含"七大功能"，即集聚功能、孵化功能、开发功能、改革功能、社区功能等，① 其后又发展了区域产业主导和创新升级功能。自1988年首个国家级高新区——北京市新技术产业开发试验区经国务院批准建立以来，全国不少省市相继获批成立国家级高新区。截至2017年，国家级高新区已增至156个，实现园区生产总值9.54万亿元，占全国82万亿元的11.5%。共有11.6万家高新技术企业，实现收入33.15万亿元、工业产值19.7万亿元；出口完成11.87万亿元，占全国进出口总额的21.4%。国家级高新区创造了很多成功的经验，是在创新中谋发展、在发展中再创新的典型新区。②

湖南目前有长沙、株洲、益阳、衡阳、湘潭、郴州、常德和怀化8个国家级高新区。2017年，全省高新区期末从业人员超过112万人，拥有本科及以上学历从业人员超过20万人，硕士学位及以上人员超过3万人，具有高级职称的专业技术人员超过3万人。全省高新区内规模以上工业企业有2923家，规模以上服务业企业605家。全省高新区拥有省级及以上众创空间孵化器88个，占全省产业园区的47.57%，省级及以上产业服务促进机构229个，占全省产业园区的59.02%，省级及以上研发机构945个，占全省产业园区的70.47%。全省高新区内企业当年申请专利1.41万件，当年授权专利0.54万件，分别占全省产业园区总量的50.8%和32.7%。高新区技术合同交易额91.4亿元，占全省产业园区的32.7%。高新区已经成为湖南省具有重要引领作用的创新高地，培育和发展战略性新兴产业的关键载体。③

作为贯彻落实创新引领、开放崛起战略的主要平台，转变发展方式和调整经济结构的核心引擎，湖南省各高新区应准确把握当前高新技术的发

---

① 陈家祥：《国家高新区功能异化偏离的测定与评价》，《科技进步与对策》2009年第20期。
② 周新军、刘向阳：《国家高新区管理制度创新研究》，《华北电力大学学报》（社会科学版）2019年第6期。
③ 周斌等：《湖南省高新区提质升级发展的现状及对策建议》，《科技中国》2019年第8期。

展方向，实现重点突破。一是基于大数据、互联网、人工智能等技术，通过新技术和模式重新构建产业组织与生态，实现产业价值链的进一步分解和重新组合，推进产业园区转型。二是基于新工业技术的加速推广应用，通过推进产业园区打造智能化、柔性化、开放化OEM制造业平台，实现对产业园区内制造业的智能化改造，逐步形成基于新技术的产业园区内部与产业园区间的分工协作，进而推进产业园区转型升级。三是加速完善高新区的政策服务体系、健全职能机构配置、优化创新创业生态，为推动湖南创新型省份建设营造良好环境。

3. 国家级综合保税区、国家级出口加工区

海关特殊监管区域是指经国务院批准，设立在中国海关境内，被赋予承接国际产业转移，连接国内、国际两个市场的特殊功能和政策，以海关为主实施封闭监管的特定经济功能区。从1990年开始，我国先后推出保税区、出口加工区、保税物流园区、保税港区以及综合保税区和跨境工业区等6种类型的海关特殊监管区域，极大地促进了开放型经济的发展。目前，湖南省有5个海关特殊监管区域、2个保税监管场所，平台数量居中西部第1位，但与中部地区的河南、湖北相比，湖南开放平台还存在统筹推动不力、功能定位不准、资源整合不够、项目入驻不足、发展后劲不强、平台效益不优等问题。

推动湖南各海关特殊监管区域发展，首先应统筹区域功能。长沙黄花综合保税区主要发展高附加值、有竞争力的临空关联型产业，打造具有国际竞争力的智能制造基地和国际邮快件进出境集散地；岳阳综合保税区主要发挥"一区一港四口岸"的优势，加快区港联动；衡阳综合保税区主要对接广东跨境快速通关体系，大力发展高附加值保税制造业；湘潭综合保税区主要支持湘潭保税商品中心及直营店项目建设，形成新的消费动力；郴州出口加工区主要做大做强有色金属冶炼加工产业，并延长加工增值链条；长沙金霞保税物流中心重点开拓进口红酒、机器人等市场，建立面向中部乃至全国的采购中心、分拨中心和配送中心；株洲铜塘湾保税物流中心主要发展保税仓储业务，满足中车等轨道交通、航空发动机产业的进口料件保税仓储需求。在发展保税区的基础上，借鉴其他已获批自贸区省份的经验和做法，提前谋划自贸试验区获批后的顶层设计，积极申建自贸区。

（四）国家重要示范试点

1. 新型城镇化

（1）新型城镇化综合试点

我国正处于新型城镇化稳步推进阶段，面临农民实际进城落户进程慢，农村人口数量依然较庞大，农地流转历史遗留问题较严重，城乡居民收入及所获得的公共服务差距较显著等困境，迫切需要发挥相关改革试点的先遣队作用，为全国提供可复制、可推广的经验和模式。2014年12月，国家发改委等11个部委联合下发了《关于印发国家新型城镇化综合试点方案的通知》。2015~2016年，国家发改委公布首批次国家新型城镇化综合试点名单，并于2018年5月和11月两次公布国家新型城镇化综合试点经验总结。

湖南入选国家新型城镇化综合试点的城市包括长沙市、株洲市、湘潭市、郴州市、资兴市、津市市澧县、芷江县、祁阳县、东安县芦洪市镇等城镇。试点城市在农民工融入城镇、新生中小城市培育、城市（镇）绿色智能发展、产城融合发展、开发区转型、城市低效用地再开发利用、城市群协同发展机制、带动新农村建设等领域积极探索，取得了良好效果。长沙、株洲、湘潭成为全国推进农业转移人口市民化先进典型；浏阳市提供了完善农村产权制度，提高农民财产性收入，以及完善政府与社会资本合作机制的经验；资兴市推动易地扶贫搬迁与新型城镇化有机结合效果显著，为全省进一步深入推进新型城镇化、坚持以中心城市引领城市群发展、抓好农业转移人口落户、推进城镇基本公共服务覆盖常住人口奠定了扎实基础。

湖南要进一步总结借鉴国内外城镇化实践成果，结合全省城镇化阶段性特征，紧扣社会主要矛盾变化，贯彻落实新发展理念，着力推动新型城镇化高质量发展。一是以人的城镇化为核心，加快农业转移人口市民化，促进人口在城乡区域间更加自由迁移和自主选择落户，并统筹推动进城落户和城镇基本公共服务均等化，提升人口市民化质量。二是以城市群为主体形态，推动大中小城市协调发展，加快培育发展长株潭城市群，以城市群为主体促进大中小城市和小城镇协调发展，打造协同效应明显、一体化程度高的城市群和都市圈。三是推动产城融合，促进城市集约紧凑发展，统筹城市发展与产业支撑、人口集聚与宜居宜业，提升城市的产业层级和吸纳就业规模。四是坚持城乡融合发展，统筹实施新型城镇化战略与乡村振兴战略，让广大农民平等参与城镇化进程、合理分享城镇化成果。五是统筹推动人口、土地、投融资、住房、生态环境等关键制度改革，逐步消除城乡区域间户籍壁垒。

（2）海绵城市

海绵城市建设是实现我国生态文明发展国家战略的重要对策，是解决城市洪涝灾害和水资源短缺的重要途径，是促进城市生态系统稳定、城市生态体系优化、城市生态健康的重要举措。[①] 21世纪以来，随着城市化进程的加快，城市内涝、水生态环境恶化、水资源流失、水环境污染、水安全缺乏保障等一系列问题相继出现，基于此，2015年4月，由财政部、住建部、水利部联合批准16座城市成为第一批海绵城市建设试点城市。常德成为全国首批海绵城市建设试点城市之一，也是湖南唯一的全国海绵城市建设试点城市。

入选全国首批海绵城市建设试点城市以来，常德系统谋划和统筹推进水环境、水安全、水生态、水文化、水产业、水科研、水管理七大工程，推行城市试点三年行动计划，制定和出台了《常德市海绵城市建设试点城

[①] 生泉：《西方海绵城市建设的理论实践及启示》，《人民论坛·学术前沿》2016年第21期。

市——2015－2017年3年行动计划实施方案》《常德市关于加快推进海绵城市建设的实施意见》等两部纲领性文件，确立了"5＋2"的海绵城市建设主要任务，2019年成立了全省首家系统服务海绵城市建设和管理的公益事业单位。通过试点，常德水安全大幅提升、水环境明显改善、水生态不断优化、水产业有序开发、水文化广泛传承、水管理日趋智慧，基本实现了"小雨不积水、大雨不内涝、水体无黑臭、热岛有缓释"等目标。常德护城河、穿紫河系统治理经验入选住建部黑臭水体综合治理典型案例，对全省乃至全国更好推进海绵城市建设提供了重要启示。

总结常德经验，湖南海绵城市建设的主要任务包括三方面。一是做好长远规划与顶层设计，各地区在城市规划中按照海绵城市建设指南，融入海绵城市建设理念，依序推进城市排水专项规划、海绵城市建设专项规划。二是以科学咨询支撑科学决策，充分发挥智库的作用，开展海绵城市与人文城市、生态园林城市、森林城市、国家人居环境城市、智慧城市等城市建设有机结合的理论、方法、技术研究，为海绵城市建设提供决策参考。三是引入市场机制，实现持续发展。将海绵城市建设与水环境治理、水生态修复工作统一起来，发挥大企业、大集团在科研人才、技术施工、设备制造、资金统筹、建设管理等方面的优势，明确责任，保障各项工作完成。在营收方面建立长效机制，比如市政排水管网建设费用节约、水资源出售使用费等，让海绵城市建设产生一定的经济效益，具备自我造血能力。

（3）智慧城市

智慧城市是在物联网、云计算等新一代信息技术的支撑下，形成的一种新型信息化城市形态。在全球城镇化快速推进、城市规模快速扩大的背景下，城市规划布局和城市管理的难度提升，智慧城市理念应运而生。1992年，新加坡提出了智慧岛计划。2008年11月，IBM提出了"智慧地球"战略。2012年，美国把"智慧城市"列为对全球经济发展最具影响力的13项技术之一。如今，智慧城市已成为城市管理以及可持续发展的必然选择。中国于2012年启动智慧城市较大规模的试点，并于2014年将智慧城市上升为国家战略，2016年底确定了新型智慧城市的发展方向，将建设新型智慧城市确认为国家工程。目前，湖南共有试点城市22个，次于山东和江苏，位列全国第三。试点城市各有发展侧重，如长沙市智慧城市建设以统一的智慧政务云平台为核心，着力打造"两网六库九朵云"的城市管理数据库；常德以数据治理和资源共享为主线，结合海绵城市建设，打造生态宜居之城；岳阳楼区则竭力探索如何加快信息共享和资源整合，构建高效安全的城市运行管理体系，建立方便、快捷、有效的公共服务平台。

全省智慧城市建设也存在一些问题。如一些地方政府在智慧城市规划设计中普遍存在"重建设、轻应用"的理念；地方在统筹智慧城市规划时未充分将人的需求列入考虑范围，缺少统筹全局思路；部分城市先天信息基础设施薄弱，智慧建设成熟度不高，平台化意识不强，互联互通、信息共享、业务协同的模式并未完全形成等。因此，湖南省智慧城市建设力度需进一步加大。一是研究适合省情的，具有可复制、可扩展、易理解、易指导等特点的科学方法体系。充分挖掘试点地市示范项目先进经验，借鉴TOGAF、FEA等成熟的体系结构方法，对智慧城市顶层设计进行指引。二是重视软环境建设，破除技术人才短缺、技术规范无章、技术问题待解的技术层面障碍。三是创新信息管理机制，打破数据孤岛。通过统筹整合同类职能部门，打破数据碎片化，整合资源搭建城市统一数据共享平台；在信息共享机制的创建中坚持问题导向推进，实现信息资源的协同共享，打破各个城市、各个部门、各个产业领域的条块分割，实现互联网与传统产业的深度融合，实现信息畅享效益的最大化。

2. 开放开发

（1）湘欧快线

湘欧快线班列是从湖南（湘）长沙霞凝站始发开行，直达中亚、欧洲国家等的铁路货运班列，由中国外运湖南公司、广州铁路（集团）公司长沙货运中心、湖南铁诚物流有限公司共同运营，于2014年10月30日正式开通，2015年9月开始常态化运营，虽然起步相对较晚，但发展十分迅速。如今，湘欧快线已发展了直达德国汉堡、德国杜伊斯堡、白俄罗斯明斯克、波兰马拉舍维奇、匈牙利布达佩斯、荷兰蒂尔堡、伊朗德黑兰等9条线路，连通了德国、乌克兰、俄罗斯、匈牙利、拉脱维亚等15个国家，覆盖了沿线国家30个主要城市，不仅成为湖南本省企业出口欧洲、中亚、中东的首选通道，也吸引了许多华南、华东地区的货源。湘欧快线班列也因此由运营初期的每周1列增加至每周3列常态化开行。为提高运输效率，长沙海关设立了湘欧快线专岗，对搭乘班列的进出口货物优先审单、优先查验，并相继与阿拉山口、霍尔果斯、满洲里、二连浩特等口岸海关签订合作备忘录，开辟绿色通关通道，使湘欧快线一次报关、一次查验、全程放行。长沙金霞保税物流中心通过创新"先进区、后报关""智能化卡口验放管理"等管理制度，让企业平均通关时间降到15.5小时，较全国平均通关时间快了10个小时。

随着对外开放步伐的加快，国家"一带一路"建设整体布局对国际货运物流通道的需求更为迫切，湘欧快线成为全省对接"一带一路"的重要途径和有效抓手。湖南应以长沙为中心，打造中欧班列的南方枢纽。一是科学铺排，精心培育形成若干中欧班列经典特色线路，力争使回程班列常态化开行，并积极拓展中亚、中东线路，贯通东盟经中国至欧洲的陆路通道，为中欧班列做出开创性贡献。二是加强与省内重点进出口企业、园区对接，广辟货源渠道，保障货源的多样性、稳定性和成长性。三是加快跨境电商货物班列的常态化运行，促进铁路一类口岸的批复落地，木材交易平台的建成。全力跟进国家和省市境外重点园区、重大项目建设，推进物流配套服务。四是依托长沙北货场、湘欧快线、铁路口岸及金霞保税物流中心等大型综合物流服务项目，通过总体规划与布局，整合现有资源，构建"一园一口岸两港四中心"，打造集国际物流、综合口岸、国际贸易等开放型经济的国际陆港中心。

（2）长沙口岸

借助临空经济，与全球价值链和区域产业链高度融合，是长沙向国际化的世界都市嬗变的关键步骤。2017年5月，长沙临空经济示范区获批成立，成为继青岛、重庆、北京、上海、广州、成都后全国第7个国家级临空经济示范区。示范区规划面积140平方公里，范围包括长沙县、雨花区、芙蓉区所辖的10个镇（街道），具有区位交通、航空发展、产业基础、科技创新、生态环境等方面的优势。示范区包含国家级长沙经济技术开发区、长沙黄花国际机场航空产业功能区、黄花综合保税区、高铁新城等平台载体。示范区周边20公里范围内，还有浏阳经济技术开发区、长沙高新技术开发区等国家级园区，以及星沙产业基地、隆平高科技园、浏阳高新技术开发区、浏阳两型产业园、金霞经济技术开发区、天心环保工业园、雨花环保科技产业园等省级特色园区。示范区聚集了以世界500强企业为代表的数千家企业，是湖南省产业基础最雄厚、商务活动最频繁的区域。

示范区的成功获批，是打造以长沙黄花国际机场为依托，以航空运输保障、航空物流、临空高新技术等产业为核心功能的关键一步，有利于促进各种服务配套产业的发展，形成一个产业高端、特色突出、环境优良的全国临空经济示范区标杆。要重点提升三方面的功能。一是成立湖南本土航空公司。一方面，通过基地航空公司提升机场枢纽功能，增强黄花机场的全球易达性。另一方面，通过升级机场的软硬件设施提高机场运力，全面增强黄花机场航空客货运国际中转能力。二是加快完善地面联运交通网络。加快建设黄花机场与铁路、公路的立体交通网络衔接，充分利用长浏城际、长株城际、轨道6号线、轨道11号线以及机场中低速磁悬浮等多种交通方式，强化机场与市区、高铁新城以及周边城市的联系。建议渝长厦高铁线路在黄花机场综合交通枢纽中设立站点，实现长沙空铁联运强强联合，打造具有区域竞争力的陆空综合交通枢纽。三是强化航空口岸功能。进一步增强航空口岸功能，尽早建成与沿海相当、与国际接轨的开放口岸体系。深化贸易便利化试点，为企业提供"一次申报、一次查验、一次放行"等通关便利化服务。

(3) 岳阳口岸

2015年7月，湖南省政府批复同意设立城陵矶新港区。城陵矶新港区成为湖南长江经济带建设的主阵地、东进出海的"桥头堡"。建立以来，城陵矶新港区组建运营湖南城陵矶国际港务集团，开辟"21世纪海上丝绸之路"岳阳至东盟、至澳大利亚接力航线，成功申报和建成运营"一区一港四口岸"，完成"三纵三横"等18条90公里骨干路网新建工程，成功获批国家级产城融合示范区、省级高新技术开发区、全省首批示范物流园区、湖南军民融合产业基地。目前，城陵矶新港区已形成粮油加工全产业链，拥有进口粮食指定口岸和中部地区首个汽车整车进口口岸。同时，城陵矶已开通至武汉的海轮航道，万吨海轮可直达湖南，并已开通至日本、韩国、中国香港和台湾等国家和地区航线，实现了"江海联运"。

在"一带一路""长江经济带"等国家战略实施的"黄金期"，城陵矶新港区担负着建好湖南"出海口"的重要使命，其主要任务包括三方面。一是繁荣口岸，做强"大门户"。以"一区一港四口岸"为引擎，积极申报自贸区，加速双向开放、外贸扩量倍增。力争综合保税区跻身全国前10强，将进口肉类口岸建成农副产品国际采购配送中心和冷链产品进出口基地，将汽车整车进口口岸建成中西部地区汽车整车及零配件进口基地和交易中心，将粮食进口口岸建成中部地区进口粮油储存、加工物流基地，固废进口口岸建成中部地区再生资源进口基地和交易中心。二是兴旺产业，做优"大引擎"。实施"引进来"和"走出去"战略，连接长江上下游，牵引虹吸湘鄂赣，对接融入长株潭，加快引进一批外向型企业，打造具有影响力的新型临港产业集群。三是发展物流，做旺"大基地"。做大做强港务集团，完成新港二期建设，启动新港三期建设，推进疏港公路、进港铁路建设，对接机场建设，形成多式联运，打造长江中游区域性枢纽大港和航运物流中心。

（4）张家界口岸

2018年，张家界荷花国际机场实现客运吞吐量221万人次、在全国排位第60名，但货邮吞吐量1176吨、在全国机场排位第109名；其中国际出港航班量538班次，同比增长17.98%，拥有国际航线3条；是湘西地区重要的航空枢纽。与国内200多个通航机场相比，张家界荷花国际机场货运量虽然居中，但排位远落后桂林、丽江、延吉、黄山等同类国际机场航空口岸，国际地区航班腹舱带货运力利用率不足1/4。

张家界要打造对外开放大平台，一是依托荷花国际机场，布局航空物流、服务临空经济和临空产业，打通空运进出口的双向通道，逐步形成以联运港为中心的"武陵源区揽货—园区集聚—机场直飞"空运业务链。二是依托已完成的国际货运平台、进境指定口岸查验场（包括食用水生动物、冰鲜水产品、水果、植物种苗）、公共保税仓、保税品商店、国际免税店等项目和平台，推进口岸发展。三是筹划推动国际航空物流园、国际快件中心、航空公司基地等项目，打造武陵山经济协作区重要的外向型空港物流平台。

3. 文旅示范

（1）国家全域旅游示范区

为推动单一景点景区向综合目的地转变，2015年9月，原国家旅游局启动开展国家全域旅游示范区创建工作，并于2016年先后公布了首批262个、第二批238个国家全域旅游示范区创建名录。2019年，文旅部公示首批国家全域旅游示范区名单，湖南衡阳市南岳区、湘潭市韶山市、张家界市武陵源区3地入选。依托丰富的旅游资源和人文资源，湖南正以打造国内外著名旅游目的地为目标，建设以"锦绣潇湘"为品牌的全域旅游基地，旅游产业在经济社会发展中被赋予"挑重担""站前排"的全新角色定位，2018年全省实现旅游总收入8355.73亿元，同比增长16.49%，旅游产业成为湖南又一个万亿产业指日可待。

为进一步推动全域旅游更上一个台阶，湖南必须尽快行动、科学行动。一是顶层统筹。从区域发展战略全局出发，把推进全域旅游作为地方经济社会发展的重要抓手，积极推进发改、国土、财税、规划等多部门协同，形成推动全域旅游发展的合力。二是创新驱动。坚持目标导向和问题导向，针对旅游发展中的重大问题，积极探索适应全域旅游发展的体制机制、政策措施、产业体系等，构建全域旅游发展新局面。重视旅游业主体创新，做大做强旅游骨干企业和大型旅游集团，扶持旅游中小微企业利用新兴科技创新发展方式，实现特色化、专业化发展等。三是提升服务。始终坚持以游客需求为导向，通过科技创新和人文关怀为游客提供全方位旅游服务，构建以游客为中心的服务质量体系，在"以人为本"的理念指导下建设服务设施、发展智慧旅游产品等，为游客提供高质量的产品和服务。

（2）国家级旅游度假区

国家级旅游度假区是为了适应我国居民休闲度假旅游需求快速发展需要，为人民群众积极营造有效的休闲度假空间，提供多样化、高质量的休闲度假旅游产品，为落实职工带薪休假制度创造更为有利的条件而设立的综合性旅游载体品牌。2015年，湖南省灰汤温泉旅游度假区入选首批国家级旅游度假区。

灰汤温泉旅游度假区距离长沙市区60公里。从唐代至今，灰汤一直是游览及疗养的休闲胜地。近年来，灰汤致力于打造"精品旅游名镇，颐养休闲新镇"，将发展旅游作为发展经济的重中之重，先后荣膺"中国旅游业面向21世纪优先发展的43个项目之一"、首批旅游国债基础设施资金扶植重点项目、"新潇湘八景"等桂冠。灰汤养生文化资源丰富，种类齐全，并配有高端、独特的养生产品或项目，如高尔夫球场、网球场和特色地热温泉药池等，极具竞争力和吸引力。同时，灰汤养生文化的参与性和体验性也很大，如温泉节、桃花节等节庆活动中，游客可近距离观看表演，感受灰汤的乡土乡情、乡人乡味，从而获取精神上、心灵上的独特文化体验。

在全域旅游理念下，灰汤温泉旅游度假区需要进一步开创满足游客需求的综合性、全方位、开放式的发展形式。一是整体规划，破除各旅游景区景点之间的壁垒，打破四大温泉中心各自为营的格局，实现整体营销，增大影响力。二是扩大目前温泉旅游度假区区域，与周围村民居住区整体开发，实现资源开发、服务设施、基础设施的全覆盖，完成由传统旅游向现代旅游的转变。三是在空间上实现"一步一景""全镇全景"的景观化发展，改变度假区内和度假区外"冰火两重天"的状况。四是在产业上改变以温泉旅游为主的单一产业结构，积极推动各产业间的融合，逐渐由"小旅游"转型为"大旅游"，实现吸引力和接待力的统一。

(3) 国家文化产业示范园区

为培育市场主体，增强企业活力，发挥骨干文化企业的示范、窗口和辐射作用，从 2004 年至今，文化部先后命名了五批 266 个国家文化产业示范基地、五批 10 个国家级文化产业示范园区和三批 12 个国家级文化产业试验园区。

湖南打造国家文化产业示范区优势明显。全省既有源远流长的历史文化、波澜壮阔的红色文化，也有赏心悦目的山水文化，更有绚丽多姿的民族文化，发展文化产业有得天独厚的优势。近年来，湖南省着力推进文化强省建设，先后出台了推动文化创意产业发展、深化文化金融合作、扶持小微文化企业、发展对外文化贸易等系列政策措施，形成了规划引导、项目带动、财税激励、金融支持、服务支撑相结合的政策体系。2017 年，全省实现文化和创意产业增加值 2196.18 亿元，占 GDP 的比重为 6.35%，成为湖南经济转型升级的重要引擎。

目前全省共有各相关部门命名、指导和管理的集聚类文化创意产业园区 58 个，其中，国家级园区 3 个、国家级创建园区 1 个。视频产业、数字文化、文化旅游、创意设计、特色文化等文化产业门类具有很好的发展基础和前景。长沙天心文化（广告）示范园 2013 年获批国家级文化产业示范园区；中国（长沙）马栏山视频文创产业园获中国国家广播电视总局批复设立；湘潭昭山文化产业园获得国家级文化产业示范园区创建资格；浏阳河文化产业园以特色文化产业为主导方向发展迅速；湖南省动漫游戏协会策划主导的北辰等动漫游戏聚集区效益凸显。

湖南应注重充分调动各方面资源，从加强顶层设计、完善服务体系、优化政策保障等方面着力，加快推进各级各类文化产业园区向以跨界融合、人才集聚、创新创业、创意社区、产业孵化、研发中心、服务平台、生活配套为主要特征的新型园区发展。积极推进重点园区发展广电、出版、动漫、演艺等优势产业集群，催生文化创意与相关产业融合发展的新型视听类、IP和信息类、智能制造类、新型会展类、文化旅游类等产业集群。发挥"文化湘军"优势，推动文化创意与科技、制造、旅游产业融合，传统媒体与新兴媒体融合，发展网络视听、创意设计、动漫游戏、数字出版等新型文化业态，为文化创意产业发展创造更优条件、营造更好环境。

4. 农业科技

随着我国农业农村发展不断迈上新台阶，农业的主要矛盾已由保障性矛盾转变为结构性矛盾。我国从20世纪90年代开始布局农业科技园区建设。2000年，中央农村工作会议肯定了各地农业科技园区的实践成果。2001年，全国农业科技大会将建设国家农业科技园区列为一项重大科技行动，并正式纳入了《农业科技发展纲要》。同年，科技部联合六大部门，正式启动国家级农业科技园区创建工作。自启动以来，园区发展十分迅速。截至2018年底，湖南共有12个国家级农业科技园区，包括屈原管理区国家农业科技园、望城区国家农业科技园、宁乡国家农业科技园区、永州国家农业科技园区、衡阳国家农业科技园区、岳阳国家农业科技园区、湘潭国家农业科技园区、湘西国家农业科技园区、怀化国家农业科技园区、常德国家农业科技园区、郴州国家农业科技园区、张家界国家农业科技园区，园区总数量占全国的5.56%。

湖南的国家级农业科技园区初步形成了特色鲜明、模式典型、科技示范效果显著的发展格局，为全省农业产业升级和农村经济发展提供了典型经验，为湖南省成为保障国家粮食安全的重要基地、加快农业科技创新创业和成果转移转化提供了重要平台，是全省推动农业产业升级和结构调整的重要支撑和探索农业科技体制机制改革创新的重要载体。当前，我国经济已由高速增长阶段转向高质量发展阶段。深化供给侧结构性改革，加快建设创新型国家，实施创新驱动发展战略和乡村振兴战略，有力推动农业农村发展进入"方式转变、结构优化、动力转换"的新时期，也为全省园区发展带来了新的机遇和要求。

加强农业科技园区建设，一是积极探索园区机制创新。以体制改革和机制创新为根本途径，在农业转方式、调结构、促改革等方面进行积极探索，推进农业转型升级。二是提升园区创新服务能力。引导科技、信息、人才、资金等创新要素向园区高度集聚，吸引汇聚农业科研机构、高等学校等科教资源，在园区发展面向市场的新型农业技术研发、成果转化和产业孵化机构，开展特色优势产业关键共性技术研发和推广。三是优化园区建设模式。湖南各园区按照"一园区一主导产业"模式，打造具有品牌优势的农业高新技术产业集群，提高农业产业竞争力。四是推进园区融合发展。探索"园城一体""园镇体""园村一体"的城乡一体化发展新模式。依托园区绿水青山、田园风光、乡土文化等资源，促进农业与旅游休闲、教育文化、健康养生等产业深度融合，发展观光农业、体验农业、创意农业。打造"一园一品""一园一景""一园一韵"，建设宜业宜居宜游的美丽乡村和特色小镇。

五 国计民生保障

（一）扩大内陆地区就业

根据产业分工理论，地域经济发展的不平衡是产业转移的重要动因，不同地域由于资源禀赋、生产力水平、政策支持等因素不同，经济发展水平存在差异，部分产业就会在发达地区被淘汰或被转移，而发展中地区则可能较好地承接这些产业。当前，我国东中西区域经济处在不同层级，为产业转移提供了动力。如何在产业转型升级的大背景下保持就业的稳定和扩大，成为我国推动经济增长、维护社会稳定亟须解决的重大课题。根据国家发改委等17个部门联合发布的《关于大力发展实体经济积极稳定和促进就业的指导意见》，解决好产业优化与劳动力转移就业之间的矛盾是解决产能过剩、产业优化升级问题的关键。在内陆地区，地方政府在建设更加完备的产业体系的基础上改善劳动力转移就业情况，对我国产业转型升级和稳定社会就业具有重大的战略意义。

2014年以来，湖南承接产业转移项目超过1.6万个，投资总额超过1.7万亿元，每年带动城镇新增就业70万人以上。随着与中西部地区和国外的基础设施互联互通的加强，湖南对外开放水平进一步提高，为湖南产品"走出省外，走向世界"提供了便捷通道。产业的快速发展也带来了更多的就业机会，全省失业率不断下降，城镇登记失业率由2015年的4.09%降至2018年的3.2%。但也应看到，当前和今后一个时期，全省就业形势依然严峻。一方面，全省劳动年龄人口总量仍然很大，另一方面，全省经济发展正处于爬坡过坎的关键时期，就业总量压力将长期存在，结构性矛盾会更加凸显。

继续实施积极的就业政策，努力巩固经济稳中向好发展态势。一是全面优化营商环境，加快产业结构调整升级，推动供给侧改革、"放管服"改革、"非禁即入"原则等重大机制创新，进一步激发投资创业的热情，为经济发展注入了新活力新动力。二是坚持实施就业优先战略，发挥政府促进和保障就业的职能。加强经济政策与就业政策的衔接，在制定财税、金融、产业、贸易、投资等重大政策时，综合评价对就业失业的影响；进一步规范劳动力市场，保障劳动者的合法权益。三是实现产业转型与就业提升协同发展。结合"一带一部"、"一带一路"、粤港澳大湾区、长江经济带、湘南湘西承接产业转移示范区建设等系列重大战略机遇，在发展传统优势产业、先进制造业、战略性新兴产业、高技术产业中拓展就业空间。四是完善创新创业扶持政策，促进以创业带动就业。加强对重点领域的金融支持，发挥创业担保贷款作用，支持民营企业、小微企业健康发展带动就业；优化创业环境，发展创业载体，加快创业孵化基地、众创空间等建设。五是加大普通教育和研发资源投入，持续提升全省的人力资本和知识资本，增强全省自主创新能力。

（二）缩小地区收入差距

区域协调发展是当前中央确定的国家七大战略之一，缩小区域差距是实现区域协调发展的应有之义。过去缩小区域差距往往着眼于东中西部地区之间的差距，实际上，缩小区域差距应放在缩小人均收入差距上。根据区域经济学相关理论，经济要素集聚会带来经济的高效率。因此，在市场经济条件下，缩小地区收入差距首先要促进人口有序流动，通过推动人口向城市群内转移，缩小城市群内外的人均收入差距；其次，加快发展边缘地区的中心城市，缩小省域中心地区与边缘地区的差距；最后，加大对老少边穷地区的支持力度，缩小与其他地区的发展差距。目前，湖南在区域协调发展中还存在协调机制不健全，缺乏都市圈规划、缺少创新合作平台、缺少制度对接，区域发展战略不尽合理等问题。

在"一带一部"战略定位下，湖南缩小区域收入差距应从三方面努力。一是加快农业转移人口市民化，促进就业、收入、社会保障、基本公共服务的均等化，优化就业环境，使流动人口和城镇居民可以在同等的制度平台上获取就业机会和劳动收入。二是优化区域功能布局，把长株潭城市群打造成高质量发展引擎，把洞庭湖区建设成秀美富饶的生态经济区，把湘南地区打造成中西部地区承接东部和沿海地区产业转移地，把大湘西地区打造成令人神往的生态旅游区。三是需要进一步把握"一带一部"的战略内涵与时代背景，完善区域协调机制，创新区域经济合作方式，积极调动湖南省内区域经济发展的潜在增长因素，主动对接"一带一路"国家和地区，积极对接粤港澳大湾区和融入长江经济带，更充分更快更好地推动省内区域经济发展，实现区域协调发展。

（三）促进公共服务改善

马斯洛需求层次理论表明，人的需求层次由低到高包括五层，依次为生理需求、安全需求、社交需求、尊重需求和自我实现需求。随着经济社会的不断发展，基本公共服务不仅要满足人们基本的生命和生存需求，还要进一步满足人们对美好生活的需求。2018年颁布的《关于建立健全基本公共服务标准体系的指导意见》指出：要注重公共服务供给的标准化和制度化建设，同时要积极听取群众意见，充分了解群众需求，建设新时期符合人们对美好生活需要的基本公共服务供给体系。党的十九届四中全会明确提出，推进基本公共服务均等化、可及性，健全国家基本公共服务制度体系，保障群众基本生活。

近年来，湖南高度重视城乡一体化建设，努力推动城镇公共服务向乡村延伸。但由于农村基本公共服务前期欠账较多，全省城乡基本公共服务差距仍然较大，城乡发展不平衡、农村发展不充分的问题突出。加快城乡基本公共服务均等化进程已成为湖南省推进"一带一部"战略的核心任务之一。一要发挥财政政策对社会资金的牵引作用，引导社会资金更多投入农业农村基本公共服务领域。二要强化农村教育文化和医疗卫生基本公共服务，提高农村居民人力资源素质。三要进一步加大农业农村基础设施的投入力度，改善农村生产生活条件。进一步加大财政投入力度，推进水电路气等基础设施向农村延伸，加强农村垃圾和污水处理，推进农产品和农村现代市场体系建设。四要进一步完善城乡居民基本养老保险制度，提高农村居民最低生活保障水平，完善农村居民社会救助制度等农村社会保障服务，让农村居民安心从事农业生产。[1]

---

[1] 杨远根：《城乡基本公共服务均等化与乡村振兴研究》，《东岳论丛》2020年第3期。

（四）保障食品粮食供给

民以食为天。国家安全理论认为，关系到国家安全的一些重要战略物资（如粮食、石油等）必须以本国生产为主，当这些商品面临国际竞争时，政府应采取措施予以保护。党的十八大以来，习近平总书记始终把粮食安全作为治国理政的头等大事，提出了"确保谷物基本自给、口粮绝对安全"的新粮食安全观，并于2013年底提出"以我为主、立足国内、确保产能、适度进口、科技支撑"的国家粮食安全战略；2015年7月1日，新颁布的《中华人民共和国国家安全法》中首次将粮食安全纳入国家安全体系。

湖南是传统的农业大省，在国家粮食安全格局中占据重要地位。2019年，湖南全省粮食播种面积达6924万亩，产粮595亿斤。在"一带一部"战略下，湖南需要进一步提升农业现代化水平。一是牢牢守住耕地红线，确保粮食安全。出台切实可行的粮食保障政策，巩固提升粮食产能，抓好粮食生产，巩固粮食安全的基础。二是重点支持规模农户，加速培育职业农民。发挥政府在农业科技培训中的主导作用，加大对涉农龙头企业、科技培训队伍、专业合作社的扶持力度。发挥龙头企业在农民科技培训方面的带动作用，将农业科技培训的成果真正转化为切实的利益和真正的生产力，提高职业农民生产积极性。积极推动农业科技院校的成立，鼓励科研院校、营利组织及非营利组织参与到多元主体的互动中来，培育一批"有文化、懂经营、善管理"的新型职业农民。三是抓好食品粮食供给质量。在巩固和发挥好湖南水稻、畜禽、果蔬、水产等领域的产业优势的同时，加大供给侧结构性改革，推动农业转型升级，提高湖南农业竞争力，确保湖南食品粮食的稳定供给。四是提高农业对外开放水平，充分利用国内外两个市场，统筹考虑国内农业资源禀赋、农产品供求格局和农业政策等因素，分区域、产业、产品确定开放布局渠道，强化与"一带一部"相关地区在食品粮食投资、贸易、技术和产能领域的合作，有针对性地推进食品粮食供给，提升湖南食品粮食供给竞争力。

第四章

"一带一部"
战略空间构造

"一带一部"论纲：基于区域协调发展的战略建构

战略空间是在区域空间结构及布局优化中起决定作用的空间，是一个优势互补的空间体系。实施"一带一部"战略，必须从协调性、开放性、公平性、生态化和可持续的视角对湖南"一带一部"发展格局进行高水平的空间统筹；必须打破行政区划，根据湖南各区域的自然禀赋和国土空间开发格局，科学谋划湖南"一带一部"的空间战略走向；必须坚持提高区域发展协调性，促进城乡融合发展，构建结构科学、集约高效的"一带一部"产业、城市、交通空间发展格局。

一　空间结构演变

　　从"七五"计划开始，湖南首次从国土空间维度来布局经济发展空间格局，提出按照"一心四区"来描绘湖南发展蓝图。经过几十年的发展，湖南"一带一部"的战略空间格局基本形成。

（一）"一心四区"

　　湖南省"七五"计划期间，全省开始初步谋划经济发展的空间格局，这种格局主要依托全省经济长期形成的"一核四板块"。湖南省属于极化发展的空间结构模式。湖南省"七五"计划在谋划"经济布局和横向经济联合"时，提出首先要发挥长沙市、株洲市、湘潭市这个城市群体的核心作用，做强长株潭经济核心，并逐步建立以城市为中心的、各具特色的洞庭湖滨、湘南、湘西、娄邵经济区（四区），强调要充分发挥长沙市的经济集聚效应，逐步形成以长株潭城市群为核心的"核心（长株潭）+组团（洞庭湖滨、湘南、湘西、娄邵）"的空间组织形态。在湖南省"七五"

计划中,明确提出要"敞开大门,扩大与上海、北京、广东、武汉及毗邻省市的联合"。这表明"七五"计划期间湖南开始对"过渡带"和"结合部"的区位和战略地位有了初步的谋划。

(二)"五区一廊"

在湖南省"八五"计划期间,湖南经济发展空间结构有了变化,发展空间由"四区"演变为"五区","八五"计划提出建设五个经济区战略空间架构,即湘东经济区(包括长沙、株洲、湘潭三市)、湘北经济区(包括岳阳、常德、益阳三地市)、湘南经济区(包括衡阳、郴州、零陵三地市)、湘中经济区(包括邵阳、娄底两地市)、湘西经济区(包括怀化、大庸、湘西自治州三地州市),其中湘东经济区实际上就是"七五"计划期间的"一心",显然,"八五"计划期间湖南空间布局与"七五"计划期间是一脉相承的。"八五"计划提出,加强边境城市的开发建设,加强津市、吉首、怀化、洪江、冷水滩、永州、郴州、醴陵等边境城市建设,加强对外辐射功能,加快成为粤港澳、长三角及沿海开放经济腹地的发展布局指向比较明确。1992年,湖南省委、省政府提出建设"五区一廊"发展战略,即在突出"五区"的基础上,沿京广铁路和107国道一线打造一条经济走廊,"一廊"包含岳阳、长沙、株洲、湘潭、衡阳五市。《湖南省"五区一廊"经济社会发展规划》提出,该区域要在改革开放上率先突破,在经济建设上超常规发展,并以此辐射湖南全省,带动和促进经济更好更快地跃上新台阶。

(三)"一点一线"

1995年,湖南省委、省政府结合制订"九五"计划和2010年远景目标,明确战略实施的区域重点为"一点一线"。2001年,湖南省第八次党代会召开,"五区一廊"扩展为"一点一线"。"一点"是指长株潭地区,"一线"是指107国道、京珠高速、京广铁路沿线构成的一条经济带,具体地区除原来的五市外，增加了郴州，即以长株潭地区为一点，107国道、京珠高速、京广铁路沿线的岳阳、长株潭、衡阳、郴州为一线。"九五"计划提出建设京广经济走廊，要在沿京广铁路、京珠高速湖南段，实现建设社会主义市场经济体制和加速现代化建设等方面率先突破，建设一条高效益商贸走廊、高科技工业走廊、外向型经济走廊。并提出做大长沙"一点"，要把长沙市作为湖南优先发展区的重中之重。"九五"计划还明确提出，发挥湖南地处长三角及沿江地区开发开放带和华南沿海开放带结合部的优势，大力发展开放型经济。第一次明确提出湖南"结合部"的区位优势。

湖南"十五"计划进一步明确"一点一线"为优先发展地区，"一点一线"地区要加大改革开放和结构调整力度，发展高新技术产业、高层次服务业和高效农业，提高经济发展水平，地区经济增长速度要高出全省1个百分点以上。要大力推进长株潭这一核心增长"点"经济一体化，使之成为湖南经济发展的核心增长极、高新技术产业集聚区和现代化、生态化的网状城市群。

2004年确定"十一五"规划期间实施不均衡的发展战略，提出进一步推进以长株潭为龙头的"一点一线"地区率先发展。把"一点一线"建成全省高新技术研发区、先进制造业成长区、大型企业集聚区和战略投资者合作区，把长株潭建设成为全国有重要影响力的城市群和经济增长极。此外，"十一五"规划提出发挥毗邻粤港澳的地理优势，全方位参与泛珠三角区域经济合作；依托长江的交通运输和水资源优势，加强与长江经济开放开发带的经贸往来；挖掘连接西部特别是西南地区的区位优势，积极拓展西部市场。

（四）"一群两区""一带两廊"

到"十二五"规划期间，湖南发展空间布局重点有所调整，"十二五"规划纲要提出，着力优化提升环长株潭城市群，加速崛起大湘南，扶持发展大湘西，即"一群两区"布局。一是促进环长株潭城市群（"一群"）率先发展，充分发挥国家"两型"社会综合配套改革试验区先行先试的政策优势，加快转变发展方式，大幅提高城市群综合实力，打造全国先进装备制造业基地、战略性新兴产业基地、区域消费中心及具有国际影响力的文化创意中心。二是促进大湘南地区（包括郴州市、衡阳市和永州市）开放发展，紧紧抓住沿海产业转移和国家支持珠三角、北部湾发展的有利机遇，加快开放开发步伐，着力打造新的经济增长极。三是促进大湘西（包括湘西州、张家界市、怀化市、邵阳市，湖南省武陵山片区规划将娄底市的新化县和涟源市、常德市的石门县和桃源县、益阳市安化县纳入其中）扶持发展，坚持把扶持湘西大开发放在区域发展总体战略的优先位置，积极推动武陵山经济协作区建设，积极实施集中连片式扶贫攻坚，着力增强自我发展能力，打造绿色发展先行区，促进共同发展。随着国家集中连片特困地区扶持战略和精准扶贫战略的实施，大湘西地区逐步进入湖南重点开发空间区域。"一群两区"布局并没有改变"一点一线"发展的总布局。

湖南省第十次党代会召开之前，湖南"十二五"规划发布，"一点一线"再次扩容，变成"一带两廊"，"一带"是指以长株潭为发展核心的"京广经济带"，"一带"与"一线"大致重合，相当于"一群两区"布局中的"一线"。增加的"两廊"为"长沙—常德—张家界"和"湘潭—邵阳—怀化"两条经济走廊。

（五）"一核两带三组团""一核三极四带多点"

1. "一核两带三组团"城镇布局

2015年《湖南省新型城镇化规划》提出，构建"一核两带三组团"城镇发展格局，这种格局是和湖南的长期发展一脉相承的。一核即长株潭城市群城市核心，包括长沙、株洲、湘潭3市；两带即东部集聚发展带和西部生态文化带，前者包括岳阳、长沙、株洲、湘潭、衡阳、郴州等市，依托岳郴综合运输通道，发挥区位优势明显、基础设施完备的有利条件，建设城镇和人口密集、产业功能强大城市带，后者包括张家界、湘西自治州、怀化3市州及邵阳、娄底西部地区，立足世界级山水文化资源和文化生态区域，构建绿色宜居、文化传承的新型城镇化特色发展带；三组团即洞庭湖城市组团，包括岳阳、常德、益阳等3市；湘南城市组团，包括衡阳、郴州、永州等3市；大湘西城市组团，包括张家界、吉首、怀化、邵阳、娄底等5市。

2."一核三极四带多点"发展布局

落实习近平总书记对湖南"一带一部"在全国的谋篇布局，实现新一轮大发展，必须着力用发展新空间培育发展新动力，用发展新动力开拓发展新空间。鉴于此，湖南"十三五"规划纲要提出加快建设"一核三极四带多点"，形成核心引领、板块联动、极带互动、多点支撑的竞相发展的新空间格局。"一核"，包括长株潭三市，即打造长江中游城市群核心引领区。"三极"，就是打造岳阳、郴州、怀化三个新增长极。其中，岳阳是湖南省融入长江经济带建设、对接中三角城市群和长三角城市群发展的前沿区域；郴州是湖南对接珠三角城市群、承接沿海产业转移的战略要地；怀化是西南地区区域性交通枢纽，是东中西部地区经济要素双向流动的过渡地带，可打造成辐射大西南、对接成渝城市群的新增长极。"四带"就是打造京广高铁经济带、沪昆高铁经济带、环洞庭湖经济带和张吉怀精品生态文化旅游经济带。"多点"就是依托国家级新区、国家级经济技术开发区、高新技术开发区和一些特色园区，形成多个基础扎实、实力雄厚、特色明显、产城融合的新增长点。

"一核三极四带多点"战略构想与四大板块战略内涵高度一致。"一核"就是长株潭地区；郴州增长极辐射了湘南板块；环洞庭湖经济带与洞庭湖生态经济区完全重合；张吉怀精品生态文化旅游经济带覆盖大湘西板块。京广高铁经济带将洞庭湖经济区、长株潭地区、湘南地区连为一体，将长株潭、岳阳、郴州等"核""极"串联起来。沪昆高铁经济带促进了长株潭板块与大湘西板块的联动发展、资源共享。"由此在点、核、极、带之间，形成你中有我、我中有你、互融互通、竞相发展。"

二　空间要素解析

"一带一部"是习近平总书记以对经济发展规律的深透把握和经济发展空间结构发生深刻变化的深谋远虑，是对湖南也是对国家区域协调发展提出的科学论断。习近平总书记在中央财经委员会第五次会议上强调，"完善空间治理，形成优势互补、高质量发展的区域经济布局"。这里我们主要厘清"一带一部"城市空间布局、交通结构、产业空间和生态条件。

（一）"一带一部"城市空间布局分析

城市是经济社会发展的空间载体，优化城镇空间布局、提高城市发展质量是实施"一带一部"战略的必然要求。围绕建设推动"一带一部"的区域发展新格局，城市应当优先提升长沙省会城市首位度，建设大长沙城市圈；强化岳阳、衡阳大城市定位，扩大城市规模，做大经济体量，提高城市品质，增强辐射能力，把岳阳市建设成为融入长江经济带的核心城市，把衡阳市建设成为对接粤港澳大湾区和承接沿海产业转移首位城市。

1. 强化城市圈建设

目前湖南形成了以长株潭为核心的城市圈布局，每个城市圈在"一带一部"战略中都有其独特的定位。

长株潭都市圈。包括长沙、株洲、湘潭三个大城市和浏阳、宁乡、醴陵、湘乡和韶山五个县级市，是湖南城市最集中、城市经济最发达的区域。长株潭都市圈不仅是长江中游城市群的重要组成部分，是长江经济带的重要增长极，更是"一带一部"战略的核心引擎。长沙立足肩负"一带一部"核心引擎的国家职能担当，着力打造国家智能制造中心、国家创新创意中心、国家交通物流中心，以及承东启西、连南接北的核心枢纽。进一步提高长沙城市首位度，依托航空港和全国高铁枢纽中心，建设具有国际影响力的城市新区，大力发展高端服务业，依托湘江新区建设"两型"社会示范区，切实发挥辐射带动作用，以大格局、大境界、大担当主动引领城市圈同城化发展，增强对全省城镇发展的核心带动和示范作用。株洲要加快工业转型升级，综合利用动力产业集聚优势，加快推进云龙新城建设，全力打造中国动力谷和新型工业城市，加强醴陵市、茶陵县、炎陵县与江西的合作。湘潭要依托国家级高新技术开发区、经济技术开发区和综合保税区，打造开放型产业集群，加快城市建设，推动湘潭市区与韶山、湘乡两市的一体化建设，推进九华、昭山融合发展，推进易俗河片设立新城区。长株潭是湖南紧密度最高的城市圈，三市由高速、高铁、城铁、城际公交密切相连，三市建成区空间几近相连，通过一体化发展，打造"一带一部"核心区，加强与周边城市的联动和分工合作，促进长株潭与周边城市的协调发展和融合发展。

湘南开放城市圈。主要包括郴州、衡阳、永州三个地级市和资兴、耒阳、常宁三个县级市。大湘南毗邻广东、广西、江西三省，就地缘而言，是典型的梯级过渡地带，区位优越，紧邻珠三角城市群，是与港澳、东盟自由贸易区最直接的对接地，是中国"一带一部"优势最为显著的地区。湘南开放城市圈是中部地区对接粤港澳的前沿，也是珠三角产业转移进入中西部地区最直接、最便捷的通道之一。随着粤港澳大湾区战略的实施和中国—东盟区域合作的深化，湘南城市圈在"一带一部"城市布局中的战略地位更加凸显。该城市圈以衡阳为核心，以郴州、永州为对接粤港澳和中国—东盟区域合作的桥头堡，通过深入实施承接产业转移国家战略，全面加强与沿海发达地区及东盟的经贸合作，促进湖南地区开放发展。

大湘西生态城市圈。主要包括张家界、怀化、邵阳、娄底四个地级市和吉首、武冈、邵东、涟源、冷水江、洪江六个县级市。大湘西地区是湖南省主要的欠发达地区、少数民族地区和生态脆弱地区，也是承接东西部、连接长江和华南经济区的枢纽区，具有突出的区位特征和重要的战略地位。大湘西地区城市人口规模和经济规模都比较小，没有人口过百万的城市。大湘西生态城市圈以张家界、湘西土家族苗族自治州为核心，通过发展绿色旅游业融入长江经济带、对接成渝地区双城经济圈。张家界市立足良好的生态资源优势，发展特色产业，缩小发展差距，建成国际知名旅游目的地，重点打造张家界世界旅游城市和湖南对接西部地区首位旅游城市。吉首市定位于大湘西生态文化旅游圈支撑城市，建成连接大湘西、渝东、黔东南的区域旅游中心，打造成武陵山区旅游中心城市。怀化市、娄底市依托便捷的交通区位，打造沪昆高铁经济带的节点城市和湘西南物流中心。邵阳市应加强与新邵、邵东的融合发展，做大城市规模，定位为新的国家级发展轴线（沿沪昆高速公路、沪昆高铁）上长三角辐射大西南的重要节点城市，长三角、珠三角、海西经济区等发达地区产业转移的重要承接地之一、长株潭核心区向大湘西地区辐射的重要节点城市。

环洞庭湖城市圈。包括岳阳、常德、益阳三个地级市和临湘、汨罗、沅江、津市四个县级市，地处"一带一部"发展定位核心区，是湖南发展基础较好、农业资源和生态资源富集的区域。岳阳市位于长三角和珠三角经济区的辐射圈内，是湖南省以长株潭为中心的"3+5"城市群的次中心和首位门户城市，是湖南省建设长江经济带的桥头堡和融入长江经济带的滩头阵地。按照建设国家区域性中心城市和湖南省域副中心城市的定位，推动岳阳与上海口岸对接，建立与上海自贸区互通的网络平台，将岳阳建设为长江经济带的重要节点城市。常德市位于湘鄂边境，同属武汉都市圈和湖南滨湖经济区，是国家开发中西部地区"东靠西移"过渡地带的核心城市，是湖南省北部联系长江流域重要的门户与通道。常德市立足吞吐长江的区位优势，建设成为湘西北的中心城市，对接武汉城市圈、呼应中原经济区和长三角的前沿中心城市。益阳市地处湖南省北部，是长江中游城市群重点城市、环洞庭湖生态经济圈核心城市之一，定位为洞庭湖生态经济区南部中心城市，长株潭都市区副中心城市、现代新型工业城市。

（二）"一带一部"交通结构分析

打造立体畅通高效的大通道，是实施"一带一部"战略的核心要素，建设以公路、铁路、水路、航空、管道和互联网等为核心的综合立体交通体系，为湖南承东启西、沟通南北、通江达海、便捷联系海内外奠定互联互通基础。目前，湖南以"一纵五横"为重点的水路运输网、"六纵六横"为主干的铁路运输网、"七纵七横"为骨架的公路运输网、"一干十支"为支撑的航空运输网等基本建立，依托交通通道和产业园建立的交通物流网骨架基本形成。

1. 优化铁路运输网络架构

铁路是实施"一带一部"战略大通道的核心，湖南铁路基本围绕长沙（株洲）、怀化、衡阳三大铁路枢纽布局。随着区域战略转移，同属于湖南武陵山片区的张家界湘西北铁路枢纽和邵阳湘西南铁路枢纽建设加速推进。普通铁路网方面，形成以京广、沪昆、洛湛、蒙华、焦柳铁路为核心，由湘桂、渝怀、石长等主要干线组成的铁路网络，湖南最长的铁路运输网络已延展到欧洲，陆续开通了长沙、株洲、衡阳中欧班列场站。高速铁路方面，形成以京广、沪昆为主轴，怀邵衡、衡柳等快速铁路为补充的高速铁路，张吉怀高铁、渝长厦高铁建成后，湖南将实现高铁覆盖所有市州，形成全省 2 小时高铁经济圈。目前，以"六纵六横"为主干的"一带一部"铁路运输网络基本建成。

2. 建构公路交通大动脉

在湖南"五纵七横"高速路网中，有"三纵四横"7 条国家高速公路贯穿湖南，京港澳、二广、包茂 3 条国家高速公路纵向穿越湖南，杭瑞、沪昆、泉南、厦蓉 4 条国家高速公路横向穿越湖南，武深高速纵向贯穿湖南东部，打破湖南东部落后山区对接粤港澳等沿海发达地区和融入长江经济带核心区的交通瓶颈。目前，承担"一带一部"使命、内通外连的高速大通道已基本建成，湖南普通国省干线里程达到 3.1 万公里，跃居全国第

4 位，省际通道 89 个，覆盖了全省所有县（市、区）及重要乡镇。至 2018 年底，公路总里程已达 24 万公里、位居全国第 6，高速通车里程达 6725 公里、跻身全国第 4 位，全省 121 个县（市、区）实现"县县通高速"，实现与周边六省高速公路多通道高效衔接，初步建成"七纵七横"的高速公路骨架网。

3. 打造航空运输空中走廊

航空运输指在具有航空线路和飞机场的条件下，以飞机作为运输工具进行货物运输的一种运输方式。目前湖南省共有 8 家机场在运营使用，形成以长沙黄花国际机场为核心，张家界荷花国际机场、常德桃花源机场、怀化芷江机场、衡阳南岳机场、岳阳三荷机场、邵阳武岗机场、永州零陵机场为补充的航空运输网络，形成以"一干十支"为支撑的航空运输体系。湖南"一带一部"的重点是打造以长沙黄花国际机场航空运输为核心的航空运输网络，构筑连接全国的骨架网络，可通边出海出境至欧美澳、东南亚等地区的综合运输大通道。长沙黄花国际机场目前已通航城市 127 个、航线 210 条，机场货站已吸引了 51 家航空公司和运输企业集聚，航班航线密度、范围均处于中部地区领先地位，实现东盟 10 国定期航线全覆盖，形成面向东亚、东南亚 4 小时航空经济圈。布局了长沙—北美、长沙—达卡、长沙—马尼拉、长沙—胡志明 4 条全货机航线，但相对来说，湖南的航空货运比较薄弱。未来，湖南机场必须紧紧围绕"一带一部"区位优势，坚持"货运优先"，积极联动临空经济示范区和黄花综合保税区，加速打造航空物流新枢纽。

4. 建构通江达海水运网络

2018 年末，湖南内河航道通航里程达 11968 公里，等级航道为 4219 公里。其中三级及以上航道 1111 公里，居全国第三位，90% 的地级市临江通航，70% 的中心城镇傍水有渡，城陵矶港货物沿洞庭湖可达"四水"各站。以"一纵五横"（"一纵"——湘江；"五横"——沅水、淞虎—澧资航道、澧水、资水、涟水）为骨干，以长株潭港口群、岳阳港和其他地区重要港口为枢纽的内河航运网络、江河船舶水动脉格局基本形成。应着重优化港口功能布局，主要协调布局长江航道码头建设，将湘江水运主通道2000吨级通航标准由城陵矶上溯至衡阳，提升株洲、湘潭、常德、益阳、衡阳、永州等重点港口功能，鼓励物流向港口码头集聚，鼓励发展江海直达船型。将长沙新港建设成新兴产业走向海外的黄金码头，将长沙霞凝港打造为专业化运输核心港区。发挥城陵矶港的水运龙头作用，通过水上交通，通江达海，有效连接长江经济带和海上丝绸之路，将岳阳打造成为长江中游及中部地区区域性航运物流中心。

5. 畅通物流网络，优化空间布局

全面对接国家和湖南经济社会发展战略，依托京广、沪昆高铁黄金十字架，黄花国际机场和霞凝新港，推进铁公水航空联运，推动制造业与物流业两业联动、多式联运、航空物流、农产品冷链物流、城市共同配送及电子商务物流发展，打造长株潭"一带一部"物流业核心增长极。突出加快岳阳城陵矶"一区一港四口岸"建设，借助长江黄金水道，建成岳阳长江中游区域性航运物流中心，重点布局港口物流、农产品冷链物流及能源、石化物流。以怀化市为增长极，邵阳市、娄底市、湘西自治州、张家界市为支点，对接成渝城市群和云贵经济区，辐射大西南，建成五省边区物流中心，重点发展商贸物流、电商物流、农产品物流及公铁联运。以郴州市为核心，衡阳市、永州市为支点，依托湘南湘西承接产业转移示范区，建设泛珠三角物流集群，对接粤港澳大湾区、东盟自贸区，为承接产业转移提供高效物流服务。合理建构物流大通道，依托京广、蒙华、二广铁路，京港澳高速及国省干线公路等，建设北接京津冀、南达粤港澳、融入海上丝绸之路的京广物流大通道；依托沪昆、黔张常、怀邵衡铁路，沪昆高速及国省干线公路等，构建东接长江经济带、西连东盟自贸区、融入海上丝绸之路的沪昆物流大通道；依托黔、渝长厦铁路，杭瑞、长张高速及国省干线公路等，构建西连渝新欧丝绸之路经济带、东接长江经济带的长张常物流大通道；依托常吉、焦柳铁路，泉南、厦蓉高速及国省干线公路等，构建东接厦门，西连北部湾经济区、融入海上丝绸之路的张吉怀物流大通道。不断提高以黄花国际机场为核心的航空物流和以城陵矶港为核心的水运物流的承载能力。

（三）"一带一部"产业空间分析

湖南立足"一带一部"新定位，按照东融西促产业布局原则，优化产业空间布局的思路，逐步建立"一核一轴三区"产业空间格局，形成以长株潭城市群高质量发展引擎为核心，以京广产业带为核心轴，重点建设洞庭湖生态产业区、湘南承接产业转移区、大湘西生态旅游区。

1. 长株潭产业核心区

长株潭是"一带一部"产业布局的核心区域，立足"两型"社会试验区、国家级湘江新区、国家自主创新示范区，建设具有国际竞争力的全国重要先进制造业中心、高技术产业基地和中部地区现代服务业中心，着力构建具有湖南特色的5G应用产业链，打造5G应用示范区、普及先行区、产业集聚区，以高端智能制造业和现代服务业为重点，形成航空航天设备、高端机械工程设备、高铁整车及零部件、城市轨道车辆制造、工业机器人等高端装备产业集群、汽车产业集群和现代服务业产业集群。长沙市重点布局工程机械、机器人及智能制造装备等高端装备制造业。株洲重点打造轨道交通、汽车及零配件、航空航天三大产业集群，逐步形成轨道交通、航空航天、陶瓷、服饰4个千亿级产业。湘潭市重点布局高端装备制造、汽车（汽车零部件）、新材料（金属新材料）、食品、现代物流（商贸物流）。

2. 环洞庭湖产业集聚区

积极对接长江经济带发展战略，融入中部崛起战略，持续完善产业升级和要素集聚平台，打造长江中游先进制造业和现代服务业基地。岳阳市立足湖区资源、航运优势和产业基础，依托岳阳经济技术开发区、岳阳绿色化工产业园重点布局石化、能源、特色粮油、水产养殖、港口物流等产业，打造全国重要的石化、能源、食品基地和长江中游区域性航运物流中心。常德市依托常德高新技术产业开发区、常德经济技术开发区、津市高新技术产业开发区、常德国家农业科技园区，重点布局生物医药与食品、智能装备制造、金属和储能新材料、文化旅游等产业。益阳依托益阳国家高新技术产业开发区，重点布局高端船舶制造、稀土材料、中药现代化、新一代信息技术（电子线路板）、农产品物流等产业。

3. 湘南湘西承接产业转移示范区

大力引进创新型企业和先进制造业企业，加快传统产业转型升级，打造粤港澳重要的科技产业配套基地、制造业转移承接基地，建设成中西部地区承接产业转移领头雁、内陆地区开放合作示范区、国家重要先进制造业基地。重点布局加工贸易、装备制造、新材料、生物医药、新一代信息技术、轻工纺织、农产品深加工和食品制造业、矿产开发、现代物流、健康养老、文化旅游、现代农业等。郴州市积极融入粤港澳大湾区，重点布局有色金属、金属新材料、通信终端设备及配套、住宅产业化、休闲度假旅游、会展服务业。怀化依托区域性交通枢纽和生态优势，重点布局特色农产品、现代物流（边贸物流）、养老养生、生态文化旅游等。邵阳市依托湘商产业园、邵阳市经济开发区、宝庆科技工业园，重点布局特色轻工、建材、食品、医药。永州市主要布局条码技术装备、特色农产品、新一代信息技术、稀土材料。

此外，充分发挥张家界旅游龙头作用，重点发展旅游及旅游产品加工、健康养老、会展会议等产业。

（四）"一带一部"生态条件分析

1. 水生态环境

湖南地处长江中游以南，省内河网密布，水系发达，淡水面积达1.35万平方公里。水生态资源主要集中于"一江一湖四水"，从空间分布来看，以洞庭湖为核心，以湘、资、沅、澧"四水"为骨架分布。湖南属于长江洞庭湖水系，水系面积约占全省总面积的96.7%，另外在湖南南部还有赣江水系和珠江水系分布。湖南有长沙市、郴州市、株洲市、凤凰县、芷江侗族自治县5个全国水生态文明城市建设试点城市。湖南生态与周边省（区、市）的水生态密切相关，湘江流经湖南、广西两省区，资江右源夫夷江发源于广西资源县越城岭，澧水流域跨越湘鄂两省边境，沅江流域涉及湖南、贵州、湖北和重庆4个省市，长江是湖南与湖北的界河，除了湘、资、沅、澧"四水"外，还有多头水系与长江连通。湖南是长江、珠江、赣江的水涵养地，南岭山脉与罗霄山脉处于长江水系与珠江水系分流地带，水生态质量对广东沿海发达地区和粤港澳大湾区有重要影响；东江湖流域是湘江、珠江、赣江"三江"源头，是湘、粤、赣三省重要的战略水源地，是长江经济带、珠三角经济区的重要生态屏障，华南和中南地区重要森林、湿地生物基因库，"一带一部"核心水生态功能区之一，具有独特的生态地位。保障"一带一部"水生态安全，必须加强与周边省（区、市）的水资源保护和开发协作，重点加强湖南与广西湘江流域，湖南与贵州、重庆、湖北沅水流域，湖南与湖北澧水流域，湖南与广西夫夷江流域，以及湖南与江西渌水流域上下游横向生态保护补偿机制建设。

2. 湿地生态

湖南湿地生态丰富，湿地资源依托丰富水资源而广泛存在。湖南有湿地56068平方公里，占全省面积的26.47%，其中天然湿地14719平方公里，人工湿地41349平方公里。从空间分布来看，湿地分布不平衡，主要分布在环洞庭湖区域及湘、资、沅、澧"四水"流域，呈现"东北多，西北少，西部和南部较多，中部较少"的格局。目前湖南有国际湿地城市1个、国家湿地公园73个，国家湿地公园分布的热点区域为环洞庭湖区域，在环洞庭湖区域的东南部和西北部各形成1个高密度热点区，国际湿地城市分布在西洞庭湖区域的常德市。湖南湿地特点明显。一是湿地类型多样，包括了4大湿地类9个湿地型。在4大湿地类中，河流湿地面积占湖南总湿地面积的38.79%，湖泊湿地占37.78%，人工湿地占20.47%，沼泽湿地占2.96%。湿地类型分布极为不均且呈现地域性分布特点。洞庭湖区域以湖泊、河流和沼泽湿地为主，其他区域则以河流和人工湿地为主。人工湿地中，库塘、输水河在湖南分布广泛。二是湖泊湿地生态价值显赫。洞庭湖是中国第二大淡水湖泊，洞庭湖湿地生态系统被世界自然基金会列为全球 200 个重要生态区之一，其全球生态地位高。三是湿地生物多样性丰富。湖南湿地植物、鸟类、鱼类等物种多样性极为丰富，且国家重点保护或珍稀濒危物种多。四是湿地互为连通，形成关联程度极高的湿地网络。湘、资、沅、澧"四水"流入洞庭湖，形成洞庭湖水系，就像一张水网，流经湖南 98% 以上的地区。长江分松滋河、虎渡河、藕池河从常德注入洞庭湖，与洞庭湖水汇合后，又从岳阳城陵矶流入长江，实现了江、河、湖的互连互通。湿地是湖南重要的生态资源和自然旅游资源，加强湿地保护开发，对提高"一带一部"环境承载力具有重要价值。

3. 森林生态

森林资源是林业现代化建设的物质基础。培育、保护和管理森林资源，对于维护区域生态安全具有战略性、决定性作用。湖南是全国森林生态资源最丰富的省之一，湖南森林生态系统主要分布在与江西交界的罗霄—幕阜山脉，与广东、广西交界的南岭山脉，与贵州、重庆、湖北交界的武陵山脉，以及湖南中南部的雪峰山脉，其中，有全球 200 个具有国际意义生态区的两个区——武陵雪峰山脉和南岭罗霄山脉亚热带常绿阔叶林生态区，被誉为全球同纬度地带最有价值的生态区。自然保护区、森林公园是森林资源最集中的区域，湖南现有省级以上森林公园 121 个。参照省主体功能区规划，结合湖南各个区地貌类型、生态需求、林地利用方向，湖南森林生态可分为以下几大区域。环洞庭湖林业生态区，重点建设农田防护林；湘西北武陵山林业生态区，重点开展石漠化治理和山地森林生态恢复与保护，保护珍稀濒危动植物生存生态环境和生态系统，构建湘西北武陵山区绿色生态屏障；湘西北雪峰山森林生态区，重点保护区域内自然保护区，加强岩溶地区和紫色岩地区综合治理，增强区域森林生态功能；湘南南岭森林生态区，是湖南主要河流源头保护区，重点加强山地森林生态系统，重要河流、湖（库）湿地以及重要生物资源会集区的生态恢复与保护，打造湘南南岭山地绿色生态屏障；湘东罗霄山森林生态区，加强齐云山、八面山等重点生态功能区保护和生态廊道建设，打造湘东绿色生态屏障。

4. 草原生态

湖南有较为丰富的草原资源，草场属于南方山地草场，单个草场面积都不大，主要包括地处越城岭山脉与雪峰山脉交会地带的南山大草原（与广西交界）、南岭北麓的仰天湖大草原（毗邻广东）、桂东县的万洋山相思大草原、龙山县的八面山草场（与重庆交界）。长期以来，湖南对草原的生态价值和生态功能重视不够，"一带一部"战略绝不能忽视草原生态建设，要把草场生态保护建设纳入"一带一部"战略之中，持续推动草原生态建设与修复，全力促进湖南草原生态改善，不断提高草原综合植被盖度。

三 空间体系构建

（一）融合"一核一群"

1. 打造长株潭复合核心城市

打造以长沙为首位的长株潭核心都市区，加快推进长株潭由"城市群"向"大都市"转变，即由长株潭城市群发展为长株潭都市区。习近平总书记在主持召开的中央财经委员会第五次会议上强调指出，要推动形成优势互补高质量发展的区域经济布局，"增强中心城市和城市群等经济发展优势区域的经济和人口承载能力"。2015年3月，国务院正式批复《长江中游城市群发展规划》。规划指出，长江中游城市群以武汉为中心，是以武汉城市圈、环长株潭城市群、环鄱阳湖城市群为主体形成的特大型国家级城市群。建设长沙都市圈、打造长株潭城市核心是贯彻落实长江经济带重大国家战略的重要举措,是推进国家新型城镇化的内在要求,也是实施中部崛起战略的客观需要。按照都市圈的概念内涵,长沙都市圈要突出建设长沙的首位度城市,使长株潭三市由平行发展变为突出首位发展,加快推进株洲、湘潭融入长沙发展,加快形成以长沙为核心的长株潭核心区,发挥大跨度空间区域的承载、引领、辐射、集散、支撑功能,打造长沙全国城镇体系的重量能级核心。把长沙建设成为"核中之核",将其培育成我国中部、长江中游地区的主体增长极,打造成"一带一部"承东启西、连南接北的核心枢纽,推动长沙跻身亚洲乃至全球的现代化巨型城市,充分发挥长沙在"一带一部"战略中的首位功能。

2. 促进环长株潭城市群融合发展

环长株潭城市群包括长株潭及岳阳、益阳、常德、娄底、衡阳5市,是长江中游建设的大型城市群之一,集中国中部经济新增长极、中西部新型城镇化先行区、内陆开放合作示范区于一身,是实现中部崛起的重要支撑力量,是湖南经济社会发展的核心增长极。提升环长株潭城市群战略地位及竞争力是实现长江中游城市群和长江经济带快速发展的关键环节。环长株潭城市群地处东部沿海和中西部地区过渡带、长江经济带和沿海开放经济带结合部,是京广高铁和沪昆高铁及长江经济带的交会区,区位优势凸显。环长株潭城市群应根据自身的资源禀赋和国家发展战略布局,科学合理地找准自身定位,避免与相邻城市群的同质竞争,实现差异化协调互补发展。做强长沙核心城市,打造长株潭都市核心区,常德定位为长株潭向湘西北辐射、呼应中原经济区的中心城市,益阳定位为长株潭向湘西北辐射重要节点城市,岳阳定位为对接武汉城市圈、呼应长三角的前沿与中心城市,衡阳定位为长株潭向湘南辐射、呼应珠三角的中心城市,娄底定位为长株潭向湘西南辐射重要节点城市。

(二)做壮"五带"

充分利用重要交通通道,打造京广、沪昆、二广、长常张、张吉怀五条经济带。

1. 京广经济带

充分发挥京广铁路、京广高铁、京港澳高速连接集聚带的交通优势，发挥岳阳市、长沙市、株洲市、湘潭市、衡阳市、郴州市等市区位优势明显、基础设施完备的有利条件，建设城镇和人口密集、产业功能强大、现代基础设施发达的集聚发展带，打造中部地区最强产业经济带。京广经济带充分承担北接雄安新区、南连粤港澳大湾区的发展职能，辐射带动湖南经济高质量发展。大力布局都市经济，引导和支持沿线中心城市结合产业园区布局，科学规划新城新区，拓展城市发展空间，提高综合承载能力，推动全省城镇化人口向京广经济带集聚；推动城镇化、工业化、新型农业产业化、现代服务人文化融合发展，建立健全有序推进农业转移人口市民化的长效机制，建成人口承载能力较强、空间格局合理、公共服务完善、生态环境优美、宜居宜业宜游的产城融合城市经济带。

2. 沪昆经济带

沪昆高铁是中国东西向线路里程最长、经过省份最多的高速铁路。沪昆发展轴连接湖南株洲、湘潭、娄底、怀化等中心城市，向东对接环鄱阳湖城市群和长三角，向西对接大西南乃至孟中印缅经济走廊，并可通过渝怀线、渝新欧通道连接欧洲。株洲、湘潭、娄底、怀化等城市要充分发挥沪昆高铁、沪昆高速连接中国东部、中部、西部的核心纽带作用，大力发展高铁经济，建设沪昆高铁经济带，实现从内陆边缘到"一带一路"前沿。把怀化、邵阳、娄底、湘潭打造成沪昆高铁经济带的重要支点城市，最大限度释放高铁红利。依托高铁沿线文化、生态、民俗等旅游资源，将怀化打造成知名旅游目的地和热点文化旅游城市、湖南大湘西旅游圈的重要支撑点。株洲、湘潭、娄底三市利用国家产业转型升级示范区的政策优势，推进装备制造、有色、钢铁等传统产业改造升级，促进高端装备、通用航空、新材料、信息技术等新兴产业的发展。

3. 二广经济带

以二广高速、洛湛铁路为纽带，以常德、益阳、娄底、邵阳、永州等城市为支撑，依托新的交通枢纽，形成新的经济增长带。国务院关于长江经济带的发展规划已经明确了二广发展轴的空间战略地位，湖南建设二广经济带正是呼应长江经济带国家战略。一直以来，湘中各市均需绕道京广线南下，这极大地降低了湘中甚至湘南永州市对接粤港澳的交通便捷度，也大幅度降低了西南、西北通过湖南入粤的便捷性，影响湖南"一带一部"战略空间平衡。打通湘中纵向发展轴，布局建设二广经济带，极大改变湘中、湘西南"经济塌陷"格局。二广经济带向南延伸，是海南自贸区、北部湾经济区，向北延伸，则是中原城市群、关中城市群，是"一带一路"倡议的重要平台。建设二广经济带，将促进资源要素在更大范围、更高层面实现优化配置，从而更好地发挥湘中、湘西南地区的集聚效应和辐射作用。

4. 长常张经济带

以长张高速、黔张常铁路、长益常高速铁路为纽带，以长沙、益阳、常德、张家界为支点，建设长常张经济带。随着黔张常铁路的建成通车，长常张经济带战略空间地位大幅提升，一方面构建连接西部地区、对接成渝城市群的大通道，填补渝、鄂、湘三省交界地区铁路网空白；另一方面有效解决重庆与湘、浙、赣、闽等地的连接问题，完善了湖南西北部的空间结构，对促进革命老区、少数民族地区经济社会发展提供便捷物流通道。黔张常铁路开通运营后，将横跨渝怀线、枝柳线、洛湛线、石长铁路，并与安张常铁路、恩施至黔江铁路等相衔接，交叉形成石门、龙山等区域经济中心，延展了长常张经济带发展纵深场域，为湖南武陵山片区经济社会发展提供强大活力空间。

5. 张吉怀经济带

张家界市、湘西州、怀化市同属于大湘西地区，山同脉、水同源、民俗相近，民族文化特色突出，资源优势互补性强；张吉怀承东接西，连接长江和华南经济区,具有特殊的区位特征和重要的战略地位。以张吉怀高铁为纽带,以张家界市、湘西州、怀化市为支点,以发展生态产业和生态旅游业为核心内容,以对接重庆、贵州、广西和湖北西部地区为发展方向,打造张吉怀经济带,有利于强化湖南西部产业布局,协调"一带一部"战略空间。张吉怀一线是湖南省生态文化旅游资源禀赋最高的区域,也是湖南省欠发达的地区。以张家界市为核心,通过整合战略竞争优势,建设张吉怀旅游共同体,共同打造旅游品牌、共同推介旅游线路、共同打造旅游产品、共同举办旅游活动,建成武陵山片区、大湘西地区旅游聚散中心和交通枢纽中心,打造大湘西国际知名生态文化旅游目的地和张吉怀精品生态文化旅游经济带。

(三)做优"多边"

省域边区是"一带一部"战略的关键场域,也是湖南发展比较滞后的区域。加强省域边区建设,是湖南落实"一带一部"战略的核心内容。实施"一带一部"战略,要求湖南必须加强与周边省(区、市)的经贸合作,做优做强省际边区。特别应当注重加强与珠三角、长三角、长江中游城市群、北部湾经济区、成渝经济区、中原经济区的区域协作,推动湘鄂赣、湘桂黔互相协作融合发展,加快建设湘赣边区域合作示范区,加强与广东省等省份的产业转移承接合作,推进与湖北省、贵州省、重庆市等省份交界地区的协同发展,建设一批边界地区合作示范区,推动湖南省际边区优质发展。

1. 湘赣边区

湘赣两省毗邻而居、山水相连、人脉相亲,同属湘赣边革命老区,湘赣边区连接环长株潭城市群和环鄱阳湖城市群的中心区域,区位优越,资源丰富。目前湘赣两省共同面临中部地区崛起、长江经济带建设、深化泛珠区域合作等一系列重大发展机遇。湘赣边区合作重点是共建共享互联互通的开放之"路",共同发展红色生态的精品之"游",共同创建跨省合作的示范之"区"。为探索区域协调发展新模式，加快湘赣边革命老区高质量发展，两省重点推进合作共建湘赣边区域合作示范区，先期在湖南省醴陵市东富镇与江西省萍乡市湘东区老关镇、湖南省浏阳市大瑶镇与江西省上栗县金山镇的接壤地带规划一定区域作为启动区开展合作试点。湖南在湘赣边区合作中的重点是推动平江、浏阳、醴陵、茶陵、炎陵、桂东、汝城与江西携手发展。湘赣边区是两省生态资源最富集的区域，两省应当加强在生态建设和生态治理方面的合作，建立跨省河流信息共享机制、协同管理机制、联合巡查执法机制、河流联合保洁机制。

2. 湘粤边区

湖南毗邻广东，遥望港澳。郴州、永州毗邻广东，地处粤港澳大湾辐射核心区，具有承东启西、连南贯北的地理优势，是湖南推进"一带一部"战略的前沿阵地。作为广东与粤港澳大湾区最紧密的邻居之一，一直以来湖南与广东及粤港澳的经贸往来密切。据不完全统计，2018年，5000家以上的广东企业和超过30万粤籍人士在湘投资创业，粤企在湘投资额居全国各省（区、市）来湘投资的首位。推进湘粤边区优质发展，重点是以两省交界的湖南郴州、广东韶关的边界地区为主要合作区域，打造以郴州市为核心的开放门户，大力支持粤港澳大湾区在湖南发展"飞地经济"，通过利益分享承接高端制造业转移；着力布局生态种植业和养殖业、生态农产品加工业、休闲生态旅游业和生态养老产业，努力建设大湾区优质生活供给圈；着力共建园区平台，深化产业合作，将湘粤边区打造成中部地区和沿海开放经济区域合作的典范。

3. 湘桂边区

湖南、广西两省区山水相连，"湘桂走廊"历史上就是湘楚文化进入岭南的重要通道。也是海上丝绸之路的重要通道，广西是湖南对接东盟的重要通道，加强双方合作对于加速湘桂边界地区参与国际经济大循环和承接发达地区产业转移，优化湖南过渡带战略空间具有重大意义。湘桂边区空间发展重点是推进湘桂高铁经济带和南岭民族走廊建设，加强南岭走廊区域的通道、城步、新宁、东安、双牌、江永、江华与广西三江、龙胜、资源、全州、灌阳、兴安在产业发展、生态建设、基础设施、民族文化旅游等方面的合作。产业合作方面，强化两省生态旅游资源整合，实现资源共享，客源互送，共同打造"城步—龙胜—资源—新宁"精品旅游线路，推动湘桂边界经济社会共同繁荣。湘桂边区生态环境共护方面，强化湘桂边界南岭生态走廊自然资源和生态系统保护，推动湖南南山国家公园体制试点范围向广西延伸，共同打造大南山、大生态，守护湘桂边界的青山绿水。在基础设施共建方面，积极参与西部陆海新通道建设，加强铁路、公路、水运等基础设施建设的省际对接，重点推进南宁至衡阳高速铁路、湖南城步至广西龙胜等高速公路建设。

4. 湘黔边区

以沪昆高铁为纽带，把湘黔合作打造成我国中西部区域合作的典范。加强湘黔两省高铁沿线的产业转移与对接合作，加大跨省产业园区合作建设力度，重点推进新晃县与玉屏县产业融合发展，将新晃打造成为湖南向西开放桥头堡和前沿阵地；加快推进张家界、凤凰与铜仁市连片开发精品旅游资源，携手打造湘黔黄金旅游圈；以铜仁凤凰机场建设为典范，共同推动清水江—沅水高等级航道建设，打通清水江—沅水—长江的水运通道，加快构建以高铁为引领的综合交通网络；推动怀化市与黔东南、铜仁市，湘西州与铜仁市全面协作和高质量发展，把湘黔高铁经济带建设成为内陆省份主动融入"一带一路"倡议的重要通道、共同实施长江经济带战略的重要载体、深化两省交流合作的重要舞台。

5. 湘渝边区

湘渝两省市横跨长江中上游、连接国家中西部，承东启西、贯通南北，是长江经济带的重要联结点。在国家区域发展和对外开放新格局中，既共享一系列重大战略机遇，也共同承担重要使命。两地历史渊源深厚，合作基础良好，合作潜力巨大。湖南花垣县、保靖县与重庆秀山县、龙山县及酉阳县行政区域相连，随着渝湘高速铁路、黔常铁路的逐步建成，湖南承东启西过渡带的优势地位将更加凸显。积极推进"一带一部"战略，湘渝边区必须积极主动融入"一带一路"倡议和长江经济带战略，重点是推动湘渝边区旅游产业协同发展，强化生态环境保护协同，共同保护好长江支流酉水—沅江"一江碧水、两岸青山"，共同治理"锰三角"污染，携手保护和开发茶峒古镇边城景区、乌龙山景区。

6. 湘鄂边区

"一湖分南北、共饮长江水。"湖南与湖北山水相连，人文相亲，湖北是湖南对接、融入长江经济带的核心区域。湖南和湖北共同面临中部崛起、长江经济带建设、洞庭湖生态经济区建设等一系列重大历史性机遇。湘鄂两省要以共建洞庭湖生态经济区为抓手，把洞庭湖生态经济区建设主动融入"一带一路"倡议和长江经济带战略，主动加强与长江经济带其他区域协调发展、融合发展，全面探索大湖流域以生态文明建设引领经济社会全面发展新途径，促进长江中游城市群一体化发展和长江全流域开发开放。推动湘鄂边区高质量发展，优化湘鄂边区国土空间布局，推动湘西州的龙山县，张家界的桑植县，常德的石门县、澧县、津市、安乡县，岳阳的临湘市、华容县与湖北省的恩施州、宜昌市、荆州市、咸宁市合作；促进张家界旅游经济圈对接大三峡旅游圈和湖北恩施生态文化旅游圈，推进龙凤经济协作示范区建设，促进龙山、来凤在城市规划、基础设施、产业发展、旅游开发、公共服务、平安创建和人才发展一体化等领域的深度融合；加强常德与荆州跨省协作，加强两市在交通、产业方面的合作，把常德打造成为对接湖北的首位城市；通过支持通（城）平（江）修（水）次区域合作示范区、龙凤经济协作示范区等省际边界合作，增强省域边区在"一带一部"中的辐射、传导能力。

"一带一部"论纲：基于区域协调发展的战略建构

第五章

"一带一部"产业体系构建

"一带一部"论纲：基于区域协调发展的战略建构

现代产业体系作为现代化经济体系的基础和内核，对落实好"一带一部"战略，提高经济整体素质和竞争力，实现创新驱动、开放崛起意义重大。构建"一带一部"现代产业体系，应发挥作为东部沿海地区和中西部地区过渡带、长江开放经济带和沿海开放经济带结合部的区位优势，一贯践行新发展理念，把握现代产业体系发展趋势。并在坚持做大做强实体经济，强化科技创新引擎作用，夯实现代金融服务基础，加大人力资源要素培育，完善开放互利生态体系等方面着力。

一 现代产业体系发展的基本概况

现代产业体系这一概念是针对当时我国经济发展新阶段，在2007年党的十七大报告中正式提出的新发展理念。提出要"发展现代产业体系，大力推行信息化和工业化的融合，促进工业由大变强，振兴装备制造业，淘汰落后生产能力"。随后党的十八大报告、十九大报告和国家"十二五"规划、"十三五"规划也都相继提到"现代产业体系"。所不同的是，随着时代背景的变化，我国对于构建现代产业体系的认识和主要矛盾的把握在不断变化和深化。[①]

（一）现代产业体系的内涵与特征

从我国现代产业体系的提出背景看，"现代产业体系"概念更多地出自决策层对现实经济发展取向的思考，而非产业经济学理论发展的内在逻

---

① 盛朝迅：《构建现代产业体系的瓶颈制约与破除策略》，《改革》2019年第3期。

辑结果。① 从我国政府相关文件对"现代产业体系"的表述比较来看，其阐述也是紧跟经济发展的时代特征和突出矛盾，由从产业体系的产业构成和表现形态角度转向产业体系的支撑条件，到强调实体经济的主导地位，再到更加注重驱动经济发展的关键要素及其互动关系（见表5.1），体现了产业政策着力点由偏重倾斜性的产业结构调整向更加注重功能性的要素供给环境转变。②

表5.1　我国政府重要文件对"现代产业体系"的相关表述

年份	文件	内容
2007	党的十七大报告	发展现代产业体系，大力推进信息化与工业化融合，促进工业由大变强；提升高新技术产业；发展现代服务业；加强基础产业基础设施建设
2011	国民经济和社会发展"十二五"规划纲要	发展结构优化、技术先进、清洁安全、附加值高、吸纳就业能力强的现代产业体系
2012	党的十八大报告	着力激发各类市场主体发展新活力，着力增强创新驱动发展新动力，着力构建现代产业发展新体系
2016	国民经济和社会发展"十三五"规划纲要	优化现代产业体系。加快构建创新能力强、品质服务优、协作紧密、环境友好的现代产业新体系
2017	党的十九大报告	着力加快建设实体经济、科技创新、现代金融、人力资源协同发展的产业体系

资料来源：相关文件整理。

产业体系是一个国家（或地区）国民经济中各产业类型、产业环节的构成与联系，及其与各产业要素的互动关系。从本质上看，产业体系是从产业角度对国民经济的一种阐释，既是决定国民经济发展水平的主要基石，也是衡量国民经济运行状况的重要体现。③ 学界对现代产业体系内涵

---

① 刘钊：《现代产业体系的内涵与特征》，《山东社会科学》2011年第5期。
② 付保宗、周劲：《协同发展的产业体系内涵与特征》，《经济纵横》2018年第12期。
③ 付保宗、盛朝迅等：《加快建设实体经济、科技创新、现代金融、人力资源协同发展的产业体系研究》，《宏观经济研究》2019年第4期。

的界定主要聚焦在产业结构和竞争优势上，政府对现代产业体系的内涵则相对明确，将结构、技术、可持续发展、就业等纳入考虑的范围中，相对比较完善。[1] 随着研究的不断深入，对于现代产业体系的内涵与特征的认识也不断被赋予新的时代特点。党的十九大报告提出，"着力加快建设实体经济、科技创新、现代金融、人力资源协同发展的产业体系"。将实体经济作为产业体系的重中之重，突出实体经济是发展的主体和基础，创新是引领发展的第一动力，金融是现代经济的核心和血脉，人力资源是发展的第一资源，四者的协调、同步、融合、互动发展，是现代产业体系的显著特征。[2] 这一论述打破了传统产业体系一、二、三产业的划分，或者传统产业、新兴产业、制造业、服务业的划分，更加突出了要素质量、结构以及各要素之间、要素与实体经济之间的协同。

（二）现代产业体系的发展趋势

产业体系即第一产业（农业）、第二产业（工业和建筑业）、第三产业（服务业）的结构比例关系，以及各次产业内部的结构比例关系。随着产业分工的不断深化而不断发展演进，产业体系的发展就是产业要素、产业结构和产业功能不断优化的动态过程。在我国经济由高速增长阶段转向高质量发展阶段的背景下，随着科学技术和商业模式的新一轮创新与新工业革命的深度交互，全球产业链、价值链、创新链、供应链带来新的重塑与调整，我国现代产业体系基本呈现从工业主导转向服务业主导，从低端结构转向中高端结构的发展趋势。

1. 要素供给从数量规模转向更加注重质量和协调

党的十九大，做出了"我国经济已由高速增长阶段转向高质量发展阶

---

[1] 唐家龙：《经济现代化与现代产业体系的内涵与特征》，《天津经济》2011年第5期。
[2] 林兆木：《着力建设创新引领协同发展的产业体系》，《经济日报》2018年3月1日。

段"这一历史性论断,其本质就是我国经济已经从主要依靠增加物质资源消耗实现的粗放型高速增长,转变为主要依靠技术进步、改善管理和提高劳动者素质实现的集约型增长,是以提高全要素生产率为抓手,推动经济发展质量变革、效率变革、动力变革。2018年,我国第三产业增加值占国内生产总值的比重达52.2%,对经济增长的贡献率为59.7%,比第二产业高23.6个百分点。产业升级优化态势良好。具体表现在产业结构上,由资源密集型、劳动密集型产业为主向技术密集型、知识密集型产业为主转变;在产品结构上,由低技术含量、低附加值产品为主向高技术含量、高附加值产品为主转变;在经济效益上,由高成本、低效益向低成本、高效益的方向转变。[①] 2018年,代表结构升级的制造业投资增速上涨,尤其是高技术产业投资增速较快,据统计,高技术制造业、装备制造业投资比上年分别增长16.1%和11.1%,分别比制造业投资快6.6个和1.6个百分点。高技术制造业、装备制造业增加值分别比上年增长11.7%和8.1%,占规模以上工业增加值的比重分别达到13.9%和32.9%,全员劳动生产率为107327元/人,比上年提高6.6%。

2. 创新与融合成为构建现代产业体系的动力和形式

创新是引领发展的第一动力,科技创新是构建现代产业体系的战略支撑。当前,全球科技创新速度明显加快,并以前所未有的广度和深度改变产业发展模式,催生新的产业形态,塑造现代产业体系,发达国家和地区普遍积极抢抓技术革命和产业变革先机,布局"新工业革命"。在积极顺应和牢牢把握新科技革命和全球产业变革大趋势的同时,促进科技创新和产业发展深度融合是重塑现代产业技术体系的关键一环。我国通过加快建设创新型国家,突出关键共性技术、前沿引领技术、颠覆性技术创新,以自主创新的技术带动质量效益提高,促进产业转型升级,不断提升科技创新对于传统产业转型的作用,加快构建具有国际竞争力的现代产业技术体

[①] 《如何理解中国经济转向高质量发展》,《人民日报》2017年10月31日。

系。2018年，我国研究与试验发展（R&D）经费支出19657亿元，比上年增长11.6%，占国内生产总值之比重为2.18%，每万人口发明专利拥有量为11.5件。

3. 自主与开放的多向互动推动产业高质量发展

在技术含量和加工度高的装备制造业，以及出口外向度高的消费品工业，国外资本和技术始终是相关产业发展的重要外生动力。随着"放管服"改革进一步深化，国资国企改革稳步实施，股权多元化和混合所有制改革分层分类推进，市场准入负面清单制度全面实行，营商环境持续改善。扩大服务业对外开放，加强知识产权保护，我国企业国际竞争力也在不断提高，在进一步提高要素引进质量水平的同时，我国产业"走出去"步伐也不断加快。2018年，我国外商直接投资（不含银行、证券、保险领域）新设立企业数量比上年增长69.8%，高技术制造业实际使用外资（按人民币计价）增长35.1%。2018年，我国对欧盟、东盟、日本等传统贸易伙伴出口均保持了稳定增长。同时，我国对共建"一带一路"国家及部分金砖国家的出口也保持了较快增长速度，对共建"一带一路"国家非金融类直接投资增长8.9%。

（三）构建现代产业体系的战略思路

实现实体经济、科技创新、现代金融、人力资源协同发展是构建现代产业体系的总目标，也是主要内容，必须坚持做大做强实体经济、强化科技创新引擎作用、夯实现代金融服务基础、加大人力资源要素培育、完善开放互利生态体系，不断增强现代产业体系发展活力和竞争力，推动经济高质量发展。

1. 坚持做大做强实体经济

实体经济是现代化经济体系的主体，是国民经济的基础，是一国国际竞争力的根本决定因素。推进实体经济高质量发展始终是党和国家发展经济的重大战略。党的十九大报告强调："建设现代化经济体系，必须把发展经济的着力点放在实体经济上。"① 构建现代产业体系必须坚持做大做强实体经济。一是回归实体经济本位。改革开放以来,我国经济发展取得巨大成就,从根本上说是得益于实体经济这块"基石",实体经济不仅支撑着百姓衣食住行,更关系到国家长治久安,任何时候都不能忽视、不能懈怠、不能动摇。② 二是激发企业发展活力。重振企业家实业精神,切实加强产权保护,增强企业家发展信心,稳定企业家发展预期,激发民营企业创新创业动力。加强信用建设,始终敬畏契约和信用,强化企业信用体系建设,坚持诚实守信,为企业高质量发展增添新动力。三是优化企业营商环境。加快政府职能转变,正确处理政府和市场关系,充分发挥市场在资源配置中的决定性作用和更好地发挥政府作用,持续深化"放管服"改革,全面实施市场准入负面清单制度,简化和合并审批手续,强化政府的事中与事后监管职能,全面实施"多证合一"。推广"互联网+政务服务",全面实行一门受理、并联审批、多证联办、阳光审批、限时办结等"政务超市"审批服务模式。

2. 强化科技创新引擎作用

新一轮科技革命和产业变革,正在以前所未有的广度和深度改变着产业发展模式,科技创新对产业变革和发展的引领、渗透、促进作用空前强大。突出科技创新、发展核心技术、升级价值链条是构建现代产业体系的关键。一是激发科技创新原动力。坚持科技创新和制度创新两轮驱动,打通应用型科研机构和企业之间的障碍,建立以企业为主体、以市场为导向的技术创新机制,变"要我创新"为"我要创新",促进创新链、产业链、市场需求的有机衔接。实现前瞻性基础研究、引领性原创成果重大突破。努力使科技创新对经济发展的贡献率不断提高。二是培育创新型领军企

---

① 习近平:《决胜全面建成小康社会夺取新时代中国特色社会主义伟大胜利——在中国共产党第十九次全国代表大会上的报告》,人民出版社,2017。

② 费洪平:《新时代如何振兴实体经济 切实筑牢发展根基》,《北京交通大学学报》(社会科学版)2019年第3期。

业。支持创建国家级工程技术研究中心、企业技术中心、重点实验室等研发机构，推动更多具有核心技术和较强创新力的创新型企业成为具有国际竞争力的创新型领军企业。加强"独角兽"企业培育力度，提高"独角兽"企业孵化水平。三是营造国际化创新生态环境。建立和完善跨国科技创新对话机制，积极发起和参与国际科技创新合作。大力发展研发设计、技术咨询、科技推广、技术贸易、检验检测、科技金融等科技服务业，完善市场化、国际化、专业化、网络化的科技创新服务体系。建立与国际接轨的知识产权运营保护机制，提高知识产权运用能力，营造尊重知识、崇尚创新、诚信守法的知识产权文化环境。

3. 夯实现代金融服务基础

金融是现代经济的核心和血脉。党的十九大报告提出要深化金融体制改革，增强金融服务实体经济能力，提高直接融资比重，促进多层次资本市场健康发展，就是要解决资金在金融体系内部运转，进不到实体经济这一问题。一是完善多层次金融服务体系。不断拓宽银行信贷、资本市场、风险投资、金融创新等各类金融服务渠道，把发展直接融资放在重要位置，形成融资功能完备、基础制度扎实、市场监管有效、投资者合法权益得到有效保护的多层次资本市场体系。二是提升金融服务实体经济能力。现代金融服务有利于降低交易成本、优化资源配置、促进实体经济增长。着力推动金融与科技相互融合，创造新的金融业务模式、新的金融业务流程和新的金融产品，从而实现金融功能的优化，不断增强金融服务实体经济的能力，在建设创新引领、协同发展的产业体系中发挥更大作用。三是改革金融监管考核和激励约束机制。建立尽职免责、纠错容错机制，打破民营企业在融资过程中的各种隐形壁垒，保障民营企业和国有企业真正享受同等的金融服务。[①]

[①] 付保宗、盛朝迅等：《加快建设实体经济、科技创新、现代金融、人力资源协同发展的产业体系研究》，《宏观经济研究》2019年第4期。

4. 加大人力资源要素培育

人力资源是产业发展的第一资源，加强人力资源培育与开发，增强和优化人力资源对构建现代产业体系的支撑作用。一是健全多层次人才培养体系。在突出"高精尖缺"导向的同时，完善职业教育和培训体系，增加通用技能和综合能力培养，培养更多学习型、复合型、创新型的劳动者。积极优化和完善人力资源结构，构建良好的人力资源梯度，为现代产业发展提供坚实的人才基础。二是建立用好用活人才新机制。随着"互联网""大数据""人工智能""生物经济""共享经济""知识经济""5G时代"的到来，应促进人力资源管理的不断变革，打通人才流动、使用、发挥作用中的体制机制障碍，积极利用大数据整合、人工智能、互联网等现代技术促进人力资源管理更加灵活化、柔性化、信息化，充分发挥人力资源优势，激发优秀人才的主动性和能动性。三是促进人力资源资本化。人力资源只有转化为人力资本才能更好地推动经济发展，探索建立科研成果所有权分配新机制，保障科研人员成果转化收益权，改革人才评价、考核、职称评定、薪酬管理等制度，建立以能力为基础的薪酬制度，来吸引和留住人才。完善人才激励机制，坚持物质激励和精神激励相结合，不断提高优秀人才的积极性和创造性，增强企业的吸引力和凝聚力。

5. 完善开放互利生态体系

改革开放，促进了我国经济和对外合作的巨大发展，开放合作带来繁荣和发展，封闭保守导致落后和停滞。在全球经济紧密联系的当今时代，遵循共商、共建、共享、共赢的原则，推动商品和要素流动型开放向更加注重规则等制度型开放转变，以更高水平开放推动现代产业高质量发展。一是进一步扩大服务贸易。随着一系列新技术的应用和产业分工的深化、细化，制造业服务化的特征日益明显，服务贸易和货物贸易的联系日益紧密，对货物贸易起着愈来愈大的引领和支撑作用。应完善知识产权保护法律体系，积极探索利用信息技术、数字技术，发展服务贸易新业态、新模式，稳步扩大金融业开放，加快电信、教育、医疗、文化等领域开放进程。二是完善"走出去"支撑体系。在"引进来"的同时，也需要进一步"走出去"布局国际市场，加强国际产能合作，全面参与全球经济合作和竞争。从规划引领、政策扶持、平台带动、改革牵引、金融支撑等多方面推进产业"走出去"，实现从过去全球产业链分工的配合者、参与者，向整合全球产业链的主导者转变。三是优化开放合作环境。国内市场环境的优化与改善，直接影响着境内外投资者的信心与决策，在严格实施外商投资法的同时，要加强同国际规则对接，增加透明度，坚持依法办事，创造更具吸引力的投资环境。在深化沿海地区开放的基础上，更要推动内陆和沿边地区开放合作环境的优化，通过完善基础设施、实施灵活政策、建好开放平台、优化政务服务，形成若干开放型经济新增长极。

二 现代产业体系建设的重点任务

加快建设实体经济、科技创新、现代金融、人力资源协同发展的产业体系，是贯彻新发展理念、推动经济高质量发展、建设现代化经济体系的主要内容，也是"一带一部"构建现代产业体系的必然要求。现代产业体系建设涉及方方面面，必须突出重点，着力破解产业体系存在的突出矛盾和制约因素，不断增强现代产业体系的发展活力和竞争力。

（一）培育具有国际竞争力的产业集群

产业集群是由一群地理邻近、拥有共同利益、相互紧密联系的专业化企业及相关支撑机构共同组成的，具有鲜明的知识技术创新能力、地域网络结构特征和市场竞争优势，并且深刻根植于当地社会文化制度环境之中的地域生产综合体和产业创新集聚区。[①] 国际竞争力主要聚焦企业或产业

---

① 成长春、徐长乐等：《长江经济带世界级产业集群战略研究》，上海人民出版社，2018，第5页。

在全球市场上提供产品和服务的能力,而世界级产业集群是随着全球经济一体化不断推进以及科技革命、信息技术革新持续深化演进形成的。世界级产业集群是指拥有全球视域和群内创新资源与创新活动流动、配置、再创新的全球空间,对全球的科技创新、产业升级、主流市场、空间网络结构和区域经济发展等具有影响力和控制力的产业集群。[①]

党的十九大报告明确指出,要加快建设制造强国,促进我国产业迈向全球价值链中高端,培育若干世界级先进制造业集群。国务院《关于依托黄金水道推动长江经济带发展的指导意见》也明确提出,推动沿江产业结构优化升级,打造世界级产业集群。湖南作为制造业大省,始终以工业新兴优势产业链为突出重点,不断建链、强链、延链、补链,提高相关产业在全球竞争中的话语权、定价权和比较优势,着力打造工程机械、先进轨道交通装备、航空航天三大世界级产业集群。湖南是全国最大的工程机械产业制造基地。2017年,湖南工程机械产业99家规模企业实现主营收入1515.85亿元,占全国22.2%,其中,混凝土机械产量居世界第一位,挖掘机、建筑起重机、桩工机械、掘进机等产品产量居全国第一位。2018年"全球工程机械50强"中,湖南有4家企业上榜。湖南是全国最大的轨道交通研发生产基地和出口基地。2017年,77家规模企业完成主营业务收入722.14亿元,产业链本地配套率超过70%。世界最高时速的米轨动车组等一批高端产品,均是湖南制造"出品",湖南生产的电力机车全球市场占有率超过20%,位居世界第一。湖南是全国唯一的中小航空发动机研制基地和飞机起降系统研制基地。湖南生产的中小航空发动机,被应用于直9、直10、国产大飞机C919的起落架系统、水陆两栖飞机AG600的发动机和起落架系统。[②] 与此同时,安全可靠计算机和集成电路、新材料两大国家

[①] 成长春、徐长乐等:《长江经济带世界级产业集群战略研究》,上海人民出版社,2018,第10页。

[②] 《湖南将3大优势主导产业打造成世界级产业集群》,湖南省人民政府门户网站,2018年10月31日。

级产业集群也具备培育成为具有国际竞争力的产业集群。安全可靠计算机和集成电路领域，湖南科教、人才、技术、产业等方面的优势都比较明显，中国电子的整机落户湖南，打造产业链龙头企业，加上湖南在集成电路设计、装备制造、封装、显示材料等领域的独特技术优势，通过整合资源，可以较快形成完整的产业链条。新材料领域，硬质合金、轻合金、先进陶瓷材料、碳基材料、化工新材料等比较优势明显，中南大学的有色冶金专业排名全球第一，宁乡已成为全国新能源电池材料企业主要聚集区。

具有国际竞争力的产业集群是地方优势产业集群的升级版和动态演进的高级阶段。湖南培育具有国际竞争力的产业集群，需要把高质量发展作为主攻方向，顺应全球新一轮科技革命、产业变革和绿色增长趋势，准确把握智能制造的发展规律，推动新一代信息技术与工业制造深度融合，促进制造业实现数字化、网络化、智能化转型升级和快速发展，发展工业互联网、制造业产能共享、个性化定制，推进优势产业企业智能转型，形成一批产业配套完善、龙头企业主导、创新能力突出、辐射带动作用强的智能制造示范基地，以及一批在世界上具有竞争力的"湖南智造"品牌。

一是加快壮大集群产业链条。围绕产业链部署创新链，围绕创新链配置资源链，加强关键核心技术攻关，加速科技成果产业化，提高关键环节和重点领域的创新能力。加快推进产业链、创新链、价值链全球配置，全面提升产业发展能力。加快推动新一代信息技术与制造技术融合发展，发展基于互联网的个性化定制、众包设计、云制造等新型制造模式，加快开展物联网技术研发和应用，培育智能监测、远程诊断管理、全产业链追溯等工业互联网新应用。

二是打造世界级品牌。品牌建设是产业集群取得成功的关键，优秀的品牌能够激发企业创新创造活力、引领消费、创造新需求，培育和塑造国际著名的自主品牌是培育湖南具有国际竞争力的产业集群的关键所在。坚持品牌建设，质量为先，打造企业知名产品。应用先进质量管理技术，优化生产工艺，弘扬工匠精神，提高产品质量，打造一批品质卓越、具有自主知识产权的智能制造高端品牌。

三是建设协同联盟的平台载体。园区是产业集群发展的重要战略支撑，发挥长株潭国家级高新区、经开区的引领示范作用，以协同创新、共建共享为导向，推进产业、科技、教育、金融深度融合发展，加快产业集聚化、规模化发展，促进产业链整合、配套分工和价值提升。打造世界级企业集聚、产业链条健全、服务功能完善的具有世界竞争力的产业集聚区。

（二）建设世界"动力谷"

长株潭国家自主创新示范区建设，是湖南在新常态下加快实施创新驱动发展战略，推动经济转型升级的一个重要抓手，有利于放大湖南"一带一部"的融合效应，促进我国东中西部地区协调发展。长株潭国家自主创新示范区是第 6 个获得国务院批准建设的国家自创区，在长沙、株洲、湘潭国家高新区带动下，长株潭地区科技创新资源高度集聚，一大批重大创新成果持续涌现，三市以占全省 1/7 的面积，集聚全省 70% 以上的科研机构、70% 以上的创业创新平台、60% 以上的高新技术企业，取得全省 70% 的科技成果，实现全省 60% 以上的高新技术产业增加值。[①] 示范区建设不能仅仅局限于在株洲打造以最先进的机车牵引引擎、最强大的航空动力引擎和最环保的汽车动力引擎为核心的"中国动力谷"，而应把创新作为第一动力，将示范区打造成为世界技术创新、模式创新、机制创新、制度创新的策源地，成为"一带一部"创新发展的"世界动力谷"。未来应着眼于在更高层级和更深程度构建区域创新生态体系，注重原始创新能力跃升、创新型企业和高精尖产业结构培育。

一是推进城市群协同创新。加快推动长株潭一体化发展，建设具有国际竞争力的长株潭创新型城市群。落实和完善支持创新的政策措施，加大科技研发投入，培育和引进更多创新团队、创新人才和研发机构，支持三

---

① 《长株潭国家自主创新示范区概况》，湖南省科技厅官网，2018 年 11 月 7 日。

市企业、科研院所、高校、产业技术联盟等各类创新主体通过新机制、新模式自愿组合，解决重点领域前沿技术和关键共性技术的研发供给。打破路径依赖，通过平台共建、优势互补、技术共享、人才互派等机制构建创新生态系统，建立联合创新网络。

二是打造创新服务平台。加速构建科技公共服务、科技金融结合服务、科技成果（知识产权）交易、对外合作交流、信息展示等创新服务平台，加快把科研成果转化为现实生产力，培育更多高新技术企业，做优做实"科创谷""动力谷""智造谷"等创新品牌。

三是构建高质量开放新格局。着力破解跨行政区域协同创新的制度性和政策性障碍，加强三市创新资源优势互补，促进人才、技术、资本、信息等创新要素自由流通和优化配置，建设更具活力的创新型区域。充分发挥"互联网+"与"物联网+"优势，融入全球创新网络。

（三）打造区域性现代服务业中心

现代服务业是指在工业化比较发达的阶段产生的、主要依托信息技术和现代管理理念发展起来的、信息和知识相对密集的服务业，包括传统服务业通过技术改造升级和经营模式更新而形成的服务业，以及伴随信息网络技术发展而产生的新兴服务业。[①] 云计算、大数据、移动互联网、物联网等新一代信息技术的深入应用以及新材料、装备、能源及生物技术等领域的不断突破，为现代服务业发展提供了更好的技术基础和更大的发展空间。现代服务业的全球网络化、专业社会化、跨界融合化等发展趋势特征日益明显，跨域型、平台性高新技术成为现代服务业重要支撑。现代服务业与先进制造、战略性新兴产业一起，成为经济高质量发展的重要引擎。2018年，湖南省三次产业结构调整优化为8.5∶39.7∶51.8，第三产业对

---

① 《"十三五"现代服务业科技创新专项规划》，中华人民共和国科学技术部网站，2017年4月14日。

经济增长的贡献率达55.1%，其中，生产性服务业增加值对经济增长的贡献率为19.4%。其中，长株潭三市第三产业增加值达到8315.57亿元，占全省第三产业的比重为44%，占长株潭GDP的52.6%。

立足"一带一部"区位优势及服务业发展基础，长株潭城市群具备打造区域性现代服务业中心的良好基础，应着力优化和提升现代服务业的全国服务水平和功能。推动生产性服务业向专业化、高端化拓展，生活性服务业向精细化、高品质提升。推进"互联网＋"广泛融入服务业各领域，培育发展新兴业态，着力打造全产业链和集聚区。将长株潭城市群建设为高端服务功能集聚、辐射带动作用明显的区域性现代服务业中心。

一是推进现代服务业与制造业深度融合。现代服务业与先进制造业融合发展是实现经济高质量发展的重要动力。制造业与服务业之间并非简单的分工关系，而是互相融合、协同发展的。从全球经验看，发展以金融保险、信息传输和计算机软件、租赁和商务服务、科研技术服务为代表的现代服务业，可以深化专业分工，降低运营成本，提升制造企业竞争力。随着新一代信息技术的广泛应用，制造业与服务业的融合趋势更加明显。应不断提升制造业的智能化、数字化、网络化、服务化、精细化水平，实现由低附加值的单纯代工向深度加工、研发设计和自主品牌等高附加值环节转变。

二是全面提高现代金融服务实体经济的效率和水平，打造区域金融中心。围绕全省特色优势产业链特别是20条新兴优势产业链和产业集群的培育，促进金融与主导产业融合发展，大力发展科技金融、绿色金融、文化创意金融等产业金融。加快发展融资租赁，为湖南工程机械、先进轨道交通装备、先进材料、航空航天等行业提供"走出去"和"引进来"的金融平台。推动金融机构产品、方式创新，提供针对不同产业全链条的定制化特色服务。针对优势产业和创新产业，积极引进战略投资集团，打造产业投资基金，满足企业孵化、发展、扩大规模的资金需求，解决资源引进、配置问题。着力打造金融集聚区。围绕新金融壮大与传统金融提升，引导金融机构、要素平台、中介机构集聚，建设湘江新区滨江新金融聚集区和芙蓉中路传统金融聚集带。丰富集聚区的金融业态，拓展金融产业链，倾力将长沙打造成为立足中部、辐射西部、面向全国、联系世界的区域性金融中心。

三是打造服务全国及世界的现代物流业。改革开放40多年来，湖南物流实现了向高速扩张的跨越式发展，向全球开放的加速转变，向智能化、智慧化的加快转型。截至2018年底，湖南已有A级物流企业238家，其中5A级14家，走在了中部地区前列。未来应大力推进跨区域和国际物流大通道建设。提升霞凝港、长沙港、机场等口岸枢纽货运服务功能，建立现代立体口岸开放体系，建设多式联运枢纽站场和枢纽集疏运系统，形成京沪、京广、欧亚大陆桥、中欧铁路大通道、长江黄金水道等若干条畅通、便捷、经济的跨区域和国际性物流大通道，提升湖南对外互联互通水平。推进物流高端化发展，加快先进技术和装备在物流领域的广泛应用，积极发展"物联网＋"高效物流，提升物流专业化、规模化、智能化、社会化、集约化、国际化水平。突出跨境、跨区域运输流转功能，以争创中国（湖南）自由贸易试验区建设为契机，加快建设国际航空和空铁联运枢纽，发展适空适铁物流，高效运行保税区、保税物流中心，实现通关一体化，提高湖南现代物流产业服务全国、对接国际的能力。

（四）构建绿色优质农业产业体系

推进绿色循环优质高效特色农业发展是实施质量兴农、绿色兴农，加快推进农业由增产导向转向提质导向的有效切入点，有利于提高农业创新力、竞争力和全要素生产率。湖南作为农业大省，既具有绿色发展的有利先天条件，也面临需要推动农业产业绿色发展的资源环境压力。

一是建设绿色高质的都市农业。推进绿色种养业"全产业链"发展等绿色都市农业发展模式创新。全面实行清洁化生产，推动绿色农业基地建设，优化农产品品种和品质结构，突出发展蔬菜、水果、花卉苗木、生态养殖，增加绿色、安全、优质的中高端农产品供给。强化互联网、物联网、大数据等信息技术的运用，加快发展智慧农业、精细农业，提高都市化农业发展水平。

二是推进绿色农产品加工业集群化发展。立足"鱼米之乡"资源禀赋，以优势产业为基础，以优势企业为主体，以农产品加工转化为重点，依托现有农产品加工物流园区，大力发展农产品产地精深加工，推进资源性产品向初加工、精深加工产品转变，打造粮食、蔬菜、油料、茶叶、竹木等特色优势产业链，推进产业集群和龙头企业集群发展，打造中部地区农产品加工业中心。

三是发展生态美丽的休闲农业。推进休闲农业向深度体验、高质量发展，加快业态模式创新，积极发展农旅、农文、农科结合等模式，培育完整的农业休闲产业链。打造精致精美的农田、村落、廊道、农庄、农园、田园综合体等乡村景观，加大农村基础设施、公共服务配套、环境改善，提升农村整体环境，推进休闲农业由"吃、玩、钓"传统方式向教育、科普、养生、健康等深度体验方式转型。

四是强化绿色优质农产品品牌建设。围绕优势产业，加快名优特农产品地理标志注册与创建。围绕"地理标志""一县一特一品牌""一片一品牌"集聚群域内的企业、农户、合作社等各种经营主体，规模化生产特色产品，由政府、企业、农户共享共建，积极打造地域公共品牌、农业企业品牌和全国知名农产品品牌，构建以地理标志品牌、区域公共品牌和企业产品品牌为主体的"湘"字号农产品品牌体系。

（五）打造国际文化旅游休闲目的地

湖南人文历史悠久、旅游资源丰富，既拥有世界自然遗产张家界武陵源、新宁崀山，也拥有世界文化遗产永顺老司城以及马王堆汉墓、岳麓书院等历史文化名片，还拥有韶山、花明楼等革命圣地，民族风情也极为绚丽多彩。至2018年，全省拥有等级旅游景区443家，其中5A级景区9家，4A级景区104家，全国红色旅游经典景区（点）28个，全国工业旅游示范点6个。近年来，湖南省旅游业的地位不断提升，旅游经济总量和效益迈上新台阶，入境旅游市场开拓取得新突破，"锦绣潇湘"旅游品牌影响力显著增强。据《湖南省文化和旅游厅 2018 年文化和旅游发展统计公报》数据，2018 年，全省共接待国内外游客 75300.53 万人次，实现旅游总收入 8355.73 亿元，全省旅游产业增加值 2230.75 亿元，占 GDP 比重为 6.12%，占第三产业增加值比重达 11.81%。与此同时，湖南文化和创意产业也快速发展，成为经济增长新动能，2017 年，文化和创意产业增加值占 GDP 比重达 6.2%，全省规模以上文化企业突破 3100 家，上市企业达 8 家，建成了天心文化产业园等国家文化产业示范园区基地 12 个、省级 15 个，长沙荣获"媒体艺术之都""东亚文化之都"称号，入选国家首批文化出口基地。

立足"一带一部"区位优势，挖掘旅游资源特色，主动融入和对接"一带一路"倡议、长江经济带战略和粤港澳大湾区，以打造长（沙）岳（阳）湖湘文化旅游走廊、张（家界）崀（山）桂（林）旅游走廊和郴（州）广（州）旅游走廊为重点突破，加快构建以长沙市为中心，以张家界市为龙头，以岳阳市、怀化市、郴州市为增长极，以"一带（湘江旅游带）四圈（长株潭、环洞庭湖、大湘西、大湘南）"为骨架的区域旅游发展格局，着力打造国际文化旅游休闲目的地。

一是打造享誉国内外的全域旅游业。全面提炼整合全要素特色旅游资源和公共服务，改造观光型旅游产品，因地制宜地打造和培育具有休闲健身和度假功能的深度体验型旅游新产品，打造全方位主题旅游产品和全新的全域旅游方式。长株潭城市群以"锦绣潇湘·快乐之都"为区域品牌，打造国际知名都市旅游目的地和旅游装备制造高地。发挥张家界市全省旅游龙头作用和武陵源、老司城世界遗产资源优势，以"锦绣潇湘·神秘湘西"为区域品牌，对接成渝城市群，深化武陵山片区跨省区域旅游合作，打造以世界遗产为核心的国际生态文化旅游目的地。环洞庭湖旅游板块以"锦绣潇湘·天下洞庭"为区域品牌，发挥水体资源和湘楚文化资源优势，打造国际知名湖泊度假旅游目的地。雪峰山旅游板块充分挖掘雪峰山区域自然生态资源和历史文化资源特色，以"锦绣潇湘·神韵雪峰"为区域品牌，对接沪昆高铁沿线城市，特别是长三角城市群和云贵地区客源市场，打造国内外知名的山地度假旅游目的地。大湘南旅游板块充分发挥南岭山脉和罗霄山脉自然生态资源优势，以"锦绣潇湘·休闲湘南"为区域品牌，打造国际知名休闲度假旅游目的地。

二是打造全球领先的文化创意产业。加强传统文化与现代基因融合共生、国际化与地域化良性互促，融入开放包容的现代文化需求、国际化文化元素和现代互联网科技手段，进一步强化湖湘文化形象和文化产品的地域特色、提升文化品牌和文化服务的国际化层次。依托云计算、大数据、物联网、虚拟现实等最新科技成果，推动文化创意产业与科技、金融、旅游等相关产业形成高水平、深层次、宽领域的融合发展格局。着力打造一批国内领先、国际知名的著名企业、具有核心竞争力的文化创意产品，精心培育若干具有国际影响力的文化创意产业品牌，形成"影视湘军、出版湘军、动漫湘军"世界级品牌。

三是推动文化和旅游融合发展。文化是旅游的灵魂，旅游是文化的载体。据世界旅游组织统计，在全球所有旅游活动中，由文化旅游拉动的占40%，在欧洲更是超过50%。湖南具备文化和旅游融合发展的良好市场基础，突出跨界融合，通过优势资源共享、统筹机制共建、企业主体共筑、发展平台共搭、专业人才共有，实现产业与事业相融、政府职责与公益服务相通，达到文化和旅游以及相关产业全域融合、全程融合、全面融合，实现文化和旅游的经济效益、社会效益同步提升，以提高文化旅游景区品位、挖掘文化旅游景点内涵为主要举措，打造一批文化旅游精品，加快文化和旅游大融合、大发展，使湖南成为国内外独具魅力的文化旅游胜地。

三 现代产业体系构建的路径选择

面对全球产业竞争格局的战略性调整，要以全球视野和战略思维，谋划产业链升级的思路，提出构建现代产业体系的战略方向和具体路径，对标国际先进规则，进一步优化营商环境，融入全球体系，通过全球资源利用、业务流程再造、产业链整合等方式，不断提升湖南产业全球竞争力。

（一）加速开放崛起，融入全球体系

湖南省自第十一次党代会以来，出台了《中共湖南省委关于大力实施创新引领开放崛起战略的若干意见》（湘发〔2017〕8号）等系列政策文件，深刻把握"一带一部"新定位，以推进"三个着力""四大体系""五大基地"建设为抓手，大力实施创新引领开放崛起战略，加速推进湖南由内陆大省向开放强省迈进，全省开放型经济呈现追赶式跨越发展的良好态势。

一是创一流营商环境。良好营商环境是经济社会发展的重要支撑。习近平总书记强调，"营商环境只有更好，没有最好"。营造国际一流营商环境既是依法维护企业权益、服务实体经济的重要举措，也是提高对外开放水平的重要保障。[①] 应进一步深化"放管服"改革，推进"最多跑一次"改革，着力打造先进、便捷的政务服务和数字政府，利用大数据、"互联网+政务"推动政务服务流程再造，理顺跨区跨部门跨层级政府业务办理机制，构建全省统一的在线服务平台，提升政务服务标准化、智能化、便民化水平，推行"多证合一、一照一码"，加快推进电子营业执照和企业登记全程电子化，持续提升政务服务质量和效率，构建"亲""清"新型政商关系。加强信用体系建设，健全守信激励和失信惩戒机制，健全以信用为核心的新型市场监管机制，推进治理体系和治理能力现代化。借助市场主体信用信息与市场监管各项业务全方位、全流程、全环节的深度融合，实现"上一次网、查多项事"，进一步挖掘信用信息资源作用，逐步建立主要以信用为核心、充分运用大数据监管的方式，以此改变过去的被动监管和运动式监管。通过建立公平开放透明的市场规则和法治化营商环

[①] 王承哲：《营造国际一流营商环境》，《人民日报》2019年6月18日。

境，激发和保护企业家精神，搭建政企沟通、政商交流的制度化平台，为增强微观主体活力，发挥企业和企业家主观能动性打下坚实基础。

二是建高层次开放平台。高标准建设综合保税区、保税物流中心和重点通关口岸等平台，推动岳阳城陵矶水运口岸、长沙和张家界航空口岸三个国家一类口岸拓展功能提质升级，实现湘欧快线双向、多线稳定运营，畅通国际物流大通道。积极融入全国一体化通关格局，全面推进"信息互换、监管互认、执法互助"工作，积极推行关检一站式查验模式。加快建设全省统一的电子口岸实体平台，探索跨境电子商务等新型贸易方式，全面推进中国（长沙）跨境电子商务综合试验区建设。高水平建设境外经贸合作园，积极在共建"一带一路"国家打造境外经贸合作园，引导中小企业涉外抱团发展、集群发展。以文化为纽带，加强布局与共建"一带一路"国家和地区、国际友好城区、国际组织等的文化交流合作，支持外国政府和国际组织在湖南设立领事馆和办事机构，引入文化、体育等国际机构和专业性国际组织，增强发展开放性，扩大国际经贸文化交流合作。发挥中非经贸博览会、世界计算机大会、中国国际轨道交通和装备制造产业博览会、互联网岳麓峰会、国际工程机械展、国际矿物宝石博览会等落户湖南的国际会议及展会的拼图作用，加速湖南走向世界的步伐。

三是支持产业"走出去"。牢牢把握国家进一步扩大开放的战略机遇期，以全面融入"一带一路"建设为契机，鼓励和支持湖南企业向海外市场拓展发展空间。通过企业"抱团出海""借船出海"，推动优势产业、优秀企业、优质产品"走出去"，支持龙头企业开展跨国经营，大力发展数字贸易、服务贸易，深度融入全球产业链、价值链、物流链。鼓励优势企业发展国际总承包、总集成，带动包括装备、技术、标准、品牌等在内的产业输出，更好地融入全球创新和产业分工体系。实施"湘品出境"，扩大湘品在国际市场的影响力。加大对文化产业"走出去"的政策支持力度，加强部门间统筹协调，整合各方资源，推进对外文化贸易的体制机制建设，为文化企业"走出去"提供更好的服务。完善支持文化产品和服务出口的政策文件，形成政策合力。鼓励"广电湘军"和"出版湘军"等文化企业以国际市场为导向，创作具有自主知识产权和自主品牌的文化精品，扶持和引导一批具有特色和优势的文化企业、文化品牌、文化产品和服务的出口项目，着力构建全方位、多层次、宽领域的文化"走出去"格局。

（二）推动形成产业协同发展格局

产业协同发展是构建现代产业体系的重要内容，是提高"一带一部"区域综合竞争力的关键支撑。注重强化区域产业链上下游协同、全区域优化产业布局，推动形成产业链有机衔接、优势互补、分工协作、协调发展的产业格局，是构建"一带一部"现代产业体系的路径选择。

一是推动区域产业协作协同。区域产业协同发展可以促进区域内各种产业发展要素的相互补给、高效整合和优化配置，有助于产业发展过程中要素耦合效应、技术波及效应、产业关联效应和共生经济效应的发挥。因而，区域产业协同发展已成为推动区域经济和宏观经济发展的重要路径。[1] 促进产业分工有机协作，加快长株潭都市圈产业布局一体化，支持环长株潭各市加强与长株潭产业协作配套。推进"四大板块"协同发展，充分发挥不同板块的发展优势，突出功能定位，深化协同联动。加强顶层设计，高标准、高水平做好推进产业协作总体规划，从更高层面科学布局产业项目，理顺产业发展链条，促进区域内、区域间产业合理分布和上下游联动，引导各地立足自身比较优势，形成分工合理、特色鲜明、产业聚集的发展路子，防止低水平重复建设、同质化无序竞争，确保实现优势互补、互利共赢。加快产业配套协作，统筹建立产业转移与利益共享体系，支持组建跨区域行业协会、产业联盟，培育大企业大集团，协同打造产业集群。

---

[1] 向晓梅、杨娟：《粤港澳大湾区产业协同发展的机制和模式》，《华南师范大学学报》（社会科学版）2018年第2期。

二是推动实体经济与虚拟经济协调发展。坚持实体经济主体地位不动摇，做大做强实体经济是推动湖南经济社会可持续发展的长期举措。要强化对实体经济重要性的再认识，形成"尊重实干、崇尚实业、脚踏实地、实业致富"的社会氛围。大力弘扬企业家精神，切实加强产权保护，增强企业家发展信心，稳定企业家发展预期，激发民营企业创新创业动力。与此同时，随着数字经济带来产业深刻变革，应深化对虚拟经济的认识，虚拟经济和实体经济不是相互对立、相互排斥的，而是相互依存、共生共荣的，实体经济是虚拟经济发展的根基，虚拟经济是实体经济的"助推器"。只有振兴实体经济，推动二者相辅相成、互促共进，经济才能持续健康发展。以"互联网＋"推进实体经济与虚拟经济协调发展，积极利用互联网技术的优势，推动互联网、大数据、人工智能和实体经济深度融合，促进数字经济与实体经济深度融合，促使传统实体行业企业技术革新，完成自身业态创新、实现转型升级，在充分发挥金融服务实体经济的功能的同时，强化制度约束，防止虚拟经济领域过度投机。

三是深化产业协同发展体制机制改革。通过完善相关制度和法规、优化政策环境，协同推进重点领域和关键环节的改革攻坚，进一步消除体制机制障碍，促进各类要素更加自由流动，促进产业协作更加紧密。继续深入推进"简政放权、放管结合、优化服务"，优化发展软环境，以公正监管保障公平竞争，激发市场活力，提升产业协同发展的软实力、吸引力和竞争力。打破制约生产要素自由流动的障碍。促进要素更大范围、更广程度优化配置和流动。消除地区、部门分割，清理妨碍统一市场和公平竞争的各种规定和做法，加快建立和完善负面清单制度，使生产要素能够自由流动、优化配置。进一步优化产业协同发展政策，降低制度性交易成本，不断增强经济创新力和竞争力。比如，东京都市圈涉及多个地方行政组织，圈内产业竞争力的保持与提高，与圈内跨区域行政组织保持紧密的协调关系是密不可分的。经过长期的探索和实践，日本形成了独具特色的跨区域行政协调制度，这是二战后东京都市圈产业竞争力长期保持较高水平的制度保障。①

（三）培育利益共享的产业价值链

在全球经济深入融合的今天，抓住全球价值链重塑机遇实现产业升级，加快培育向价值链中高端延伸的竞争新优势，提升参与全球价值链的能力与水平，培育利益共享的全球价值链显得尤为重要。

一是主动参与新的国际分工和产业重构，迈向全球价值链中高端。产业价值链高端化可以理解为向产业链中的技术含量高、垄断性高、附加值高的环节进军，以争取达到行业制高点。也可以说，要不断提升产业价值链所处环节的技术含量、垄断性和附加值。② 随着全球生产网络扩张，全球分工模式开始大规模从产品间的分工转向产品内部分工，越来越多的国家和地区专注某一生产环节的价值创造和利润分享，世界经济进入全球价值链阶段。全球价值链可以用来描述当今世界各国在经济全球化中的产业分工、经济合作、企业联系、关系治理和价值分配等一系列现象和行为。在迈向全球价值链中高端的过程，既可通过价值链价值环节内在属性的变动比如产品升级、工艺流程升级等，也可通过价值链外在组合的变动比如功能升级、链条升级等来不断实现价值链的攀升。在经济全球化不断深入的过程中，地方产业集群的发展不但面临着国内的竞争，也面对着全球产业分工带来的挑战。因此，必须推动产业集群嵌入全球价值链，促使地方产业进入国际市场，还能使其沿着价值链进行产业升级，使产业由低附加值迈向高附加值。

二是推动制造与服务融合共享。制造与服务实现高水平融合、互动、协同发展，是重塑"一带一部"制造业价值链、推动产业升级的有效途径。在搞好基础设施等硬件建设的基础上，需更加注重鼓励发展包括创业

---

① 汤蕴懿：《推动长三角产业高质量协同发展》，《浙江日报》2019年7月3日。
② 秦佳良、张玉臣等：《促进产业价值链迈向中高端：演化路径和政策思考》，《企业经济》2018年第8期。

辅导、融资服务、市场开拓等在内的生产性服务体系，在市场失灵的领域和范围内，更好地发挥政府的调节作用。如在投融资、信息交流、中介服务、政府投入等方面建立健全服务体系，优先促进研发中介、创业孵化、知识产权、风险投资、人力资源服务等现代生产性服务业的发展壮大。依托大数据和用户基础等优势，在工业互联网、物联网、区块链等领域率先实现技术突破。转变以制造业为中心的发展思路，深度融合工业化和信息化，坚持服务与生产"双轮驱动"。企业在提升生产效率、创新服务理念和服务模式的过程中，充分利用智能化、信息化生产方式，以服务化提升企业专业化水平，开拓服务层次和规模。将服务型制造作为制造业创新发展的一项重要竞争战略，加快推进服务型制造发展。服务型制造是制造业企业为更好地满足客户需求，从差异化竞争战略出发，通过创新商业模式、优化生产组织和运营管理，不断增大服务要素在投入和产出中的比例，从以生产型制造为主向"制造+服务"转型，从单纯提供产品向提供"产品+服务"整体解决方案转变，从而延伸价值链，提高企业的市场占有率和国际竞争力。[1]

（四）提升产业发展的创新引领动能

创新驱动是产业发展的源泉。要素投入和科技创新是经济发展最重要的两个驱动力，而要素驱动空间有限，创新驱动潜力无穷。因此，要跳出大规模要素投入驱动的传统老路，实现以创新为第一动力、人才为第一资源的导向，全力推进创新型省份建设，加快打造以长株潭国家自主创新示范区为核心的科技创新基地，增强创新引领力，不断提升产业发展的创新引领动能，实现从"要素驱动""投资驱动"向"创新驱动""效率驱动"转变，推动经济高质量发展。

一是打造跨界协同的创新生态系统。推动创新载体从单个企业向跨领

---

[1] 李燕：《发展服务型制造 重塑产业价值链》，《经济日报》2018年6月7日。

域多主体协同创新网络转变，创新流程从线性链式向协同并行转变，创新模式由单一技术创新向技术创新与商业模式创新相结合转变，形成以具有跨界、融合、协同特征的新型创新载体为核心的产业创新生态系统。推进由政府引导、企业主导、高校和科研院所参与的协作创新联盟，进行联合攻关，大力加强对基础技术、关键共性技术、前沿引领技术、颠覆性技术的创新研发。加强功能性平台建设，打造开放共享的科技创新平台，重点推进18家国家重点实验室、14家国家工程技术研究中心、3家国家级临床医学中心建设，构建全链条创新孵化体系。大力加强知识产权保护，加强研究成果推广、转移与转化，引导高校、科研院所建立健全专业化技术转移服务机构。

二是推动创新链、产业链和资金链深度融合。围绕产业链部署创新链，围绕创新链完善资金链。按照《湖南工业新兴优势产业链行动计划》确定的先进轨道交通产业链等20个新兴优势产业链，加快整合创新资源，围绕优势产业布局创新链，在创新链产业链深度融合上用功发力，促进金融资本与科技资源的对接，完善科技金融支撑体系，发挥省市、"科教"、"科卫"、"科药"联合基金的引导与整合作用，积极调动社会风险投资资金，围绕创新链不同阶段的创新主体、创新技术，合理布局创新资金，构建科学合理的资金支持链条。围绕产业链、资金链布局建设一批具有较强服务能力的服务平台，提供金融、专利、法律、财务等专业咨询，打造服务专业、人才自由流动、技术自由转化的创新生态环境。

表5.2　湖南工业新兴优势产业链

自主可控计算机及信息安全产业链
航空航天（含北斗）产业链
人工智能及传感器产业链
3D打印及机器人产业链
新型轻合金产业链
碳基材料产业链
先进陶瓷材料产业链

续表

先进储能材料及电动汽车产业链
新能源装备产业链
化工新材料产业链
显示功能材料产业链
先进硬质材料产业链
先进轨道交通（含磁浮）产业链
IGBT 大功率器件产业链
工程机械产业链
农业机械产业链
中药产业链
基因技术及应用产业链
装配式建筑产业链
空气治理技术及应用产业链

三是优化激发创新人才的体制机制。人才是全球竞争的焦点，也是产业创新的关键。必须着力破除束缚人才发展的思想观念，积极推进体制机制改革和政策创新，充分激发各类人才的创造活力，更加充分地尊重科技人员创新，以科技创新与体制机制创新"双轮驱动"，推动知识价值导向分配机制的落实。借鉴国内外吸引人才的新经验、新做法，不断完善吸引集聚人才、解决人才引进突出问题的新政策、新举措，提高人才政策的精准性和有效性。推进人才管理体制改革，完善人才培养机制、人才创新创业激励机制，健全人才流动机制等，构建激发创新人才创新创业的体制机制。

第六章

"一带一部"中心城市建设

"一带一部"论纲：基于区域协调发展的战略建构

中心城市在一定区域乃至全国社会经济活动中处于显要地位，具有综合承载或多种主导功能与枢纽作用，是区域发展增长极；通过带动融合，促进区域要素资源汇聚流动与优化配置，引领城市—区域共生发展。实施"一带一部"战略，应以打造国家中心城市为目标，立足全球视野配置高端要素，立足国家职能完善城市功能，立足中部崛起强大战略支点。加快构建高质量发展动力系统，增强中心城市经济和人口承载能力，更好地肩负国家战略使命。

一 中心城市发展的重要意义

（一）中心城市赋能辨析

中心城市是城市形态的赋能演化，指特定区域内在经济上有重要地位，具有强大辐射力、吸引力和综合服务功能的极核型城市。从全球观察，中心城市大致可以分为三类：一是全球经济核心城市，也称"国际大都市""世界城市""全球城市"，这一类城市能够与全球或大多数国家进行经济和文化交流，具有世界性影响；二是国际经济中心城市，也称"国际性城市"，是具有较大规模和国际城市功能，但未达到"全球化"不具有世界性影响力的大城市；三是地区性经济中心城市，指地方性及区域或省域以内具有重要影响力的中心城市。[①] 本研究所指的中心城市是指国家中心城市，是在国家战略中发挥重要作用的城市，可以是第一类中心城

---

① 魏达志：《中心城市总部经济成长论》，中国城市出版社，2010年。

市，也可以是第二、三类中心城市。中心城市具有以下基本特征。

1. 集聚性

首先，中心城市是人口高密度集聚区。联合国发布的《2014年世界城市化发展展望》显示，2015年世界城市人口规模超过1000万人的将有29个，500万~1000万人的有44个，100万~500万人的有428个，50万~100万人的有538个，30万~50万人的有690个。从人口集聚程度来看，布宜诺斯艾利斯集聚了阿根廷35.9%的人口、39.2%的城市人口；东京圈集聚了日本29.8%的人口、32%的城市人口；首尔集聚了韩国19.7%的人口和24%的城市人口。Demographia发布的《世界城市区域研究第11期年度报告》显示，在世界最大的30个城市区中，上海的人口密度为6100人/km^2，北京为5500人/km^2，广州—佛山为6000人/km^2，深圳为6900人/km^2，达卡为43500人/km^2，孟买为32400人/km^2，德里为12100人/km^2，首尔为10400人/km^2。[1]

其次，中心城市是经济社会活动和资本的集聚地。莫洛奇提出城市的本质就是财富的"增长机器"，即城市的创造者和建设者为了从空间中获得巨额财富，竭力按照他们的意愿使用所有资源，以保持城市的持续增长。[2] 在"增长机器"作用下，1980年美国城市化地区以仅占国土面积的1.5%集中了全国61%的人口，[3] 进入20世纪，纽约人口骤增至600万人，成为世界第一大城市，但城市用地仍不出曼哈顿岛，导致土地投机大肆横行，市中心地价高达3万美元/平方米。东京在20世纪集中了全国工业的20%，金融业的30%，高等学校的40%，市区人口密度达4万人/平方公里。相较于其他城市，房地产对于全球城市的发展更加重要，它们"积极塑造着城市形态与功能、吸纳公司总部等功能性机构进驻，以及通过办公

---

[1] 胡彩梅：《特大城市人口的国际比较》，《开放导报》2015年第3期。

[2] Molotch H., "The City as a Growth Machine: Toward a Political Economy of Place", *China Ancient City*, 1976, 82 (2), pp. 309 – 332.

[3] 周一星：《城市地理学》，商务印书馆，1995。

楼宇群聚效应创建了推动集聚经济商务活动宽度的路径依赖"。①

最后，中心城市是文化的集聚地。中心城市几乎集聚了一个区域所有的重点院校和科研院所、国家主要的行政管理机构、文化体育设施（图书馆、博物馆、展览馆、体育场等），以及大中型医疗机构等。自 2015 年起，天津、上海、广州、成都、武汉、西安和北京等相继发布《关于加快构建现代公共文化服务体系的实施意见》《关于加快推进公共文化服务体系示范区建设的意见》等文件，为各市公共文化建设提出了具体目标与实施标准。2005 年 12 月，北京提出大力发展文化产业，文化创意产业飞速成长，2018 年全市规模以上文化企业实现收入 1.07 万亿元，是 2013 年的 2 倍，全市规模以上文化企业 4000 多家，全国文化领域"独角兽"企业有一半以上来自北京。上海 2017 年出台的《关于加快本市文化创意产业创新发展的若干意见》指出，到 2030 年，全市文化创意产业增加值占全市生产总值的比重达 18% 左右，基本建成具有国际影响力的文化创意产业中心，到 2035 年，全面建成具有国际影响力的文化创意产业中心。②

2. 多功能性

一方面，中心城市在国家或地区的政治、经济、文化生活中承担着重要作用。作为经济实体，中心城市内部的经济活动具有生产、分配、交换、消费四大功能。作为社会实体，中心城市是人们进行政治、经济、社会活动的中心，为居民提供安定的社会环境。作为文化实体，中心城市提供教育、科研、文体娱乐等多种服务。作为物质实体，中心城市提供工作、居住、游憩和交通等综合设施。Peter Hall 认为："世界城市应该是政治机构所在地……，应该是贸易中心、包括进出口贸易及巨型港口，并拥有国际先进的国际机场……，应该是重要的金融中心，有诸如中央

---

① 周振华：《全球城市演化原理与上海2050》，上海人民出版社，2017。
② 王晓静、周枣、刘士林：《国家中心城市与文化融合发展现状》，《中国国情国力》2019 年第 10 期。

银行、商业银行总部、大型保险机构等……应该包括大型医院、高等法院、领先的大学、专门从事科学、艺术工作的研究机构、国家级的图书馆和博物馆等……应该是奢侈品消费中心……，也应该是娱乐活动的集中所在地。"①

另一方面，受地理位置、气候条件、地质地貌、经济实力、人文历史、资源禀赋等因素的影响，中心城市的各功能并不均衡，使中心城市的某种或几种功能处于主导地位，而其他功能处于从属地位，进而也形成了不同的中心城市类型。学者们也对中心城市进行了分类，如将纽约和伦敦定位为全球中心城市和区域门户城市，将巴黎和东京定位为全球中心城市和国家门户城市，将新加坡和中国香港定位为区域中心城市和区域门户城市。②

3. 高效性

弗里德曼认为，世界城市作为全球资本的"支点"，是跨国公司总部、国际金融机构和商务服务产业的集聚地，也是全球交通和通信的枢纽，因而在全球经济中具有支配地位。③ 20 世纪 80 年代以来，中心城市逐渐从制造业中心转型为信息中心、管理—控制中心和高技术中心，成为企业总部和区域性管理机构落户的首选地。泰勒等采用 2008 年福布斯 2000 强（公司总部）数据来分析所在城市的总部集聚度，并采用 GaWC175 生产性服务业跨国公司总部和分支机构网络来分析所在城市的网络关联度。④ 研究表明，无论是全球资本支配中心还是全球资本服务中心的世界城市体系中，城市的外向辐射度越高，越会显示其在世界城市体系中的"中心城市"属性；城市的内向集聚度越高，越会显示其在世界城市体系中的"门

---

① Hall P., *The World Cities* (London: Weidenfeld and Nicolson, 1966).
② 唐子来、李粲：《迈向全球城市的战略思考》，《国际城市规划》2015 年第 4 期。
③ J. F., "The World City Hypothesis", *Development and Change*, 1986, 1 (17), pp. 69 – 83.
④ J. T. P., P. N., B. D., *Global Urban Analysis: A Survey of Cities in Globalization* (London: Routledge, 2012).

户城市"属性。[①] 纽约在全球范围内有无与伦比的经济、科技、文化和政治影响力,既是全球资本支配中心,也是全球资本服务中心,既是全球中心城市,也是区域门户城市。1963 年,纽约拥有世界 500 强公司中的 147 家公司总部,1996 年,纽约市约拥有全球 10% 的跨国大企业,而诸如芝加哥、洛杉矶和旧金山等城市的拥有量则不超过 5%,从而使纽约成为一个真正的"世界经济活动的控制节点"。新加坡、日本、韩国、英国等国家虽然土地稀缺,但是凭借发达的经济基础和高度集约的城市,缓解了人地关系矛盾。[②]

4. 系统性

一方面,中心城市是一个典型的、复杂的大系统。在这个大系统中,各功能子系统处于不同的层次。城市大系统包括城市自然系统、城市经济系统、城市社会系统和城市建设系统四个子系统。城市经济子系统又包括生产、流通、服务等第二层次子系统,城市生产子系统又包括农业、工业、建筑业等第三层次子系统,城市工业子系统又包括冶金、机械、纺织、电子、食品等第四层次子系统(见图 6.1),随着社会分工的不断细化和深入,城市系统也变得越来越大、越来越复杂。[③]

另一方面,中心城市是一个开放的、动态的大系统。中心城市与其周围的农村和其他城市进行着物质、文化、技术、资金、信息、人口的交换(见图 6.2)。[④]

(二)国外中心城市发展启示

1. 美国中心城市的发展规律

进入 20 世纪以后,美国中心城市发展的主要模式是大都市区化,大都市区是指由中心城市和与其有内在关联的郊区共同组成的区域,其发展过

---

① 唐子来、李粲:《迈向全球城市的战略思考》,《国际城市规划》2015 年第 4 期。
② 胡彩梅:《特大城市人口的国际比较》,《开放导报》2015 年第 3 期。
③ 朱翔:《城市地理学》,湖南教育出版社,2003。
④ 朱翔:《城市地理学》,湖南教育出版社,2003。

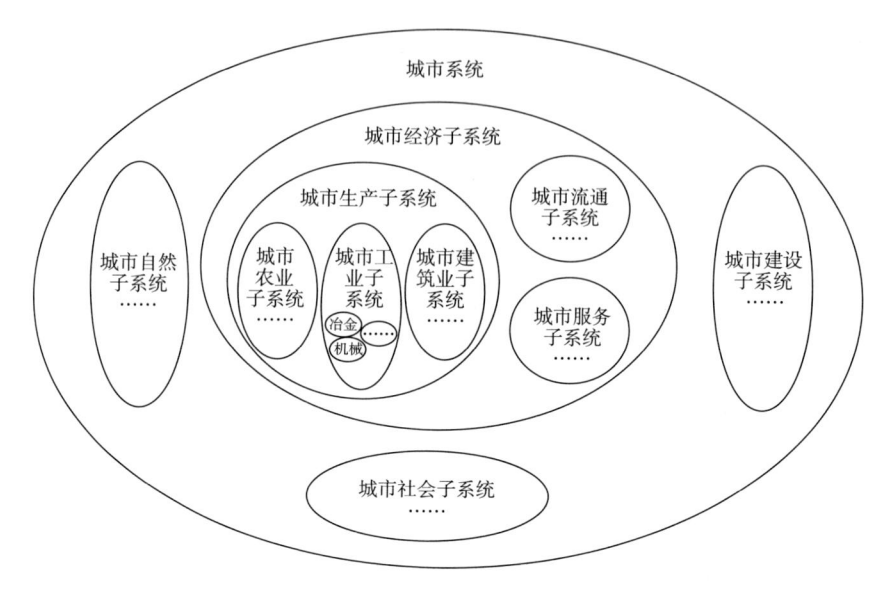

图 6.1　城市系统的层次

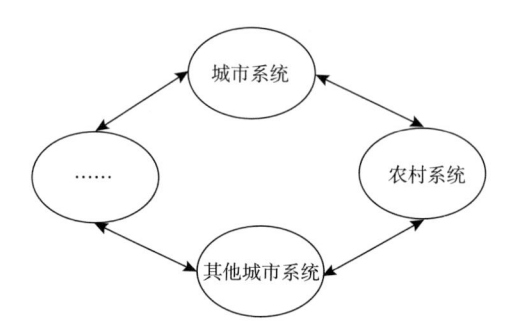

图 6.2　城市系统的能量交换

程有一些典型特征。

（1）早期的中心城市表现为单中心结构。美国早期大都市区主要表现为"一大多小"的空间结构，即一个中心城市周围分布众多的居民郊区和工业卫星城市，整个大都市区一般只有一个中心商业区，形成单中心结构，中心城市像通过纽带联结着众多的郊区一样。中心城市不仅吸引了大量的资金和劳动力，而且为城市经济发展注入了新的血液和活力；中心城市还通过扩散作用，带动了周边地区工农业的发展。这一过程中，中心城市居主导地位，郊区是城市功能外延的产物，在经济、文化上对中心城市仍有很大的依赖性。

（2）兼并是中心城市空间扩展的重要路径。美国中心城市的发展得益于对周边城镇大规模的兼并。通过兼并，中心城市市区的面积得以扩大，市区人口和财产、财政税收增加，这在中心城市的社区问题解决、福利开支、基础设施的维修等方面发挥了很大作用，也在一定程度上减少了城市和郊区各自为政的混乱现象。[①] 1898 年 1 月，纽约市与其周围的县合并。新的纽约市除了原有的曼哈顿岛以外，增加了布鲁克林等 4 个地区，面积也由 44 平方英里增加到 299 平方英里，人口几乎增加了 200 万人，稳居美国第一大城市的位置。1890～1920 年，洛杉矶通过对 22 个郊区的兼并，面积由 29 平方英里增加到 364 平方英里。与此同时，其他许多城市也通过兼并扩大了规模。

（3）规划引领，高位确定中心城市职能。中心城市的职能需要从国家发展的全局角度来确定，世界各国中心城市均有较完整的城市和区域发展规划。"美国 2050" 空间战略规划将巨型都市区域看作未来新的全球经济竞争单元，确定了 11 个巨型都市区域，并提出巨型都市区域的跨区域重大问题破解、区域尺度基础设施建设、联邦政府投资和政策制定等问题，针对具体巨型都市区域的规划，发布了得克萨斯三角地带的经济融合与交通走廊规划、东北巨型都市区域"2040 年城市增长规划"等规划研究成果。除了关注巨型都市区域，美国国家层面还重点关注滞后地区的发展，注重国土和区域层面的均衡开发，通过相关指标研究，识别县域、城市两个空间尺度的发展滞后地区，并提出有针对性的国家投资和经济发展战略。

（4）城市间优势互补，多元产业协同发展。在美国，中心城市之间并不仅仅是竞争关系，更是协同关系。在美国东海岸，城市间形成了以产业轮替为核心的产业协同模式，纽约注重金融和服务两大核心功能，将传统

---

① 刘建芳：《美国大都市化衍生的中心城市与郊区的矛盾及其影响》，《山东社会科学》2010 年第 2 期。

制造业外迁至周围地区和大都市连绵区；新泽西州重点发展生物科技、新材料、微电子等产业；康涅狄格州注重军工科技、能源、制药等产业；波士顿保持了自己的现代服务业特色和规模；费城关注国防、航空、电子信息产业；巴尔的摩则注重航运业的发展。在五大湖连绵区，城市间形成了以产业横向分工为核心的产业协同模式，其产业协作体系也与城市等级分布密切相关，可分为综合性大都市（芝加哥），地方性中心城市（匹兹堡、底特律、克利夫兰），中小型城市，卫星城等层级。在西海岸连绵区，城市间形成了多中心网络化的产业协同模式，呈现多中心、网络化、创新驱动的整体特征。以洛杉矶、旧金山、圣迭戈为中心的三大都市区形成相互竞合的多中心网络结构：洛杉矶大都市区具备综合经济优势；旧金山大都市区更多承担研发、金融等服务功能；圣迭戈主要承担交通枢纽、贸易节点、海洋装备、旅游等特色产业发展职能。

2. 欧盟高等级中心城市的发展规律

欧盟存在以伦敦、巴黎两个超大城市为龙头，大中小城市并存的"两大超级城市＋多元群体支撑"格局，并且人口规模较小的城市也同样具有国际知名度和影响力，如卢森堡、日内瓦等城市人口不足100万人，但在金融、会议会展等领域同样具有全球和国家影响力。

（1）伦敦。伦敦崛起于第一次工业革命，在后工业化阶段开始形成以金融业为主导的服务业，是大型企业总部的集聚地。大伦敦都市区服务业发达，其中排在前5位的服务业行业分别为金融保险、商业服务、交通运输和住宿餐饮、公共管理、教育和卫生以及信息通信。伦敦现有40所极具国际水准的大学和学院，伦敦国际港口可以停泊10万~20万吨级的大油轮，5个国际机场可直达世界各地，伦敦到巴黎、布鲁塞尔等地还开通了高铁。在市内交通方面，伦敦长期倡导公交优先战略，形成了由地铁、国家铁路构成的骨干公交系统以及由公共汽车、轻轨、有轨电车、轮渡构成的辅助公交系统。为了实现快速的信息获取和交换，伦敦从2014年开始建设大规模物联网网络并整合市政基础设施数据，建立了综合反映地面和地下管网的 3D 数据库。伦敦在发展过程中非常重视规划的作用。1940 年以来，伦敦先后发布了《大伦敦规划》《大伦敦发展规划》《新伦敦规划战略白皮书》《大伦敦战略规划》《规划更美好的伦敦》等规划报告或法案，成立了大伦敦议会和大伦敦政府以及专门的区域发展机构，对以伦敦为核心的区域协调发展战略规划进行约束。伦敦大都市区还与伯明翰、利物浦、曼彻斯特等周边城市形成了由"内伦敦—大伦敦—标准大城市劳务区—伦敦大都市圈"构成的四圈层结构。

（2）巴黎。法国行政区划的基本等级依次是：大区、省、市镇。通常所说的巴黎大区是法国本土 22 个大区之一的法兰西岛，与中国的直辖市概念相当，包含了巴黎省、近郊三省和远郊四省，面积 1.2 万平方公里，是上海的两倍，人口 1180 万人，是上海的一半。巴黎中心城区面积 105 平方公里，与上海内环相当，人口 250 万人，是上海内环的 70%。巴黎是法国人口最为稠密、经济最为发达、交通最为便利的地区，是法国的政治、经济、文化中心，在欧洲乃至世界上都有举足轻重的地位，其发展规划也经历了多个阶段（见表 6.1）。

表 6.1　巴黎地区的发展与规划

时间	重要举措
18 世纪初	注重巴黎城市规划和城市建设，政府提出"清洁、安全、方便"的目标，规定了巴黎的界限，限制农民随意进城，建立了包税者城墙
1793 年	成立国民会议下属机构"阿尔底斯特委员会"，编制了巴黎规划。拿破仑实施了新城市规划建设运动
1840~1870 年	基本上形成了巴黎的面貌，面积增加 130%，人口增加一倍
20 世纪初	为解决巴黎环境污染、交通拥挤、郊区扩散等问题，发动了"改造、美化和壮大巴黎"大讨论
1932~1935 年	第一次提出限制巴黎恶性膨胀和美化巴黎的规划思想。在 PROST 规划区域道路结构、绿色空间保护和城市建设范围三方面进行了详细规定
1956 年	制定和颁布了新的《巴黎地区国土开发计划》（PARP 规划），在限制人口规模增长的前提下，限制巴黎地区城市空间的扩展，并同时致力于降低巴黎中心区密度、提高郊区密度，促进区域均衡发展

续表

时间	重要举措
1960 年	制定了新的《巴黎地区国土开发与空间组织总体计划》（PADOG 规划），对现在建成地区进行调整，通过鼓励周边城市适度发展或在巴黎地区以外新建卫星城，提高农村地区的活力
1965 年	出台了《巴黎大区国土开发与城市规划指导纲要（1965—2000）》（SDAURP 规划），兼顾城市发展在数量和质量上的双重需求，有意识地为外围地区的城市化提供可能的发展空间
1976 年	颁布《法兰西之岛地区国土开发与城市规划指导纲要（1975—2000）》（SDAU-RIF 规划），指出巴黎应保持多样化的居住功能、稳定就业水平，减缓人口递减趋势，巴黎近郊应保持和完善现有城市结构、整治和改善当地环境，建设郊区发展极核。远郊应大力发展新城，各区域依托环形轨道交通系统加强联系
1994 年	编制完成《法兰西岛地区发展指导纲要（1990—2015）》（SDRIF 规划）。必须整合巴黎乃至整个法国的力量参与竞争欧洲中心和世界城市，打破行政边界，加强城市间的联系；注重社会、文化、环境等人文因素在城市空间整合、自然空间保护、交通设施等三方面的综合影响及其平衡发展
2014 年	开始实施"巴黎大区 2030 战略规划"，应对"为了更好更团结的区域而行动、适应气候环境变化、增强巴黎大区的吸引力同时支持环境保育和社会经济稳定"三大挑战，提出了一套可持续发展理念和规划九大原则①

资料来源：曾刚、王琛：《巴黎地区的发展与规划》，《国外城市规划》2004 年第 5 期。

3. 国外中心城市发展的启示

世界中心城市的产业结构及形成机制尽管存在一定差异，城市的辐射能力也略有不同，但其发展规律有较多共同之处，如具有城市本身高速发展、经济实力雄厚、人口大量集聚、科技先进发达、基础设施完善、产业结构合理、城市辐射圈层结构明显、集聚作用和辐射作用突出等特点。具体表现为以下几方面。

（1）健全和完善规划体系是建设国家中心城市的先行指引。在发展过程中高度重视规划的引领作用，以科学积极的态度先后多次编制具有前瞻性的发展规划，形成了多层次、多领域的可持续的战略、规划和政策指

---

① 陈洋：《巴黎大区 2030 战略规划解读》，《上海经济》2015 年第 8 期。

引，促进美国和欧盟的中心城市在高速成长中保持相对均衡与协调发展，并保持旺盛的生机活力和持久的全球竞争力。规划以前瞻性和系统性视角，通过不断地探索和创新，在满足国家中心城市发展战略对空间、产业、人口、社会、生态等多个方面的要求的前提下，采取总体规划与专项规划相统一、一般规划与重点规划相结合的模式，实现了城市内部发展与城市向外发展的双向协调。

（2）打造交通和信息枢纽是建设国家中心城市的基础支撑。交通和信息网络是中心城市消除空间壁垒，优化资源配置，强化对区域经济的掌控能力的重要载体。发达的交通和信息网络推动中心城市成为国内外各种重大信息发散和集聚的重要节点，使这些中心城市始终处于空间网络循环体系的高端。伦敦、纽约、东京等全球城市都利用其优越的地理位置，构建起便捷发达的立体式综合交通网络体系和发达的信息网络，对内以地铁、轻轨等公共交通方式确保城市的通畅无阻，对外以水运、陆运和航空运输等方式辐射四方，加强了中心城市与其腹地的联系。

（3）产业结构从制造业向服务业转向是建设国家中心城市的关键。国际性中心城市善于抓住经济快速崛起的时机，适时调整和优化产业结构，推进产业结构高端化发展，从而形成强大的综合实力和成熟的产业结构。伦敦、东京等世界中心城市都是首先通过雄厚的制造业迅速崛起，而后发展先进的服务业巩固其地位。当前，中心城市的金融、研发、IT、创意设计等专业化、高端化的服务产业对城市发展的贡献巨大，第三产业增加值在城市GDP中的占比都在75%以上；生产性服务业、创意产业和总部经济的发展，强化了中心城市对全球经济的掌控能力，也成为全球生产要素资源配置中心和经营决策中心。

（4）培育科技和教育优势是建设国家中心城市的根本保障。中心城市一般都是高端产业的集聚中心，而高端产业又具有强烈的依靠知识、技术、产业、制度等方面的综合创新能力的属性，其发展需要依赖高水平专业知识、新兴技术以及与需求方的高效频繁互动。从伦敦、纽约和东京的发展历程可知,这些城市都重视科技研发和高等教育的投入,通过打造科技研发平台和建设一流的高等教育院校,成为精英人才汇聚之地。同时,这些城市也成为知识和信息汇集地、教育和人才的储备基地及技术创新的研发中心。

(5)加强区域协调合作是建设国家中心城市的必然选择。中心城市发展都有广阔的城市外围地区作为支撑,在空间上有发达的交通等基础设施实现高效联通,在产业上有明确的地域分工实现各种要素的合理配置,在机制上有完善的区域治理措施以保障区域有效运行。如伦敦、纽约、东京等世界中心城市一方面将其非核心功能向周边地区疏解,另一方面又重视与周边地区共同发挥政府干预和非政府力量对都市区发展的协调作用,引导各种利益相关者广泛参与城市治理。① 这种多中心共治协调的模式既有效解决了中心城市的诸多"城市病",又增强了整个区域的可持续发展能力,实现了区域整体利益的最大化。

(三)中心城市在区域发展中的作用

中心城市是区域发展的基础,也是区域发展的发动机,通过其强大的集聚和扩散作用,以及创新引领作用,不断影响着周边区域的发展。

1. 发展支撑功能

中心城市在世界各国经济增长中均占据着重要地位,国家间、区域间的竞争往往首先体现在中心城市间的竞争。一方面,中心城市在区域经济系统中能发挥核心主导作用,是各种经济活动集聚地,在经济发展、科技进步、生活方式的改变等方面对周边地区产生很强的引领作用。另一方面,中心城市又通过集聚和扩散功能,控制和引导着区域内部经济单元之间的联系,使之成为一个有机的系统。另外,中心城市也是区域内对外开放程度最高的城市,是区域对外交流的窗口,是连接区内外两个市场、两种资源的重要纽

---

① 易雪琴:《国际经验与郑州建设国家中心城市研究》,《郑州航空工业管理学院学报》2017年第5期。

带，特别是世界性城市已成为全球网络中具有支配地位的关键节点，其国家名片效应十分显著，拥有低层级城镇体系不具备的对外联系优势。

2. 创新示范功能

国家中心城市对区域经济社会发展的示范带动作用尤为明显，对推动区域经济一体化发展具有"领头羊"效应。[①] 现代区域经济发展理论认为，创新是城市经济发展的重要驱动力，更是中心城市实现其影响力和引领力的重要抓手，美国经济学家弗里德曼在其"核心—边缘"理论中指出，区域核心区发展与其创新功能有密切关系，核心区存在对创新的潜在需求，创新增强了核心区的发展能力和活力。另外，中心城市在制度、科技等领域的创新又给周边地区发展起到了示范作用，引发了周边地区对中心城市的技术与制度的吸收与效仿。通过创新示范功能，中心城市不仅实现了其核心区的统治地位，而且促进了区域整体发展。

3. 集聚功能

国家中心城市是全国城镇体系的最高层级，在区域经济社会发展中一直处于极化、引领、带动作用。[②] 相较其他城市，中心城市拥有良好的基础设施、区位优势、完善的公共服务体系、较高的收入水平和生活质量等优越条件，进而吸引着外围地区的人才、科技、资金等资源。这种集聚作用并非简单地把相关经济要素集聚在一起，而是通过集聚作用，使各经济主体一方面能共享城市的信息交通基础设施、公共服务设施等，有效降低了相关企业的生产成本，另一方面实现了企业和产业的专业化分工协作，提高了企业的劳动生产率。长此以往，中心城市凭其规模效益和集聚效益，吸引更多要素流入，形成一种累积循环效应，最终提升了城市的创新能力，促进了产业结构优化，扩大了城市发展规模，实现了中心城市的功能向更高层级和更大范围扩展。

---

① 陈国富、王伯承：《建设国家中心城市推进成渝经济区域一体化》，《经济研究导刊》2011年第1期。

② 李煜伟、倪鹏飞：《外部性、运输网络与城市群经济增长》，《中国社会科学》2013年第3期。

4. 辐射功能

国家中心城市与周边外围区域具有紧密的联系，周边外围区域受益于中心城市的发展，但中心城市的市场空间是有限的，当中心城市发展到一定规模时，其集聚效应会下降，此时，经济要素与经济活动开始向周边外围地区流动。因此，在中心城市发展之初，集聚功能会强于辐射功能，但中心城市成熟后，其集聚优势会减弱。受土地成本与房价偏高等因素的影响，中心城市经济出现外部性溢出。在周边式辐射、等级式辐射、跳跃式辐射、点轴式辐射等方式作用下，区域的经济发展水平、交通与信息发展水平等都会得到提高[①]，区域经济的整体空间规模与空间结构进一步增强和优化。

总之，外围地区通过人口、资金、资源向中心城市集中，促进了中心城市的创新能力提升，支撑了中心城市的进一步发展壮大。同时，中心城市发展到一定阶段，其扩散功能逐渐占据主导地位，通过物流、信息、技术等要素向外围地区扩散，为外围地区的发展提供了示范和拉力，这种集聚与扩散效应共同推动了区域的整体进步（见图6.3）。

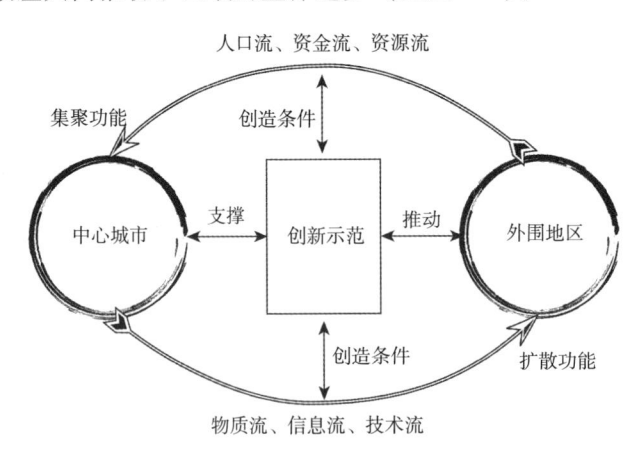

图6.3 中心城市对区域发展的影响

---

① 曾冰：《中心城市培育与我国省际交界区经济发展研究》，中央财经大学博士学位论文，2016。

二 我国国家中心城市布局

（一）国家中心城市建设背景

1. 从均衡发展到非均衡发展，中心城市的建设思路逐渐清晰

新中国成立之初，我国主要采取均衡发展理念，区域发展体现为"全国一盘棋"，国家尽可能地均衡分配发展资源，开展了包括"156项工程"在内的各大中小生产企业布局及农业区划项目，推动了我国城市建设的快速发展，但发展规划缺乏多学科融合视角，其科学性受到质疑。

1978年改革开放以后，受西方非均衡发展理念影响，国内学者开始关注经济发展的地区差异性，一大批非均衡发展理论，如中心地理论、核心—边缘理论、点轴理论、圈层结构理论等为城市发展提供了理论支撑，但这一时期的主要政策是"重点发展中小城市"，并于1980年提出"控制大城市规模、合理发展中小城市、积极发展小城市"的城市发展总体思路，小城镇迎来了发展高潮，形成了等级有序、相对合理的城镇体系格局。

20世纪80年代中后期，小城镇发展的弊端日益显现，此时，"大城市论""中等城市论""多元论"等城市发展观点出现。20世纪90年代中期以后，乡镇企业开始迅速衰退，小城镇发展面临严重危机，同时，受全球化影响，国家亟须具有国际竞争力的城市在国际激烈竞争中取得优势。政策开始由"严格控制大城市发展"转变为"做大做强中心城市，参与国际竞争"。

20世纪90年代以来，中国相继有40多个城市提出建设国际性或国际城市，各地政府建设国际性或国际城市的热情高涨。2010年《全国城镇体系规划（2010-2020年）》首次提出建设北京、天津、上海、重庆和广州5个国家中心城市。随后，国家中心城市又经历了三次扩容。第一次扩容为2016年5月，国家发改委、住建部联合印发了《成渝城市群发展规划》，将成都列为国家中心城市。第二次扩容为2016年12月，国家发改委正式发布《促进中部地区崛起"十三五"规划》，提出支持武汉和郑州建设国家中心城市。第三次扩容为2018年2月，国务院批复发布《关中平原城市群发展规划》，明确提出"建设西安国家中心城市"的目标，至此，我国已有9座城市进入国家中心城市建设之列。

2. 全球化、市场化和分权化扩展了城镇体系规划的理论框架与内涵

全球化趋势下，西方国家关于"世界城市""全球城市体系""世界城市网络"等理论与实践的研究成果日益丰富，并对国内学术界产生了重要影响。城市—区域的等级规模、职能分工、空间结构以及联系网络推动了城镇体系的重构。新国际劳动分工理论、全球区位论、全球城市体系、全球网络、新相互作用理论等前瞻性学说，极大地拓宽了国内对于城镇体系内涵与外延的理解。[①] 随着中国全球化进程的进一步加深，中国学者对全球化与全球城市体系的研究更加深入，开始重视国际化城市的重要性与必要性，[②] 开展了大量的理论探讨与实证研究，由过去的"就区域论城市""就国家论城市"的思维范式向全球化思维转向，开始思考城市与区域在全球经济体系中的地位与作用，并开展了城镇体系规划、都市区战略规划、城市群（都市圈）规划等实践，上海、北京、广州等国家一线城市作为排头兵，开始深入探讨城市在全球城市体系中的定位与作用，在未来应对全球化挑战的机遇，以及参与全球职能分工的条件与策略。[③]

3. 城市区域日益成为国家参与全球竞争的主要载体

进入21世纪，得益于网络信息、交通通信等技术的飞速发展，以跨国

[①] 阎小培：《信息产业与世界城市体系》，《经济地理》1995年第3期；顾朝林：《城镇体系规划理论·方法·实例》，中国建筑工业出版社，2005年。

[②] 李立勋：《城市国际化与国际城市》，《城市问题》1994年第4期。

[③] 宁越敏：《世界城市的崛起和上海的发展》，《城市问题》1994年第6期；李庚、王野霏、彭继延：《北京与世界城市发展水平比较研究》，《城市问题》1996年第2期。

公司为载体的全球性生产网络日益成形并完善,以全球市场整合与扩大经济规模为特征的新一轮全球化高潮逐渐形成,并成为推动全球化经济增长的主要力量,[①] 中国东部沿海地区凭借其良好的制度环境、完善的基础设施条件以及较高的劳动力素质备受国际资本青睐。香港、北京、上海、广州等城市依托其所在的珠三角、环渤海以及长三角等全球城市区域,开始跻身全球城市行列,发挥着突出的国际影响力。2019年5月,国际管理咨询公司科尔尼发布2019全球城市指数报告,在"全球城市综合排名"中,香港、北京、上海分别居第5、9、19位。同时,该报告指出,决定城市竞争力的最大差异化因素是"人",吸引并留住人力资本是城市处于领先地位,并加速成功的关键因素。报告指出,入榜的26个中国城市正快速接近世界其他领先城市,中国城市在"全球城市综合排名"上的平均得分增长速度是北美城市的3倍,在"全球城市潜力排名"上的得分增长速度是欧洲城市的3.4倍。

(二)国家中心城市成长共性

1. 国家中心城市是国家参与全球竞争的重要载体

国家中心城市承载着国家战略和社会发展战略,是将区域、国家经济融入全球的重要节点。只有国际级的功能中心,才可能代表国家参与世界的竞争,并掌控某些方面的话语权。为适应国家战略需求,提升区域城市群的规模与影响力,2013年9月和10月,习近平总书记分别提出了建设"新丝绸之路经济带"和"21世纪海上丝绸之路"的构想,正式开启了国家"一带一路"倡议的谋划与实施。"新丝绸之路经济带"依托国际大通道,以沿线中心城市为支撑,以重点经贸产业园区为合作平台,共同打造新亚欧大陆桥、中蒙俄、中国—中亚—西亚、中国—中南半岛等国际合作

[①] 张京祥:《国家—区域治理的尺度重构:基于"国家战略区域规划"视角的剖析》,《城市发展研究》2013年第5期。

经济带。"21世纪海上丝绸之路"以重点港口为战略支点，共同建设通畅、安全、高效的运输大通道。在此背景下，中国东部城市中，香港、上海、北京等城市依托其所在的珠三角、长三角和环渤海等全球城市区域，开始跻身全球城市体系，发挥着重要影响。① 其他国家中心城市也集中全部优势打造主导功能，力求在全球城市体系中发挥重要作用。

表 6.2　国家中心城市的发展目标与定位

国家中心城市	发展目标
北　京	首都，全国的政治、文化中心，世界著名的古都和现代国际城市。全面建成更高水平的国际一流和谐宜居之都
上　海	全国重要的经济中心。建成经济繁荣、社会文明、环境优美的"国际大都市"，国际经济、金融、贸易、航运中心之一。全面建成卓越的全球城市，具有世界影响力的社会主义现代化国际大都市
天　津	环渤海地区的经济中心。建成经济繁荣、社会文明、科教发达、设施完善、环境优美的"国际港口城市"，北方经济中心和生态城市
广　州	广东省会、国家历史文化名城、国家重要的中心城市、国际商贸中心和综合交通枢纽。逐步建设成为中国特色社会主义引领型全球城市
重　庆	国家重要的中心城市之一，国家历史文化名城，长江上游地区经济中心，国家重要的现代制造业基地，西南地区综合交通枢纽
成　都	2035年高标准全面建成国家中心城市，2050年迈入世界城市行列。建设西部地区重要的经济中心、科技中心、文创中心、对外交往中心和综合交通枢纽
郑　州	2036年至2050年，成为具有全球影响力的城市
武　汉	到2049年，建成具有国际影响力、全球竞争力和可持续发展能力的世界亮点城市。建成以全国经济中心、高水平科技创新中心、商贸物流中心和国际交往中心四大功能为支撑的国家中心城市
西　安	到2035年，全面建成代表国家形象、引领"一带一路"、具有重要国际影响力和竞争力的国家中心城市。打造西部地区重要的经济中心、对外交往中心、丝路科创中心、丝路文化高地、内陆开放高地、国家综合交通枢纽

---

① 王凯、陈明：《近30年快速城镇化背景下城市规划理念的变迁》，《城市规划学刊》2009年第1期。

2. 国家中心城市具有强大支撑、服务、辐射、带动作用

国家中心城市是我国参与全球化经济发展到一定阶段的产物，具有国家城镇体系"顶级核心性"与区域"引领辐射性"特点。一方面，国家中心城市是区域经济社会网络的集结点和中间枢纽，通过极化作用和乘数效应，可实现集聚功能。从全球各大城市看，伦敦是英国面积最大、人口最多、经济最发达的英格兰区域的集聚中心；东京是人口最密集、工业最发达的东海道区域的集聚中心；芝加哥是北美最重要的制造业集聚中心。在国内，北京、天津是京津冀城市群的集聚中心；上海是长三角城市群的集聚中心；广州是珠三角城市群的集聚中心。2016年，三大城市群土地面积占全国的5.09%，创造了全国40%的地区生产总值。2017年，三大城市群总人口达2.87亿人，集聚了全国20.7%的人口。2017年上海1小时经济圈人口密度高达4157人/平方公里，北京达2980人/平方公里。上海每平方公里GDP值达11501万元，广州达6571万元。另一方面，国家中心城市拥有较强的经济、文化、科技、教育、人才等资源优势，通过辐射效应，引领周边外围地区经济发展，中心城市与外围城市的联系日益紧密，北京与外围城市日均人口流动规模达11万人次，广州达10.4万人次；上海与外围城市企业互相投资规模达399亿元，北京达346亿元。

3. 国家中心城市是区域创新发展引领中心

在全球化背景下，成功的区域和成功的企业一样，都拥有自己的核心竞争力，往往表现在区域创新指数、地方特色产业集群、本地企业家的培育和新企业的繁衍等方面。位于美国加利福尼亚北部大都会区旧金山湾区南面的硅谷是世界高新技术创新发展的开创地和知识经济中心，共拥有上万家技术企业，其中3000多家是电子工业公司，其电子产品销售额占全美总销售额的40%左右，此外，还有大量的导弹、空间、通信设备和仪器产业。现在，硅谷平均每5天有1家公司挂牌上市，每24小时增加62个新的百万富翁。硅谷的文化特征可以归结为三个方面：一是鼓励冒险，区内几乎每个人都具有勇于冒险、不断进取的独特思维方式，个人在一家公司超过3年，会被看成保守者，这种创业文化提高了硅谷创新的持久力；二是市场竞争激烈但善待失败，硅谷创业失败时，区内人们大多冷静，给创业者以积极支持；三是乐于合作，合作文化渗透在区域内各个角落，人与人之间的信任超出想象，人与人之间的正式与非正式交流为区域适应世界迅速变化的技术和市场环境准备了条件。目前，世界上有近1/4的诺贝尔奖获得者在此工作，有6000多名博士，占加州博士总数的1/6，区内有斯坦福大学、加州大学伯克利分校、圣克拉拉等世界一流大学。此外，本地还培养了一批高素质、有丰富管理经验的风险投资家，他们积极参与企业的计划与策略，如提出意见、帮助寻找合作投资者、招聘关键管理者、在董事会中服务等。①

（三）国家中心城市培育机制

1. 规划先行，提升城市整体竞争力

简·雅各布斯在1961年出版的《美国大城市的死与生》中指出："城市的复杂性和多样性决定了表面的干净整洁，但并不意味着内在的健康。"随着工业化与城市化的快速推进，我国城市形态和社会结构出现了重大而深刻的变化，多个超大型城市产生，每年都有大量人口涌入北上广等超大型城市，仅京津沪渝（四个直辖市）和广州、深圳六个一线城市，总人口数量已破亿。"大城市病"凸显，城市人口膨胀、交通拥堵、环境恶化、资源短缺、房价高企、城市贫困等问题日益突出，成为制约城市可持续发展的重要障碍。这一时期，城市规划在城市的发展壮大中发生了不可替代的作用，但同时暴露出规划本身刚性不足、弹性不够，以及一些经济社会问题，城市发展既受大城市病的困扰，又受资源环境承载能力的制约。"城市病"产生的根本并非来自城市的"大""密""发展快"，而是源于功能结构失衡及动力机制的失调，勒·柯布西耶指出，城市的主要功能表

---

① 王辑慈：《创新的空间》，北京大学出版社，2001。

现为居住、工作、游憩和交通四大方面，为达到这四大目标，城市需要有系统性规划，"城市规划在城市发展中起着重要引领作用，考察一个城市首先看规划，规划科学是最大的效益，规划失误是最大的浪费，规划折腾是最大的忌讳"。因此，科学的城市规划是城市做到"生产、生活、生态"可持续协调发展的必要前提。

2. 文化为本，增强中心城市文化魅力

城市建设是在一定城市文化背景下的建设，它体现着城市物质文明与精神文明不可分割的密切关系，任何城市的建筑都是一定社会文化的积淀和表现。尽管在人类发展的历史长河中，"器物城市""技术城市"都有其合理性，但城市建设的本质还是"人文城市"，城市应提供一种芒福德所说的"有价值、有意义、有梦想"的生活方式，这也是国家中心城市的核心精神属性。2014年发布的《国家新型城镇化规划（2014—2020）》提出"关注人文城市建设"，2015年中央城市工作会议明确指出"规划应协调改革、科技和文化，实现城市的可持续发展"，表明城乡规划和城市文化已进入双向改革的新时代。改革开放40余年来，世界遗产城市、山水城市、数字城市和创意城市等多种评估城市的理念大量涌现，都把文化作为城市的一种重要资源和功能对城市进行统计评估。

上海较早地在城市高雅文化方面有所作为，于1986年11月成立了上海文化发展基金会，以专门资助高雅文化活动、上海市各类大型文化交流和演出活动，后又设立了上海文学艺术奖，上海戏剧表演艺术白玉兰奖和上海市中、长篇小说创作奖等文化奖项。类似的官方与半官方的文化组织对凝聚上海文化精神、树立上海人文形象起到了相当重要的作用。20世纪90年代，上海出现了专门的文化类别的管理条例。21世纪初，上海市政府开始将更大的政策重心偏移到文物保护上来。近年来，上海市政府的工作报告中都着重强调加强对历史文化风貌区、优秀历史建筑及非物质文化遗产的保护。2005年1月8日，上海创意产业中心正式挂牌运行。当前，上海依托发达的长三角城市群，强调创新之城、人文之城、生态之城、卓越的全球之城和社会主义现代化国际大都市。

广州也高度重视城市文化的传承与创新，1982年广州入选第一批国家级历史文化名城。1986年以来，广州先后举办了多次文化发展战略研讨会，针对社会不同时期的发展目标，制定了不同时期文化建设的目标和任务，形成了《广州文化发展战略纲要》等一系列相关规划及各种产业政策。2000年以后，广州城市文化保护管理机制越来越健全，政府在这方面的投入也越来越大，市民的历史文化保护意识不断增强，城市文化方面的"建设性破坏"也大幅度减少。2010年，为响应从"文化大省"转向"文化强省"的战略目标，广东省出台了一系列加快文化体制改革和鼓励各种经济成分共同发展文化创意产业的相关政策。

3. 发展高附加值工业和高成长性服务业，推动城市经济发展

历史上，世界城市的发展不约而同地选择了科技创新的道路，并且都以生产实力的增长来获得国际地位的提升。第一次工业革命中，伦敦生产出大量高质量的工业品，伦敦棉布随着"大英帝国"的"自由贸易"迅速走向世界；纽约以电的应用为标志开启了第二次工业革命，并引领了以电子技术为标志的第三次工业革命；第二次世界大战后，东京通过引进发达国家的先进技术和资金，创新设计，提高了产品制造水平，使汽车、家用电器迅速走进千家万户，同时树立了国际品牌，赢得了自主知识产权，成为顶级的世界城市。时至今日，制造业仍然是城市经济发展的基础。放眼全球，各国都开始重新重视工业，美国提出再工业化战略，德国提出工业4.0，新加坡制造业占GDP的比重达25%。在面临传统制造业成本瓶颈以及市场饱和约束背景下，我国一些城市以创新为引领，助推智能制造产业升级，高端制造业越来越成为城市发展的"明珠"。财经媒体推出2018年25大工业城市排行榜，深圳、上海、苏州、天津、重庆、南京等工业城市，通过技术革新和人才引进，推进制造业从传统制造向智能制造、先进制造转变，为工业增长注入了强大动力。

另外，高端服务业是现代服务业的核心，具有高科技含量、知识密集、高人力资本投入、高附加值、高产业带动力、高开放度、低资源消耗、低环境污染等特征。国际大城市的发展经验表明，发展高端服务业是提升城市能级和综合竞争力的有效途径。进入工业化后期，经济结构中服务业占比将不断提高，同时服务业也从传统服务业向高端服务业演进。国际知名大城市都拥有鲜明的标志性服务业集聚区，如美国旧金山的硅谷、英国伦敦的金融城和中国的北京中关村、上海外滩等，国内服务业尤其是高端服务业日益成为战略性支撑产业。

4. 提高基础设施便利度、公共服务完善度，强化城市服务功能

当前，城市正在以前所未有的速度不断变化，而管理这些变化是一项极其艰巨的任务，如何尽可能高效、经济地提供关键城市基础设施和市政服务成为城市管理面临的重大课题。成熟的城市需要升级其老旧的基础设施和服务功能，而发展中的城市则需要创建新型基础设施和城市系统，以帮助其实现转型，成为全球典范。目前，国家中心城市基础设施水平已有较大提升，2010~2017年，北京市人均道路面积年均增长4.22%，天津市年均增长2.26%，郑州、武汉、重庆等城市人均道路面积也有所增长（见表6.3）。此外，2017年，北京市有普通高等学校92所，武汉有84所，广州有82所，其他主要中心城市普通高校数均在60所左右。

表6.3 中国主要中心城市人均道路面积变化

单位：平方米

年份	北京	天津	上海	郑州	武汉	广州	重庆	成都	西安
2010	5.57	14.89	4.04	6.32	11.37	11.20	9.37	14.89	15.60
2011	5.26	17.05	4.04	6.52	12.27	9.22	10.43	14.98	16.02
2012	7.57	17.88	4.08	6.02	14.39	9.99	10.67	16.24	17.92
2013	7.61	18.74	4.11	6.55	13.34	9.64	11.23	15.85	17.95
2014	7.44	16.71	4.11	6.54	13.99	9.43	11.68	14.78	18.07
2015	7.62	16.02	4.27	7.14	14.82	9.01	12.05	14.62	18.28
2016	7.62	15.39	4.37	8.59	14.39	8.64	12.23	13.89	18.33
2017	7.44	17.41	4.51	9.13	11.92	10.98	12.67	14.06	19.90

同时，国外中心城市的发展经验表明，全球城市面临的管理挑战正变得更加复杂，需要前瞻性地把握新兴趋势、提出城市管理的全盘思路。国家中心城市能否成功应对复杂挑战决定了其是否具备吸引和留住国际流动资本的能力。国家中心城市应重点加强城市基础设施建设和服务功能建设，以超越其最有竞争力的对手。一是快速且高效的交通运输基础设施，其承载能力能满足不断增长和变化的人口的需求。二是稳健、可靠的能源基础设施，以满足最关键的电力需求。三是清洁、丰富的供水。四是医疗卫生，以高效且可持续地实现现代卫生标准。五是安全、有保障的环境，人们能够满怀信心地生活和工作。

（四）国家中心城市发展路径

1. 立足国情，创新模式

国家中心城市是国家经济、社会发展的重要战略支点和增长极，同时是国家融入全球的重要桥头堡，因此，国家中心城市发展既要走自己的道路，又要以更加宽阔的视野、开放的姿态融入全球化。各中心城市所担负的职责不同，决定了城市在发展过程中要"有所为，有所不为"，城市要做好功能"加法+减法"，化解城市结构性失衡问题。一方面，要做好"加法"，按照城市功能分区，优化超大城市的内部空间结构，由单中心向多中心转变，提高城市综合承载能力，防止功能过于集中的拥挤效应；另一方面，做"减法"，合理划定超大城市的功能，向周边中小城市疏散非核心功能，为更高素质生产要素腾出发展空间，同时促进要素向中小城市流动，带动中小城市的发展。

2. 发挥特长，强化优势

随着国家中心城市的不断发展，北京、上海、广州等已具备了强大的国内影响力，但在全球城市体系下，还需要积极打造国际性职能。目前，北京正在积极创建具有全球影响力的中关村国家自主创新示范区、CBD与金融街、国家文化中心，积极参与全球经济分工与提升国际影响力。上海作为我国重要的经济中心,正努力提升金融中心的资源配置能力和国际影响力,创建资源配置型国际航运中心,建成具有国内和国际资源配置功能的现代国际贸易中心。广州着眼于泛珠三角与东南亚两个市场,正联合深圳、香港、澳门等城市打造粤港澳大湾区。此外,武汉、天津、重庆、成都、郑州、西安等特大型区域中心城市,也需要在已有的国家影响力基础上谋求更大的发展,充分发挥已有优势,增创后发优势,在现代化和国际化中大力整合资源,打造全球资源配置和产业分工体系的重要功能节点,成为国家对外开放的重要载体。

3. 集群成长,共生发展

依据全球城市发展的经验,未来国家经济之间的竞争将以城市群为主体,进入21世纪以来,西方发达国家纷纷将城市群作为城镇空间发展的主要抓手。美国区域规划协会在 *America 2050* 中规划了11个美国大城市群,日本政府则制定以7个都市圈为重点的城市空间发展规划,欧盟也有类似的城市群规划。中心城市首先应成为城市群的中心城市,如洛杉矶是美国西海岸城市群的中心,芝加哥是北美五大湖城市群的中心,北京是京津冀城市群的中心,上海是长三角城市群的中心等。未来,国家中心城市要发挥最大职能,首先应进一步弱化行政边界,借鉴发达国家城市功能区的划定标准,弱化行政区边界,打造以城市群、都市圈为形态的经济功能区,促进资源要素自由流动,降低交易成本,提高资源配置效率,扩大核心城市的经济腹地和辐射作用。同时,针对"大城市病",从优化城市内部资源配置入手,遵循人口和城市发展规律,在摸清城市各圈层结构资源分布现状的基础上进行精准调控,按照核心区、外围区的圈层结构,对大城市核心区功能进行疏散,给创新资源和人才资源腾出空间。此外,城市也需要通过精细化管理,提高城市空间承载能力,完善城市治理结构,提升城市社会治理水平。

4. 统筹谋划,持续推进

国家中心城市建设,既要抓住当前,解决城市最迫切的问题,完善城市基础设施和公共服务，又要认识中心城市的发展规律，着眼长远，从城市可持续发展角度，统筹当前发展与长远发展的关系。既要发扬已有优势和成功经验，又要谨慎关注其艰巨性和复杂性，充分估计其长期性，从发展理念、发展方式、发展模式上进行变革，做好总体规划，缜密部署分阶段的行动计划。2015年习近平总书记在中央城市工作会议上提出了五个统筹，即"统筹空间、规模、产业三大结构，提高城市工作的全局性。统筹规划、建设、管理三大环节，提高城市工作的系统性。统筹改革、科技、文化三大动力，提高城市发展的持续性。统筹生产、生活、生态三大布局，提高城市发展的宜居性。统筹政府、社会、市民三大主体，提高城市发展的积极性"。五个统筹的提出为中心城市的健康良性发展指出了方向。

三 "一带一部"中心城市培育

（一）立足全球视野，配置高端要素

长沙作为中部地区具有重要影响力的城市，是国家"一带一路"倡议节点城市、长江经济带中心城市、长江中游城市群中心城市。在对外开放上，中欧班列（长沙）开通11条国际货运班列线路，实现常态化运营，成为"一带一路"倡议中部地区的重要支点。长沙港与上海港建立了战略合作关系，为长沙融入长江经济带、深入对接长三角一体化提供纽带连接。同时，长沙具有多条国家通道交会优势，是三条全国综合交通运输通道交叉城市、两条国家物流大通道交会的节点城市，也是湖南省唯一的一级国家铁路物流基地。长沙还具备黄花综合保税区、中部首批国家B型保税物流中心、国家临空经济区等战略平台，还有较强的产业基础，是享誉全国乃至全球的"工程机械之都"，也是全国唯一拥有4家世界工程机械50强企业的城市。在向国家中心城市迈进的过程中，应树立世

界眼光，登高望远，发挥高端要素对经济的核心带动作用，联合相邻的株洲、湘潭，从全球发展视角，把脉城市发展方向，打造国家形象的"窗口"。

一是配置高端产业，发展高端制造业。长沙高新区着力建设"中国创新谷"，重点抢先布局北斗导航、虚拟现实、增材制造等一批未来产业，打造领先全国的"北斗之城"，形成一批新的千亿级产业和百亿级企业，实现"长沙制造"向"长沙创造"升级。长沙经开区以智能制造为总牵引，着力建设"国际智造谷"，围绕工程机械、新材料、通信技术、5G等战略性新兴产业，着力引进一批大项目、好项目。依托上汽大众、广汽菲克、铁建重工等龙头企业，推动工业与信息化融合、工业与服务业融合，攻关一批涉及整车制造、关键零部件制造、盾构机制造等领域的共性技术以带动和促进高端装备制造。浏阳经开区围绕生物医药产业，着力建设中西部地区生物医药专业化技术创新和专业化技术服务支撑两大体系，着力建设"中部生物谷"，力争成为湖南医药经济发展的龙头、中部崛起的示范窗口。望城经开区围绕航空航天、有色金属精深加工产业，着力建设"中国有色金属科技谷"。宁乡经开区坚持食品产业链式发展，着力建设"中国食品硅谷"。

二是强化创新引领，建设全球科技支点。统筹产业链、创新链、人才链、资金链、政策链，在全国乃至更大范围内配置高端创新要素资源，构建具有长沙特色的创新模式，鼓励国内外知名科研机构、高等院校、大型企业和跨国公司在长沙设立研发总部。进一步扩大长沙市在新一代信息技术、新材料、基因检测、生物技术等领域的优势，打造创新链。以湘江新区建设为契机，充分发挥先行先试优势，促进高端产业和高端要素集聚，形成国家级新区示范效应，推进和带动长江中游地区快速发展。进一步推进东部开放型经济走廊建设，强化航空、铁路、港口功能互补，促进临空、临铁、临港融合对接，推进长沙科技创新融入全球创新网络，构建与国际标准相衔接的科技研发服务体系，打造引领湖南开放崛起的主力引擎。

三是构筑高端平台，广泛聚集精英人才。用好用活长沙人才新政，在重点领域引进和培养一批掌握国际领先技术、引领产业跨越式发展的海内外高层次人才和团队，打造国际人才核心竞争力。以博士后工作站、博士后工作基地为重点，创建国际人才集聚平台，提升创新创业活力，完善创新人才集聚和培育机制，全面推进人才培养与国际接轨。引导长沙高校、科研院所发挥集聚优势，加大对紧缺性人才的培养力度，提高人才数量和质量。建立对外开放人才轮训机制，定期对各部门相关负责人员和外向型企业业务骨干进行培训。支持鼓励包括外向型企业在内的各类企业，引进具备深远的战略视野和敏锐的市场眼光、丰富的操作实务知识和经验、通晓国际惯例的复合型人才。

（二）立足国家职能，完善城市功能

随着城市化进程的不断加快，长沙市在国土战略布局中地位更加突出，在高端制造和文化产业方面形成了鲜明特色，依托长株潭城市群高度一体化的腹地支撑，有潜力成为特色功能突出，引领中部，联动全国、连接全球的国家中心城市。谋划国家中心城市创建，应充分发挥"一带一部"的核心优势，立足于城市的条件与优势、功能与使命、需要与可能，面向全省、全国和全球三个维度，从城市的昨天、今天、未来时序，认真研究城市发展方向，明确城市高质量发展功能选择。

一是着眼国家中心城市，优化城市功能布局。坚持世界眼光、国际标准、本地特色、科学定位的基本原则，高起点、高标准、宽视野、前瞻性确定城市功能，大力实施河西湘江新区、东部开放型经济走廊"双核驱动"战略，在规划区范围内谋划"一城两片"的大长沙发展格局，坚持跨江发展、东西比翼，构建"一主两片五组团"的功能布局。

表6.4 长沙市功能布局

名　称	功能定位
城市主体	强化综合服务功能，改善环境质量，完善基础设施，建设城市商务中心和商业中心，使之成为集信息、金融、商务、行政办公于一体，环境优美、设施一流、高效集约的"极核"
片　区	岳麓片区：充分利用科研院校云集的有利条件以及国家级高新技术开发区的先导优势，大力发展高新技术产业和现代服务业 星马片区：以星沙国家级经济开发区、隆平高科技园为依托，大力发展新型工业、高科技农业、航空产业、生产性服务业和文化休闲产业
组　团	暮云组团：利用其区位和资源优势，布局面向长株潭的旅游、商贸、体育等区域性公共设施 金霞组团：结合城市主体内货运码头和火车北站的搬迁，打造水运、公路、铁路的中转联运中心，并规划仓储用地、物流中心、循环工业基地 坪浦组团：为岳麓山大学城的远期发展用地以及与之配套的生活居住用地。同时发展教育研发和休闲度假等功能 空港组团：依托黄花国际机场区域门户资源，打造以高端制造、高端服务、临空产业为主的新兴产业基地 黄黎组团：依托高铁站和机场优势，发展商务办公、会议会展、文化娱乐和研发创新等功能

二是着力提升高端制造业全球竞争力，建设国家智能制造中心。依托长株潭自主创新示范区，建立区域协同创新体系，打造世界级智能制造产业基地，将智能制造融入生产组织服务全过程，加强智能制造标准体系建设、培育智能制造生态体系、推进重点领域智能制造转型，形成以智能工程装备、智能交通装备、智能终端设备等为主导的国家智能制造排头兵。

三是着力提升和培育文化产业全球竞争力，建设国家创新创意中心。整合各类文化创意要素，加强与国内外文化产业巨头、战略投资者和国内文化产业100强企业对接，培育大型文化创意集团，带动"专、精、特、新"中小文化企业发展，提升文化原始创新能力，注重文化与新技术、新商业模式的有机联动，构筑具有国际竞争力的国家文化创意中心城市。以"东亚文化之都"和"世界媒体艺术之都"品牌建设为重点，全方位提升文化国际影响力和对外交往能力，将长沙打造成为全国重要的文化创新、生产、运营、交易、体验和传播中心，具有湖湘特质并有一定国际影响力的魅力文化大都会。

四是着力促进新兴消费，打造中部地区现代服务中心。面向企业需求，补足金融短板，完善金融市场体系，有针对性地培育支撑长沙民营经济、创意经济、绿色经济发展的特色金融，争创中部绿色金融改革试验区。面向创新创业人才需求，建立全程化的创新创业服务链条，建立有利于人才培养、集聚、流动、发展的机制环境和人居环境优势，吸引全球高端创新创业人才集聚。面向未来信息时代、知识经济和消费结构升级需求，创新服务业业态，培育以电子商务、服务外包、信息消费为主的新兴服务业，建设服务长江中游地区的新兴服务业集聚区。

（三）立足中部崛起，培育战略支点

中心城市作为区域经济发展的重要引擎和增长极，具有重要的战略地位和核心作用。长沙建设国家中心城市，必须积极响应国家战略需求，围绕"辐射带动区域发展和树立发展示范"，扬长补短，充分发挥中部区位优势、交通枢纽控制能力和国家发展范式创新的示范标杆作用，争取成为引领中部崛起的战略支点。

强化长沙作为三大国家战略通道的枢纽优势，打造内陆双向开放门户和国家交通物流中心。一是按照"形成大路网、建设大枢纽、构建大交通"的思路，突出空港、高铁、河港等对外功能平台，做强口岸经济，推进保税物流发展，建设中部国际航空枢纽、全国陆路枢纽和全国内河主枢纽港口，形成面向国际、辐射中部的开放门户。二是加强航空、铁路、水运、公路的有机衔接，完善与全国性综合交通枢纽定位相匹配的集疏运系统，建设多方式货物转运中心，成为面向全国的交通运输组织枢纽和服务中心。三是结合枢纽站场建设物流园区、专业市场等功能区，完善物流配套建设，加速构建大物流、大商贸、大外贸的外向型经济格局，形成"立足中部、服务全国、联通全球"的物流中心。

彰显中心城市的责任担当，强化在"一带一部"中的核心增长极作用。长期以来，中央、省及其他市州为长沙发展创造了条件，对省会倾斜投入形成的科技、教育、人才、文化、卫生等资源，都是全省的宝贵资源。长沙现有"两型"社会试验区、国家自主创新示范区、湘江新区、中国制造试点示范城市、临空经济示范区、军民融合示范基地等国家级平台，需进一步将平台用好，并落到具体的项目和载体上，以实干实力建设国家中心城市，并通过集聚和辐射效应服务全省。长沙进一步强化省会意识、大局意识、服务意识、担当意识，着眼全省配置资源、谋划发展，力争各项工作走在全省前列，更好地发挥在建设富饶美丽幸福新湖南中的示范引领作用，在长株潭一体化和武陵山片区脱贫攻坚等发展战略中为全省发展提供支持和服务。

（四）立足圈域一体，促进同城化发展

长株潭都市圈是湖南省发展基础最好、资源最集中、产业创新能力最强、对外开放程度最高的地区。抓住机遇，促进长株潭都市圈同城化发展，是推动全省进一步增强竞争力，站位世界产业链高端，实现两个一百年的关键举措。与邻近的国家中心城市武汉相比，长株潭三市大部分指标更具优势，2018年，长株潭三市经济总量1.58万亿元，高于武汉的1.49万亿元；三市年末常住人口为1504万人，高于武汉的1108万人；地方财政收入1195亿元，跨入千亿俱乐部。因此，整合长株潭三市优势资源，实行同城化发展，共同创建国家中心城市，提升整体实力，可在长江中游地区与武汉构成"双核驱动"模式，助推中部发挥优势，迅速崛起。

一应完善一体化体制机制。在体制机制方面做好三市的体制机制衔接工作，推动三市相向而行。着力破除制约一体化发展的行政壁垒和体制机制障碍，建立健全长株潭都市圈体制机制。完善长株潭规划体系，加强长沙市重要规划与长株潭都市圈区域规划及株洲、湘潭两市各类规划的全面对接。建立运行有效的三市一体化合作体系，建立协调决策机制，完善协

同推进机制,优化评估监督机制。加快建设统一开放市场,加快人力资源市场一体化、推进技术市场一体化、推进土地市场一体化。完善多层次多领域合作机制,建立健全重点领域合作机制、建立各类市场主体协同联动机制、建立区域间成本共担利益共享机制。加快研究推进行政一体化的时间表、任务书和路线图。

二应共同构建现代产业体系。以千亿级产业为重点,以配套产业和现代农业、现代服务业、文化旅游等产业为辅助,大力优化三市产业结构,打造特色产业体系。重点引导长沙市先进装备制造、汽车及零部件、食品加工、烟草、住宅工业、智能家电以及旅游休闲、商贸物流、现代金融等产业发展;引导株洲市轨道交通装备、陶瓷、服饰、汽车及零部件、新材料、航空产业以及健康食品与生物医药、现代物流等产业发展;引导湘潭市新能源装备、海工装备、先进矿山装备、工业机器人等智能制造业、新材料产业以及文化旅游、商贸物流等现代服务业发展。大力推进农业等产业转型升级,提高产业整体竞争力。

三应推动公共服务共建共享。一是实现长株潭教育基本现代化。共同推进三市职业教育实习实训基地共建共享,实现三市大中专院校毕业生就业信息网络连接。二是共同推进三市图书馆、文化馆、博物馆等公共服务设施共建共享,实现对三市市民免费开放。共同推进旅游景点联合对三市市民推出同城待遇。三是共同推进长株潭院前医疗急救网络平台建设,构建长株潭院前医疗急救指挥监控一体化系统。完成长株潭血液中心采供血平台建设,实现三地血液库存信息共享和用血费用异地报销,共同推进人社"一卡通",全面实现异地就医即时结算,社保关系即时转移。四是共同推进统一的电子支付在三市党政机关、企事业单位、宾馆酒店、旅游景点、商业综合体、市民中的推广使用,实现党团工会"三费"、水电气费、教育医疗公交费等移动支付,共同打造"移动支付第三城"支付示范城市。

四应强化基础设施互联互通。协调推动道路交通、通信、能源供应等基础设施同城共网，规划兴建城际管沟，优化外环高速、城际铁路环线构成的区域高速运输体系，促进长株潭都市圈内部交通主动脉高效畅通。推进现代化能源基础设施建设，加快实施公共领域节能改造工程，加快既有居住建筑和公共建筑绿色改造步伐。推进现代化水利基础设施建设，综合建设"渗、滞、蓄、净、用、排"基础设施，建设海绵城区，逐步解决城市内涝问题，2020年，长株潭建成区海绵城市改造率达到40%。推进现代化环境基础设施建设，优化城区生态设计，加强城区绿道、绿带、河流风光带建设，加快建设综合性公园、主题公园、社区公园、街头花园等城区绿色板块，打造景观城市圈。推进现代化信息基础设施建设，建设无线城市和宽带城市，完成三网融合任务，建立数字都市圈地理空间框架体系和信息共享平台，创建智慧都市圈。

"一带一部"论纲：基于区域协调发展的战略建构

第七章

"一带一部"
区域战略位能

"一带一部"论纲：基于区域协调发展的战略建构

位能，又叫势能，本义是指物体在万有引力（包括重力）、弹性力等势场中，因所在的位置不同而具有的能量。由于各物体间存在相互作用而具有的、由各物体间相对位置决定的能叫势能，又称作位能。区域位能，是指一个区域因所在的位置不同而具有的能量。区域战略位能是一种起主导全局作用的势能形态，它不仅随区域自身条件和外部环境的变化而变化，也随该区域与其他区域的空间联系而变化。"一带一部"在东部与西部之间、南部与北部之间发挥传导作用，具有显著的战略位能。

一 承东：承接东部产业转移

一个国家或者地区的经济发展速度和质量在空间上呈现差异化发展，形成的结果是经济发达程度不一，出现了发达地区、欠发达地区、落后地区等经济发展水平明显不一的类型。而当差异化发展到了一定阶段，发生在经济发达地区与欠发达地区之间的产业转移现象便开始了。我国地域辽阔，经济发展形成了东部地区、中部地区、西部地区间的梯度差异。东部地区的产业向中西部地区转移已经是一个客观存在的经济规律。湖南省是东部沿海地区和中西部地区的过渡带，过渡带的区位本身是一种优势，依托这种区位优势，积极承接产业转移，是湖南经济发展的必由之路。

（一）提升产业转移承接能力

一个产业从沿海发达地区转移到中西部地区，中西部地区承接地必然要有承载的能力和吸引力。中西部地区范围如此之广泛，"网漏效应"的存在说明了地理位置毗邻是一种优势，但不是决定性因素。产业转移承接地要具备相应的能力，首先要让沿海发达地区知道承接地的优势所在，其次是要让"飞来"的产业能够扎根。为此，湖南提升承接产业转移能力，至少要在宣传、环境、服务、要素等四个方面加以努力。

1. 注重宣传效应

抓住各种机会，加强对外宣传。宣传不只是在商贸洽谈会、招商会等节会上，在互联网时代，要注重运用新媒体进行宣传。文化与经济从来就是水乳交融，因此，宣传的内容方面既要宣传湖南文化，也要宣传湖南地方经济资源。我们既要有整体的品牌概念，又要有各市州县品牌。为此，既要宣传湖南整体，又要宣传地方亮点。就是说让外地既要知道湖南的特色，还要知道某个市州县的特色。只有湖南整体与地方亮点一并宣传，文化特色与经济资源一并宣传，才能使湖南被沿海发达地区了解并进一步激发进行深层次了解的欲求，为开展经济合作打下基础。比如湖南湘西有丰富的文化旅游资源，可以吸引文化旅游企业来投资开发。文化旅游是带动效应明显的产业，可以明显地把当地的老百姓带进去，使他们收入明显增加。衡阳是湖南的人口大市，劳动力密集，每年有劳动力大军转移到沿海发达地区投入生产，其实可以通过承接产业转移的方式，让他们离土不离乡。因此，衡阳可以承接劳动力密集型产业到县城甚至小城镇。事实上，湖南已经在这方面迈出了坚定的步伐，如今有的小城镇就已承接产业转移，如制作玩具、编织袋、皮包等。

2. 优化营商环境

过去依靠零租金、免税收等优惠政策吸引沿海发达地区企业家来投资兴业。当中西部地区普遍运用这一方法的时候，湖南就不具备优势了，因为比较起来没有特别之处。如今，真正的优势在于良好的软环境，也就是要有良好的营商环境，是一种低成本、便利化的环境。首先，要提升基础设施水平，目前，全省路网骨架已经形成，当务之急是把产业园区内部的基础设施建设好，把产业园区与最近的高速公路及高速铁路之间的连接线修好。其次，要提升服务效率，缩短企业办理入园的时间，提高企业服务的质量。深入推进"放管服"改革、"最多跑一次"改革，进一步优化流程、简化环节、减少材料、缩短时间、提高效率，打造透明高效的政务环境。[1] 积极开展问需调查服务，沟通感情、掌握实情，了解企业发展的真实需求，为企业想办法、出实招。构建常态化服务机制，安排专职人员定岗为园区企业提供咨询和代办等工商服务，设立园区金融知识宣传咨询服务站，搭建银企对接平台，提升银企对接效率；坚持突出重点原则，以产业发展为重心，建立健全产业发展机制，包括激励机制、惩戒机制、优化机制、后勤保障机制等，不断激发园区市场活力。最后，切实减轻企业负担，不断加强诚信法治建设。总之，营造收费项目规范、审批流程最短、服务效率最高的环境。

3. 加强跟踪服务

产业转移不是一个新现象，已经持续十余年。得益于邻近东部沿海发达地区，湖南很早就开始承接产业转移了。从湘南承接产业转移示范区建设到湘西承接产业转移示范区建设，湖南承接产业转移已经有了相当的规模。湘南承接产业转移示范区建设取得了卓越的成绩。2018年11月27日，怀化市举行承接产业转移示范区建设项目对接签约会，5个项目现场签约，投资额达13亿元，引进世界500强企业2个。据统计，"邵商"近六年回乡投资2500亿元。[2] 这些已经取得的成绩令人鼓舞，然而我们不能光看"引进来"的企业有多少，投资额有多少。"引进来"的企业发展得怎么样，还有没有什么困难，产业与区域实际是不是相符合，企业自身如何根据市场发展趋势调整战略布局，等等，这些问题都需要政府进行跟踪调研服务，及时调整，并且出台相关的政策规定。总而言之，让企业进得来，还要成长得好，并且能够与时代同步伐。

---

[1] 郑建新：《放大"一带一部"优势，加快承接产业转移》，《湖南日报》2018年8月11日。
[2] 《怀化举行承接产业转移示范区建设项目对接签约会》，湖南省发展改革委网站。

4. 强化要素保障

加强土地要素保障。在土地资源日趋紧张的情况下，尽量保障与湖南本地产业配套发展的产业企业的土地需求，新产业引进要注重两方面，一是产业的带动效应要强，要能带动上游产业和下游产业发展，达到"引进一个带动一批"的效果；二是占地少，主要是考虑节约用地，加强产业园区土地整理，推进集约化规模化利用。加强资金要素保障。从沿海发达地区引进一个企业，企业自身会带来一定数量的投资，但是要完成整个企业的建设，还需要融资。对政府而言，主要是构建银企对接平台，引导资金流向产业承接地，增强投资者信心，此外，还要构建充分利用社会闲散资金的机制，保障闲散资金投资人的合法收益，增强闲散资金投资人的投资信心。加强劳动力要素保障。目前园区企业反映招工难，湖南是一个农业人口迁出大省，有比较丰富的劳动力资源。当产业向湖南转移时，本省的劳动力便可以选择，是去沿海发达地区还是在本地承接过来的企业务工，他们在这个时候会做出比较，最直接的是比收入，当然还会考虑照顾家庭、房租等生活开支。一方面提供用工信息，另一方面拿出基于沿海发达地区与本省比较的务工人员工资指导价，只有工资具有吸引力，本地的劳动力才会选择在本地就业。

（二）对接长三角一体化

湖南最开始对接上海，经过近二十年的发展变化，长三角区域一体化程度不断加深，区域整体经济实力不断提升。随着沪昆高速高铁的建成通车，湖南开始把目标瞄准长三角地区，把握长三角一体化发展的脉动，确定对接的产业方向。

1. 加快推动湖南特色农产品走向长三角

跟长三角地区相比，作为农业大省的优势得以体现，湖南有诸多具有地方特色的农产品。随着交通的发展和冷链技术的广泛运用以及物流业的快速发展，农产品消费半径不断扩大，为湖南农产品"走出去"提供了有利的条件。上海人口密集，2018年全市常住人口总数为2423.78万人，这是一个消费农产品的巨大市场。其实，早在2013年，湖南省就盯住这个大市场，实施了"湘品入沪"项目，取得了较好的成效。随着长三角一体化的推进，湖南农产品输出在空间地域范围上不仅仅局限于上海市，而是扩展到与上海有紧密经济联系的长三角地区。把一批具有湖南地方特色的名优特产品推向长三角，如永州的果秀食品、永州异蛇、掌望香米、同丰粮油、江永香芋、三味辣椒等；常德的香米、茶叶、茶油、水产、畜禽；流沙河的花猪肉；安化的黑茶；等等。

2. 引进长三角先进制造业，提升湖南工业化水平

长三角地区工业化、信息化走在全国的前列。湖南向东对接长三角，借此提升工业化水平，大力推进新型工业化。为延伸本省产业园区产业链招商引资。如为了延伸永州长丰猎豹汽车配套产业链，可引进长丰猎豹汽车（二级、三级）配套企业落户，助力长丰猎豹汽车扩能，加快其发展步伐，缩短配套半径。为发展新能源、新材料产业招商。抓住时代机遇，发展新兴产业。进入汽车时代，长沙抓住汽车产业发展的大好机遇，从上海引进一汽大众，发展得很好。长沙汽车产业所取得的成就说明，一个地区要加快发展，必须捕捉时代气息，借助外界力量，发展时代需要的产业。大数据时代，谁抢先发展了数据产业，谁就赢得了发展的主动权，抓住了机遇。比如，湖南（株洲）数据产业园区引进长三角相关的大企业，不仅可以助推株洲优势产业升级，还可使株洲成为数据产业高地。株洲成为"一带一部"开放开发的核心区，主动向东加快开放发展。主要向南开展对外经济联系的衡阳，在现代高速交通网络骨架下，也不只盯南边，既向南也向东。

3. 加强现代服务业对接

沪昆高铁的开通，缩短了湖南与长三角的来往时间，湖南四小时经济圈涵盖了以上海为核心的长三角地区，从产业开发层面看，可以引进长三角地区大型旅游企业来湘开发，从消费层面看，可以促进湖南与长三角地区的居民往来旅游消费。湖南的总品牌"锦绣潇湘"要继续扩大在长三角的影响。总品牌下的区域品牌、市州品牌、产品品牌需要细化和强化。依托"锦绣潇湘·快乐之都""锦绣潇湘·天下洞庭"等五大区域旅游品牌，加快建设五大旅游板块，加强五大旅游板块内联外合，组建旅游共同体。精心设计时尚都市旅游线、名人故里旅游线、自然生态旅游线、民俗文化旅游线以及绝美高铁旅游线5条精品旅游线路，游客从长三角出发，到长株潭再到张吉怀，一路上可尽情享受美丽多娇的湖南景色。市州品牌中该引进企业来开发的加快引进，做得成熟的加快抱团"走出去"。永州涔天河旅游度假区，可引进旅游开发企业，开发湖泊观光、高端度假、风情体验、水上运动、生态漂流、休闲娱乐、探险狩猎等诸多项目。常德的桃花源（心灵的故乡）、柳叶湖（城中大海、度假天堂）、城头山（城池之母、稻作之源）都极具开发价值。

4. 从长三角引才引智

人才是一个地区发展的根本。至2019年末，长三角地区中仅上海市就有普通高等学校64所，高校云集，人才济济。长三角有高端人才，在对接的过程中，如何把人才引到湖南来，是一个需要特别重视的问题。航空业的快速发展，沪昆高铁的开通，均为引进人才提供了外部保障条件。现在的关键是明确各地缺乏什么样的人才，需要什么样的人才，人才来了，能够创什么业，如何留住。要重视引进人才团队，从引一个到引一批。人才愿意来，来了之后能够实现创新创业的目标和理想。为此，首先，加快"芙蓉人才行动计划"相关政策的落实。其次，开展高层次产业人才引进洽谈活动，精准邀约长三角地区知名高校本硕博毕业生及高层次人才参会，吸引人才来湘。另外，可以采取到发达地区学习交流的方式，组织赴上海市人力资源服务产业园交流学习，了解人力资源服务行业新理念、新产品、新技术。到长三角地区调研高端人才、高层次人才来湘的需求，根据他们的需求，再建立产业人才引进、培育、留用机制。

（三）促进湘赣开发合作

长株潭与江西的宜春市、萍乡市等毗邻，随着高速公路的开通，来往这些相邻地区不用翻山越岭，相互之间的联系会更加密切和频繁。看到交通发展带来的交流便利，为促进边远地区的经济发展，2015年4月，两省签署了《共建湘赣开放合作试验区战略合作框架协议》，联合建立包括湖南省长沙市、株洲市、湘潭市，江西省萍乡市、宜春市、新余市在内的湘赣开放合作试验区。以湖南和江西毗邻的边界区域的"湘赣开放合作试验区"建设为契机，消除行政区划对经济发展的影响，打通交通通道，与江西省一同推动跨省区域协调发展。

1. 共建共享开放发展的"路游区"

湖南与江西的合作需要务实创新深化，湘赣两省毗邻而居、山水相连、人脉相亲，有无比深厚的亲缘和友谊，同属湘赣边革命老区。近年来，两省密切合作，在共同实施国家战略、完善交通网络、旅游一体化、生态文明建设和跨省合作试验区等方面取得丰硕成果。当前，两省共同面临中部地区崛起、长江经济带建设、深化泛珠区域合作等一系列重大发展机遇，为进一步深化合作提供了广阔空间。在基础设施互联互通、红色生态旅游发展、跨省开放合作示范区建设等方面，共同争取中央和国家支持，推进国家重大战略实施，共建共享互联互通的开放之"路"，共同发展红色生态的精品之"游"，共同创建跨省合作的示范之"区"，以高质量发展为两省人民谋求更多福祉。两省携手共进，加深务实合作，在争取国家支持、合作平台建设、畅通省际通道、推动文旅融合、优势产业联动发展等方面取得更多成果，共同推动两省合作交流纵深发展。

2. 共同完善综合运输体系

湘赣要进行开放合作，必然要强化人流物流信息流，加强共同构建完善的交通运输体系。针对两省间还存在不少"断头路"的问题，两省要加快协商打通"断头路"。由于这些地方均是两省的边远地区，且大都为农村或者小城镇，在省的位置也不重要，往往得不到高层的重视。两省的相邻市县也可以一起协商如何打通、如何筹措经费，并就公路等级达成一致意见，避免过去一看路面的明显区别就知道一边是一个省的路，各搞各的，标准不一致。首先打通省际"断头路"和市际"断头路"，逐步消除一切"断头路"。鼓励在交界地区建设商贸市场、物资集散中心等符合城镇发展的项目，以此增加彼此之间的交流。大力推动长沙—九s江高速铁路项目建设，规划研究赣西对接长株潭城际铁路、咸宜井铁路；加快推进长沙—萍乡—井冈山、萍乡—莲花高速公路建设，提高高速公路覆盖密度，建设湘赣省际无费用快速大通道，发挥长株潭都市圈的带动作用，并借此扩大长株潭都市圈辐射范围，从而形成与开发合作相匹配的运输体系。

3. 打造"三廊三区四圈"空间结构

从交通条件分析，过去两省交界地区被丛山阻隔，如今在高速公路、高等级公路、高速铁路的连接下，四通八达。虽然交通体系有待完善，总的来说，改善了许多。沪昆高铁经过江西和湖南两省，形成了一条重要通道。如何把交通通道变成经济走廊，需要两省合作，推动沪昆合作廊道、长（沙）浏（阳）萍（乡）合作廊道和长（沙）—上（高）—高（安）合作廊道建设。经济通道纵向延伸，解决了交通通道沿线经济的发展问题。如何发挥通道作用，促进区域发展，需要两省相关市县联手，立足实际，规划建设浏阳—上栗共建区、醴陵—湘东共建区、浏阳—铜鼓大围山大沩山共建区；并在此基础上建设次区域合作圈，可规划构建浏阳—铜鼓—万载、浏阳—上栗—湘东—醴陵、攸县—茶陵—莲花、新余—樟树—上高4个次区域合作圈。通过"三廊三区四圈"空间结构的打造，把经济联系为一体，一起开放，共同发展。

二 启西：打造湘黔高铁经济带

湖南向西就是贵州，也就进入了我国西部地区。湖南与贵州山水相连、人缘相亲，自古以来，就有联系与交流。湖南湘西地区和贵州同属于欠发达地区。由湖南到贵州原来经湘黔铁路，如从株洲出发到贵阳，需要12~13个小时，而今沪昆高铁开通后，从长沙坐高铁到贵阳只需要约3.5个小时的时间。高铁的发展拉近了湘黔两省的距离，为沿铁路线打造高铁经济带创造了条件。建设湘黔高铁经济带，早在2015年，两省高层就在湖南怀化着手制定合作框架。经过近几年的发展，取得了一定的成效，双方不断深化交流合作，在能源建设、经贸往来、区域合作等方面取得了许多新进展，但是仍有较大提升空间。

（一）推进基础设施互联互通

进一步加强交通合作，两省共同规划建设一批对完善主通道、消除省际"断头路"有重要作用的重大项目，形成连接周边中心城市的运输通道，加快构建以高铁为引领的综合交通网络，推动铁、公、航、水无缝衔接。通过基础设施的互联互通，推动内陆省份主动融入国家"一带一路"倡议，共同推进长江经济带建设。

1. 消除省际"断头路"，提升省际边界公路等级

随着经济社会发展，省际乡镇经济联系与交流比较密切，如果没有较高等级的公路，当地的老百姓要沿着祖辈走出来的路，仍然保持传统的交流。省际"断头路"的存在，除了自然经济条件原因，也有"囚徒困境"因素使然。在博弈理论中，政府作为公共利益代表方，修建一条路到边界地区，对自己一方不会产生较大收益，总想着等对方先修好再动工修。认为修好拉通道路，有利于对方。这样一来，你等我先修路，我等你先修路，到后来，省际边界地区的道路往往成为道路基础设施中被搁置甚至遗忘的区域。另外省际边界地区路面等级大部分较低，需要提质改造，但是由于地理位置的比较偏远，一般都挤不进全省道路基础设施规划的笼子。例如贵州境内的S71线往东就是一条断头路，湖南怀化芷江到贵州大垅的公路，需要提质改造。如何解决这些问题，第一，相邻的市县携手依靠自

身力量解决；第二，可以联合向更高级别政府申请解决；第三也可探讨发行债券的方式向社会融资。

2. 推进省际边界中心城市交通网络化

省际边界中心城市是地处省际边界地区的一类特殊的区域性中心城市，对边界周边地区一定区域内具有较强的辐射力和吸引力。[①] 湘黔边界中心城市包括贵州的铜仁、凯里和湖南的怀化、吉首、洪江等城市，特别是沿着沪昆高铁分布的中心城市，它们通过沪昆高铁连接在一起。整体上看，这些中心城市之间没有网络化，怀化市位于沪昆高铁铁路线上，而铜仁到沪昆高铁站仍需要走公路，铜仁到怀化市区和芷江没有快速便捷的公路连接线。贵州铜仁与怀化芷江均建有机场，但没有开通航线。交通没有网络化，必然增加边界中心城市之间交流的难度，也不利于充分发挥城市的辐射带动作用。边界地区的大部分县城之间仍然是单线物流和人流，这不利于打造沪昆高铁经济带。由于涉及两个省，单方面无法促成交通网络化，两省政府对于推动交通网络化起着至关重要的作用。因此，两省政府应该协商制定促进省际中心城市交通网络化的举措，规划设计路线，对道路建设标准和时间形成一致的意见。

3. 形成综合交通网络

综合交通网络是一个成熟的经济带不可或缺的。湘黔高铁经济带是一个区域经济概念，沿湘黔高铁分布，但又不仅仅依靠湘黔高铁发展，这个经济带的发展仍需要包括铁路、公路、水路、航空在内的综合交通网络来做支撑。要织成三张网——由连接湘黔高铁经济带各级城市的不同等级公路形成的公路网，由沅江水系干支流形成的水运网，由贵阳龙洞堡机场、铜仁凤凰机场、怀化芷江机场、长沙黄花国际机场之间的航空线组成的航空网，网网相交，湘黔高铁线贯穿其中，形成综合交通网络。在湘黔高铁经济带内综合交通网络可加强城市与乡村、城市与城市之间的联系，同时

[①] 朱翔、徐美：《湖南省省际边界中心城市的选择与培育》，《经济地理》2011年第11期。

方便外界进入经济带，提高各城镇通达性。

（二）推动产业互补联动发展

虽然湖南和贵州两省同属于欠发达地区，都面临着工业化水平需要大力提升的现实问题。但是两省产业资源和特色还具有一定的差异性，仍有合作的空间，通过合作互相促进产业升级、互通产品。两省努力探讨中西地区合作的可推广复制的模式，其意义不仅仅是提升各自经济实力，同时为其他省份开展合作做出示范。从长远来看，湘黔高铁经济带的辐射，还可影响西部地区其他省份的发展。

1. 进一步加强产业合作

2018年，湖南三次产业结构为8.5∶39.7∶51.8，贵州三次产业结构4.0∶37.2∶58.8。虽然都是为三、二、一结构序列，主导产业中有相同的，但是资源禀赋有差异。两省在能源开发、有色金属深加工、特色农业开发、旅游开发等方面有合作的空间。比如，湖南和贵州两省的有色金属矿均为铅锌矿，看似两省同质竞争，实则不然，因为都面临资源枯竭及经济转型的难题。而恰恰这一难题成了合作点。可以通过交流合作探讨如何促进有色金属产业转型，如何大力发展有色金属循环利用。通过合作促进双方产业结构升级。贵州作为国家重要能源基地，继续推动贵州煤电入湘，湖南则要加深湖南湘煤集团和五凌电力在贵州的开发。鼓励和支持企业跨省进行投资，推动文化旅游产业交流合作。推动湘黔高铁沿线产业转移与对接合作，鼓励跨省进行产业链延伸和配套，加大跨省产业园区合作建设力度，实现优势产业互补和区域经济一体化发展。

2. 进一步加强旅游合作

旅游是最能带动欠发达地区老百姓增加收入的行业，两省边界地区不少乡村有优美的自然环境，是旅游的好去处。对于在两省边界、自然条件一致的地区要共同开发旅游资源，不可因为行政区划而荒废了旅游的开发。例如，发源于贵州省都匀市谷江乡的清水江，自贵州省天柱县流入湖南怀化。清水江畔的清江村，具备发展旅游的优质资源。若是开辟托口古镇到清江村的综合水上旅游通道，可以大大提升清江村及托口古镇的乡村旅游发展水平。我们习惯于做大旅游景区的文章，在全域旅游时代，其实乡村旅游做好了，对发展特色旅游具有很好的作用。把旅游作为先行领域来抓，加快推进旅游市场一体化，谋划建设民族文化旅游产业带，连片开发精品旅游资源，携手打造湘黔黄金旅游圈。充分发挥规划对旅游合作的引导作用，共同打造旅游线路，把两省的旅游景区串联起来，使来到湖南或者贵州的游客，更好地感受体验两地风景风情。

3. 搭建产业合作平台

两省政府要多交流策划，让两省的企业家走到一块进行思想交流，让企业家们考察彼此的市场、资源，激发创新创业的活力。对于旅游业，可策划组织两地旅游文化交流会、旅游展会、市场营销推介活动，实施跨省国民旅游休闲计划。贵州省已经先迈开了步伐，贵州旅游景区推出了针对湖南旅游市场的门票半价消费月，主要是每年的7月、8月。把湖南旅客拉到贵州，夏季贵州凉爽，是避暑的好去处，又有低价的诱惑，产生了较好的效果。对于农业和工业，要策划举办经济贸易洽谈会，或者商品展示会，或者园区发展交流会等，增进彼此之间的了解。通过经济贸易交流，两省的企业可能找到互补的空间；可能产生创新的思路，研究开发新的产品；可能一起做大做强，抱团"走出去"，走到东部沿海发达地区，融入"一带一路"国家战略中去。

（三）强化生态环境联防联治

湘黔两省需要进一步加强生态合作，共同推进高铁沿线环境保护和环境综合整治，共同努力把武陵山片区真正建成长江流域重要的生态屏障。目前两省交界地区工业少，生态环境比较好。湘黔高铁经济带建设的推进，势必会加深边界地区的开发，包括工业、旅游业、农业等，而这片地区又是长江流域重要的生态屏障，开发时，一定要以保护为主，在保护中开发，避免"先污染后治理"的老路。

1. 跨省域水生态环境保护

跨越湖南和贵州的沅江，属于长江八大支流之一，发源于云贵高原东部，流域则跨贵州、重庆、湖北、湖南四省市的63个县（市、区）。沅江干流长1027公里，其中贵州省境内长459公里，湖南省境内长568公里，上游为清水江，发源于贵州都匀市谷江乡。沅江养育了湖南和贵州两省的人民，承载着两省沿河的经济发展，两省更加有责任共同保护与治理沅江。从国内外其他河流经济带的发展来看，如果不注意环境保护，河流的上游污染向下叠加，会使河流越到下游污染越重。为了避免"先污染后治理"的老路，促进两省边界地区可持续发展，两省应该共同制定沅江水保护纲领，建立跨省的河长制。加强截面水质监测和通报，建立定期通报制及预警机制。严格执行项目环境影响评价制度，水质一旦出现异常，就启动风险防范控制。共同确定沅江水系干流和1~3级支流两岸的开发强度，制定负面禁止清单。共同打通跨省水上通道，协商保护与治理水环境的举措。

2. 加强生态公益林保护

由湖南向西逐渐进入我国地形地势的第二阶梯，即云贵高原。这里有一座绵延了渝、鄂、湘、黔4省（市），面积约10万平方公里的大山脉——武陵山脉。武陵山脉所在的区域便是武陵山区，区内森林覆盖率达53%，是我国亚热带森林系统核心区、长江流域重要的水源涵养区和生态屏障。湖南要做的就是和西部地区的渝、黔，当然包括鄂，一起保护武陵山区的生态公益林。认真做好生态公益林的保护宣传工作，对位于武陵山片区的百姓群众，多宣传生态公益林的生态效益，同时要争取逐年提高生态公益林补助，让老百姓守住绿水青山也得到经济补偿。加大力度惩治破坏生态公益林的违法犯罪行为，实施联合执法。采取现代化的浇灌及防火装备设施，对公益林进行管护。建立武陵山片区公益林大数据平台，数据联网，利用遥感技术搜集数据，增加监测频次。开展公益林保护交流与探讨，总结经验教训，共同应对可能出现的问题，加强火灾防范。

3. 加强生物多样性保护

武陵山区生物物种丰富多样，素有"华中动植物基因库"之称。湖南西部地区作为其组成部分，要主动参与生物多样性保护。首先，要强化"红线"意识。生态保护红线是生态环境安全的底线，是我国环境保护的重要制度创新，包括禁止开发区生态红线、重要生态功能区生态红线和生态环境敏感区、脆弱区生态红线。被纳入的区域，禁止进行工业化和城镇化开发。其次，要保护好中亚热带常绿落叶阔叶混交林、常绿阔叶林、高山矮林等植被，云豹、白鹤、白颈长尾雉、猕猴、水獭、大鲵、红嘴相思鸟等动物。对植被的保护不仅是保护植物物种多样性的必要，同时是强化水源涵养功能的需要。最后，要保护好具有极其重要的生物多样性保护功能的区域，包括壶瓶山、八大公山、张家界大鲵、小溪等国家级自然保护区，峰峦溪、南华山、中坡山等众多森林公园，武陵源风景名胜区（世界自然遗产）等。局部区域需加强水土流失和石漠化治理，防止面积扩大。

三　融南：建成粤港澳的通勤区

湘粤合作由来已久。港珠澳大桥开通后，粤港澳三地之间的经济文化联系越来越密切，世界级大湾区——粤港澳大湾区逐渐形成。湖南不仅与广东联系，而且在更加广泛的范围内向南挺进，与香港、澳门的联系也日渐增多。实际上，湖南已经成为粤港澳腹地的前沿。湖南向粤港澳大湾区输送农产品，如郴州、永州等地产的新鲜蔬菜头一天晚上采摘，第二天早上便可送到粤港澳大湾区城市的超市；此外还输送大量劳动力。粤港澳大湾区向湖南输送工业产品，转移产业，在产业转移的过程中也输送了理念。

（一）全面对接粤港澳大湾区

推进粤港澳大湾区建设，是中央谋划部署的国家战略，是湖南新时代对外开放的重要机遇。2019 湖南对接粤港澳大湾区恳谈会暨重大项目签约仪式在香港举行，现场签约重大项目 32 个，投资总额达 1700 亿元。这是湖南主动对接国家战略、深化拓展与大湾区乃至世界各地的全面合作，迈出的可喜的一步。对于这么好的一个机遇，湖南需要展开全面对接，方可实现高质量发展。

1. 综合交通对接

京港澳高铁把湖南、广东、香港连接起来，港珠澳大桥把澳门、珠海、香港连接起来。湖南到达粤港澳大湾区的交通越来越方便。应按照《湖南省对接粤港澳大湾区实施方案》的要求，加快建设高速铁路大通道，加开直达香港、广州、深圳、珠海等地的高速列车，建设湖南至大湾区 3~5 小时便捷通达圈。推进高等级公路互联互通，加快推进京港澳高速公路（湖南段）扩容工程，全面打通省际公路"断头路"，畅通湖南至粤港澳公路运输通道。加快航空网建设，加密长沙、张家界、常德等地至大湾区主要城市的航线航班。加强信息领域合作，加快互联网国际出入口带宽扩容，促进与大湾区信息基础设施互联互通。

2. 文化旅游对接

粤港澳大湾区面积为 5.6 万平方公里，人口数量达 6600 万人。该区域经济发展达到高等收入水平，中高等收入人群很多，出游已成为人们生活的重要组成部分。把湖南的文化旅游推向粤港澳大湾区，真正做成粤港澳大湾区的后花园，让那里的居民愿意来、愿意停留。湖南郴州已经做出了很好的成绩，2017 年，郴州市接待香港、澳门游客数量分别为 20.51 万人次、5.39 万人次，旅游收入分别为 8979.9 万美元、2335.9 万美元；接待广东游客数量大约 1300 万人次，占全市接待游客总人数的 22%。2018 年"十一"黄金周粤港澳大湾区来郴游客中，仅香港游客就 2 万多人，同比增长 40% 左右。湖南有丰富的旅游资源，应该把整个湖南打造成粤港澳大湾区休闲旅游目的地，就产品开发、宣传营销、基础设施配套等进行系统布局。在提高旅游景区景点质量、拓展旅游新业态的同时，实现旅游服务一体化。在湖南境内高铁站附近设立集咨询、购票、导览、导游、租车于一体的游客集散中心，开通直达湖南主要景区的旅游专线，利用信息化管理手段，实现"一站式"接待、"一条龙"服务。

3. 营商环境对接

与广东沿海发达地区相比，湖南营商环境有差距。要深化与大湾区的交流合作，必须加快营商环境对接，营造和大湾区相当甚至更优的营商环境。加快商事登记制度改革，通过"先照后证"大幅降低市场准入门槛，持续推行"三证合一""五证合一""一照一码"改革，激发市场主体创新创业活力。构建透明高效的政务环境，打造项目审批"高速公路"，全面推行一枚公章管审批。加快建立"多规合一"业务协同平台，实行"一张蓝图"明确项目建设条件、"一个系统"受理审批督办、"一个窗口"提供综合服务、"一张表单"整合申报材料、"一套机制"规范审批运行机制。构建优质的产业发展环境，对从大湾区承接的产业，合理引导，按园区错位发展规划入园，推动园区特色化、集群化。同时，构建良好的科技创新环境和公平正义的法治环境。

（二）打造内陆开放合作高地

世界经济日益全球化，开放已经成为常态，任何一个国家和地区的发展都不可能封闭自守，都要拥抱这个世界，主动融入。我国地域辽阔，诸多位于内陆地区的省份纷纷依靠高速公路、高速铁路、航空港、航运港，积极参与到"一带一路"倡议，竞相打造内陆开放高地。湖南也加入其中，2016年提出"开放崛起"战略，要在这场竞赛中遥遥领先，唯有充分发挥"一带一部"区位优势，在对外开放中，加强与外界的合作。在开放中合作，在合作中开放，成为内陆省份开放合作标杆。

1. 建设好融入粤港澳大湾区的通关机制

加快推进湖南融入全国通关一体化改革浪潮，海关部门通过主动向在湘进出口企业采取印制手册、上门宣讲解释等多种方式和途径，宣传"自报自缴""电子支付""汇总征税"等通关便利改革新政策，及时帮助企业解决通关遇到的困难和问题，有效防范通关运行中产生的各种风险。湖南有相当一部分进出口货物是通过粤港澳大湾区的海关，推动建设湖南海关与粤港澳大湾区海关的通关一体化机制，是顺应时势的需要。无论出口货物还是进口货物，湖南境内海关和粤港澳大湾区海关检查审批相互认定。到哪个海关由两地企业根据距离的远近和进出口货物自主决定。要让企业享受通关便利，缩短通关时间，提高通关效率。全省各个地方一步到位比较困难，可先在湖南的南大门郴州先行探索。湖南郴州将以综合保税区为核心，全面整合现有开放平台，打造以综合保税区为主体的口岸经济区，重点建设湖南对接粤港澳仓储物流基地、郴州国际内陆港配套功能设施、郴州电子口岸实体平台、郴州进出口商品展示交易中心等项目，建成运营进口肉类指定查验场、国际知名化妆品郴州仓储分拨中心。

2. 建立一体化物流体系

物流业一体化程度是衡量两地经济融合程度的指标，区域物流业一体化程度越深就说明区域经济一体化程度越深。湖南要在做大做强交通物流的基础上，与粤港澳大湾区共建一体化体系，主要应从三个层次着手。第一层次，与粤港澳大湾区共建垂直一体化物流，即将两地提供产品或运输服务等的供货商和用户纳入管理范围，同一条线上的供货和用户并入同一物流体系，由统一的管理中心调度以统筹安排。实现垂直一体化物流体系，需要相关政府职能部门通力合作，而不是各打各的算盘。第二层次，与粤港澳大湾区共建水平一体化物流，两地多家企业在物流方面开展充分的合作，从而获得规模经济效应。不同的货物对物流的要求不同，体现在车型、包装、货物箱等的使用上，所以不同行业的企业在物流上有合作的基础条件。物流合作可以充分利用物流设施，大大降低物流运输车辆放空率，加快货物运输速度。第三层次，与粤港澳大湾区共建物流网络，即垂直一体化物流与水平一体化物流的综合体。即在第一层次和第二层次体系比较完善的基础上，组建大型物流集团，或者利用大数据进行整合，全部实现网络化。

3. 建立多种形式的开放合作平台

开放合作平台是指一切能够推进开放合作的机会或者载体，可能是一个论坛、一个经贸洽谈会，也可能是一个网站，还可能是一个文化交流会、一个开放合作试验区，平台可以不断创新。为此，要做两个方面的工作。一是主动邀请建设开放合作平台。诸如2014年湖南、广东两省在广州市举行合作交流座谈会，签署了关于加强湘粤合作的协议，建设湘粤开放合作试验区。二是积极参与粤港澳大湾区创建的开放合作平台。如在广州举行的2018广东21世纪海上丝绸之路国际博览会主题论坛，每年举办的泛珠三角区域合作行政首长联席会议，等等。通过平台建设获得开放发展的机会，发现合作空间，寻找合作伙伴。

（三）促进产业协作联动发展

湖南对接粤港澳大湾区的核心在于产业。以科技先进的长株潭为龙头，促进湖南与粤港澳大湾区之间的产业协作联动。长株潭是湖南科技创新和高新技术产业的集聚区，其中，长沙高新区是全球重要的工程机械制造基地，株洲高新区是全国最大的电力机车研发生产基地，湘潭高新区是我国重要的能源装备产业基地。

1. 利用互补性与粤港澳大湾区开展产业协作

长株潭在工程机械、交通装备、新能源装备等制造产业方面优势突出，与粤港澳大湾区互补性强。因此，应充分发挥长株潭的集群优势，建设长株潭高新技术经济圈，强化科技创新的引领能力，在湖南对接粤港澳大湾区中发挥龙头效应。长株潭应着力优化经济发展环境，加强科技创新交流合作，构建现代产业发展体系，大力引进高层次人才。在加强科技创新交流合作方面，同粤港澳地区建立知识产权保护与运营合作机制，突出长株潭地区超级计算机、超高速列车等世界领先优势，在创业孵化、科技金融、国际成果转让等领域实现深度合作。支持和鼓励高校、科研机构同粤港澳相关机构共建国际化创新平台、联合实验室和研究中心,加快创新成果转化。

2. 大力提升产业合作度

产业合作由来已久,现在要注重如何提升产业合作度,推进深入合作。在加大与粤港澳地区的产业合作力度上,应推动湖南工程机械、生物医药、有色冶金等产业进驻粤港澳。湖南工程机械企业中的佼佼者如三一重工、中联重科等,在全国同类行业中处于领先位置,可通过设立分厂的形式,在广东建生产基地,也可直接向粤港澳输出工程机械,支撑粤港澳地区的城市建设。湖南生物医药重点可放在中药材加工方面,向粤港澳输入中药养生和治疗。医疗器材方面,依托宁乡经开区与粤港澳开展合作,合作的方向在医疗器材生产和再制造。此外,湖南是一个农业大省,多年来是广东农产品的来源地。在发展特色、绿色、优质农业上下功夫,改变输出价值低的农产品状况,提升湖南农业产业竞争力,也为湖南农产品走得更远打基础。如果没有特色、绿色、优质农产品,在现代物流业和冷链技术的支持下,更远地区的农产品将进入粤港澳地区,湖南省的地理位置就不再是优势。有了高附加值的农产品,还要有通道,以最快的速度和最优的服务,把农产品输入粤港澳地区,交通、商务、海关部门需要通力合作建设粤港澳大湾区农产品流通"绿色通道"。

3. 共建湖南粤港澳大湾区产业园

园区是作为产业发展的载体和平台,更能作为开放合作的平台。因为经济领域的开放合作主要在实体经济,而产业园区恰恰是实体经济集聚的平台,实体经济集聚产业园区使开放合作的理念得以落到实处。湖南各地建设台湾工业园(如湘潭、益阳、衡阳、郴州台湾工业园)的实践充分说明,开放合作可以采取共建工业园区的形式,如衡阳白沙洲工业园区(深圳工业园),既是承接产业转移的平台,又是经济开放合作的平台,这为与粤港澳大湾区共建产业园区提供了有益的借鉴。今后湖南的产业园区要与粤港澳大湾区开展工业园区合作共建,可规划设立广州工业园区、香港产业园区、澳门产业园区，也可以园中园的形式依靠湖南现有的产业园区共建共享。共建一个园区，带来一批企业，引进一批人才，引进一批设备，引进先进的园区管理经验和服务，为内陆省份树立园区建设的标杆。

四　贯北：协同做强长武郑都市带

从经济的空间分布看，我国已经形成"两纵三横"五大经济带①。每个经济带由数量不等的城市点沿某一轴线通过广泛的经济社会联系、人文交流而形成。每个经济带发育成熟度不等，经济体量也有较大的差别，发育比较成熟的当数沿海经济带和京广京哈经济带。由于经济带的经济活动主要集中于城市，所以经济带往往就是城市带（也叫都市带）。京广京哈经济带纵向绵延 3326.5 公里，其中长武郑都市带，地处中间"脊梁"位置。

（一）推进中国"强脊"行动

纵观中国经济地理版图，京广经济带像"脊梁"一样呈现在人们面前。根据区域经济发展史，一个国家或者地区只有把"脊梁型"经济带发展起来，才能更好地带动其他地方的经济发展。在国家经济发展中，"脊梁型"经济带是占有重要地位的空间。诸多国家发展战略表明，在经济发展的空间布局上，把"脊梁型"经济带做强，发挥"脊梁型"经济带的辐射带动作用，是经济空间发展的政策目标。这一系列战略行动，也可以表

---

① 五大经济带分别是沿海经济带、京广京哈经济带、长江经济带、陇海兰新经济带、包昆经济带。沿海经济带沿着东部海岸线，从北向南覆盖 40 多座大中城市。长江经济带沿长江水道分布，覆盖 30 多座大中城市。陇海兰新经济带沿陇海兰新铁路分布，覆盖 20 多座大中城市。包昆经济带沿包西铁路、宝成铁路、成渝铁路、内昆铁路分布，覆盖 10 多座城市。京广京哈经济带沿京广京哈铁路线分布，覆盖 40 多座大中城市。

述为"强脊"行动。

湖南有挺进中国"强脊"行动的有利条件。推进"强脊"行动，湖南有优势，更责无旁贷。湖南位于京广京哈经济带和长江经济带交会处。沿着交通大动脉形成的京广京哈经济带，是我国一条南北向的经济带，湖南正好在这一南北通道之中，人流、物流流经此地，我国南方和北方的人文信息可以在此交流，在地理区位上也更加能够吸引来自南方和北方的产品。就气候条件来看，湖南的冬季没有北方时间长，也没那么冷，夏季没有南方时间长，这样的气候条件也是诱人的。沿长江黄金水道形成的长江经济带，是我国的一条东西向经济带，湖南在这条经济带上处于中部，连接我国东部地区和西部地区。长江水道可以为东西部地区的交流带来方便，洞庭湖吞吐长江，湖南通过城陵矶①港口通江达海。除此之外，还有沪昆经济带，湖南处于该经济带中部，支撑东中西联动发展。

湖南可以从中国"强脊"行动中获得发展的机会。作为国家重要经济带上的一个节点，只有把自己做大做强，与经济带上的各个节点协同发展，才能在水涨船高中跟着上升，共享改革开放带来的红利；墨守成规，不思进取，就会摔下去，成为经济带上的塌陷区。从振兴国家经济来看，经济带上的每个节点，都有责任为经济带建设做出贡献。其实，省域经济与国家经济发展目标是一致的，是个体与集体的关系。湖南处在我国中部，挺进中国"强脊"行动，无疑能为湖南东西南北各个方位的发展带来机遇，往东，有国际化视野、先进的科学技术、先进的理念、大洋运输的便捷等；往北，有中高纬度带的资源产品、制造业发展空间等；往南，有产业转移空间、先进的城市建设水平等；往西，有丰富的自然资源、丰富的人文旅游资源、经济发展的空间等。

---

① 城陵矶，"长江八大良港"之一，长江中游水陆联运、干支联系的综合枢纽港口，湖南省水路第一门户，国家一类口岸。位于岳阳市东北，地处长江中游南岸、洞庭湖出江口处，隔江与湖北省监利县相望。

（二）发挥"结合部"传导效应

传导是物理学中的一个概念。①"传导"引入后社会科学研究，提出的新概念有政策传导机制、金融风险传导机制等。例如，结构性货币政策的传导机制研究认为，结构性货币政策的理论框架包括政策目标、操作工具、操作规则、政策协调四个方面，通过信号与预期、信贷与定向支持、利率与成本收益、风险缓释与承担机制进行传导。针对传导梗阻原因，提出从中央银行到商业银行、从金融监管到金融机构和金融市场、从国务院金融稳定发展委员会到各政府部门、从地方政府到营商环境四条传导渠道疏通路径，并提出了当前结构性货币政策的操作策略，以不断提高结构性货币政策的传导效果，促进我国经济高质量发展。②其他如关税传导，其实研究的是关税政策的传导；③金融风险传导，这一概念的提出主要是研究金融领域出现的风险如何影响其他领域，通过一种什么样的传导机制来产生影响。④本书提出的"结合部"传导效应是指区域经济发展中处于东部和西部地区的"结合部"的中部地区通过与东部和西部地区的联系促进东西部之间的双向交流和联系，并向南北两个方向传导。

湖南在承东的过程沿着京广京哈经济带向北传导。湖南承东，主要是向东部地区学习先进经验，与东部地区加强人文交流，承接东部地区

---

① 热从物体温度较高的部分沿着物体传到温度较低的部分，叫作传导。传导是热传递的三种方式之一（传导、对流和辐射）。热传导是固体热传递的主要方式。在气体或液体中，热传导过程往往和对流同时发生。各种物质都能够传导热，但是不同物质的传热本领不同。

② 楚尔鸣、曹策、李逸飞：《结构性货币政策：理论框架、传导机制与疏通路径》，《改革》2019年第9期。

③ 张甜甜、孙浦阳：《关税传导、房价与市场消费价格——基于微观价格视角的研究》，《财经研究》2019年第10期。

④ 郭栋：《"美债陷阱"历史演变、风险传导与中国债市开放启示》，《金融市场研究》2019年第8期。

产业转移。通过比较也知道湖南有哪些地方优势，比如文化旅游资源优势、某些领域的科技研发优势。在承东的过程中学习积累了发展经济的经验、与国际接轨的理念，再把这些经验与理念沿着京广京哈经济带向北传播。承接产业转移时做到有选择性地承接，京广京哈经济带以北省份借鉴湖南经验，与湖南错开承接。向北传播的方式，可以是区域经济合作方式，也可以是在文化传播的过程，潜移默化地传播理念。区域经济合作通过市场完成，要充分激发市场主体活力，政府要为市场经济主体开展区域经济合作扫除障碍，打通通道。文化的传播与经济的合作是交织在一起的。政府要多加宣传，创造平台，用文化搭台，经贸合作唱戏。

湖南在启西的过程中也要沿着京广京哈经济带向北传导。湖南处在这样一个得天独厚的位置，在启西的过程中，通过对西部地区的研究，在合作实践中知道西部地区的优势在哪里、短板在哪里、有哪些可以展开合作交流、如何选择最适宜的合作方式。让京广京哈经济带以北地区也知道这些。把承东过程中所积累的经验、所吸收的理念既向京广京哈经济带以北传导，也向西部地区传导，这是一个双向传导。双向传导本身并不矛盾，其最终目的是促进我国经济"脊梁"强大，同时促进我国区域经济均衡发展。高铁、航空、水运、高速公路等组成的立体交通运输网络加快了湖南"结合部"效应的传导速度。湖南需要做的是发挥"近水楼台先得月"的优势，依托京广—京哈高铁及航空运输，消除地方保护主义传导阻隔，充分发挥市场和政府的作用，加快承东启西所产生效应向北传导。

（三）长武郑都市带发展对策

《中国中部地区发展报告（2008）：开创城市群时代》首次提出，要整合长（长株潭"3+5+1"）、武（武汉"1+8"）、郑（郑州"1+8"）三大城市群，促进长武郑都市带——中国第四大城市群的发育与成长，形成以巨型城市群绵延带为特征的中部崛起"脊核"。① 根据区域经济发展的对比分析，着眼于中部崛起，长武郑都市带的培育应采取以下对策。②

协同提质长武郑都市带基础设施发展。对区域共享性基础设施建设设立专项支持，主要包括对共享共用的城际公共交通、水务供应、物货枢纽、生态保育、污水处理、垃圾转化、共同沟等特大型项目建设，给予专项补贴或按比例长期投入，加快推进长武郑都市带集群区域走向深度融合的一体化发展。适当扩大地方性增量财税的本土用度空间。在稳定国家年度税基预算的前提下，分区域实行差别化征返或弹性化税率，对中部城市地方性增量税收征缴给予一定的激励弹性，充实地方城市公共财力，推动城市带的自主发展。在政策性金融与慈善性资金方面给予倾斜，对长武郑都市带城市公益项目建设、高科技项目研发，以及教育、文化、卫生设施项目，给予低息或者无息贷款，或者依靠公益性慈善机构进行连续多元扶助，加快城市功能的完善和设施设备水平的提升，不断满足城市扩容过程中增量人群的公益性和社会服务性需求。推进公共投资品市场准入的政策开放。对大空间公益性、公共性项目的投资、建设、经营和管理，在限定公共产品特性的前提下，有限放开市场准入，如跨区域城际轨道交通、广场园林、文化场馆、文物保护等区域投资项目，实行社会投资人合股或捐资人独资营建管理，政府只是加强监管，严格进行资质准入、市场退出、资产重组。

协同推进长武郑都市带产业结构升级。传统产业、落后产能、低附加值产品在长武郑都市带经济中占有较大比重，要改变这种现状，需要从以下几方面努力。加快现代农业物产区域结构调整步伐。大力推进传统农业的现代化转型，积极培育和发展新型安全食品产业以及规模型、科技型的

---

① 童中贤、肖琳子、熊柏隆、佘纪国：《中部地区城市群整合及发展战略研究》，载《中国中部地区发展报告（2008）：开创城市群时代》，社会科学文献出版社，2009。

② 童中贤：《城市群整合论——基于中部城市群整合机制的实证分析》，上海人民出版社，2011。

专业化、精细化农业，实行城市物产协作，组建地缘性物产集团、专业技术型行业协会，推进机械化生产，增强农产品的市场化经营能力。推进存量工业的科技改造和集群化。鼓励同质产业的横向技术协作与改造，支持科技水平高的企业扶持现代装备工业、原材料加工工业与精细矿产品开发工业的科技提升和集群化发展。加快推进现代服务业网络化建设。以生产性服务业重组为重点，实行区域设施装备的网络化配置与运营，减少多级布点、盲目投资与重复建设。以生活性服务业提升为基点，统一规范行业竞争行为，发展品牌连锁经营。大力推动文化旅游产业、科技产业、国际教育产业的发展，提升都市带多元市场主体和多层级网络协同的整体张力。加快发展战略性新兴产业。选择掌握关键核心技术、具有市场前景、资源能耗低、带动系数大、就业机会多、综合效益好的节能环保、新一代信息技术、生物、高端装备制造、新能源、新材料和新能源汽车等产业。

协同制导域外经济要素向长武郑都市带转移。域外资源的涌入对城市群的生态环境与资源将造成压力与威胁，只有有序转移与限定性接受准入，才能防范不利因素。创造经济资源迁入的洼地，通过投资招引政策的统一筹划与协调，根据区位、物产、功能等经济优势，优化产业空间布局，实现产业接纳的城际优化配置，避免恶性市场竞争，放大产业政策的积极性社会效应，提高生产力布局的市场关联度和竞争优势。把握产业准入的适宜性。尊重经济发展规律与自然规律，按区域、功能、物产环境、社会条件接纳组配可迁入性产业或产能，加大城际分工与协作，实现产出效益、生态保育效益、产能扩张效益，达到综合绩效最大化和永续化的长远目标。充分发挥市场在资源配置中的决定性作用。行政区划是构建城市群统一市场的最大障碍，损害市场运营效率和效能，长武郑都市带建设需要避免这一点。加强长武郑都市带市场共同监管力度，创新市场竞争机制和利益驱动机制，提高区域外向性竞争的整体高效性，防止内耗。争取补偿性转移支付。作为资源利用的补偿性转移支付方式，东部沿海发达地区可对中部经济协作关联区进行直接或间接性项目援助，长武郑都市带受惠区应开辟更加便捷的产业内迁性绿色通道，扩大非限定性产业迁入流量与可容量，扩大中部增量，优化群量，实现互补性、带动性或异质性的梯级发展格局。

五　引中：共建长江中游城市群

长江中游城市群最初是湘鄂赣皖四省联手谋求全国区域发展新增长极，以武汉城市圈、长株潭城市群、环鄱阳湖城市群、皖江城市带等合作打造的国家规划重点地区，所以又称"中四角"。2013年3月，长沙、合肥、南昌、武汉四省会城市达成《武汉共识》，2014年发布《长沙宣言》，2015年签署《合肥纲要》。2015年4月，国务院批复同意《长江中游城市群发展规划》，指出长江中游城市群是以武汉、长沙、南昌为中心城市，涵盖武汉城市圈、环长株潭城市群、环鄱阳湖经济圈等中国中部经济发展地区，也称"中三角"。长江中游城市群正式定位为中国经济发展新增长极、中西部新型城镇化先行区、内陆开放合作示范区和"两型"社会建设引领区。

（一）合力打造中部崛起引擎

长江中游城市群以京广线、浙赣线、长江中游交通走廊为主轴，向东向南分别呼应长江三角洲和珠江三角洲，引领中西部发展，对接中原经济区。湖南处在"一带一部"位置，应充分发挥优势，积极参与城市群建设。城市群是一个国家或者地区人口、产业、土地等各种要素空间集聚以及城镇化发展的主要载体。经济建设主要发生在城市群，城市群建设实际上是牵引经济发展的发动机。中部崛起的引擎在于城市群，只有把城市群建设好了，才能够真正实现中部崛起。长江中游城市群是涵盖湖南、湖北、江西的城市群，长江中游城市群建设成效事关中部崛起。国家层面，国务院批复同意《长江中游城市群发展规划》，说明国家层面高度重视长江中游城市群建设，对各省市而言，关键在于携手把规划落实好，共同商讨解决规划落实过程中遇到的困难。各省市方面的合作，其实由来已久，从《武汉共识》到《长沙宣言》再到《武汉宣言》①的签订与发布，省际合作在地域范围上不只局限于中部三省，已经扩展到了整个长江经济带。这也说明了长江中游城市群建设与长江经济带建设将产生相得益彰的效果。

合力建设城市群交通网络。交通与经济发展存在互动关系。据研究，长江中游城市群各地级以上城市的道路密度分布不均匀，交通优势度集成则拥有明显的首位特征，并与城市的规模等级呈正相关，长江中游城市群内部的交通枢纽站点不能很好地满足经济社会高质量发展的需求，存在较强的不匹配特征。② 要加强城市交通联通，调整长江中游城市群内各交通运输方式在客货运输中的分担比例，以有效满足快速客货运输需求、提供多样化出行选择为目的，引导形成以集约化为主导的运输结构。积极推进形成综合交通运输体系圈层结构。依托长江黄金水道，构建以武汉为长江中游航运中心，连接武汉、岳阳、宜昌、九江等港口的"长江中游水运交通圈"。加强铁路客运专线或高速铁路与城际铁路网的快速换乘与无缝衔接，形成城市圈内主要城市之间的"一小时城际交通圈"。采用环形与放射形相结合的方式，加快打通城市群对外高速公路、国道中的"断头路""瓶颈路"，积极推进城市群内部"一小时高速公路交通圈"和城市快速公交网络建设。加快长江中游城市群国际航空港群的建设，形成层次分明、干支结合、结构合理、直达国内外主要城市的"航空交通圈"。提高原油、

---

① 《武汉宣言》见《长江技术经济》2019年第1期，第57页。主要内容是：2019年初，上海、重庆、合肥、宜昌等41个长江经济带沿线城市在武汉发布的长江经济带商务协作"武汉宣言"，提出长江经济带沿线城市要在商贸流通、对外贸易、国际经济合作、口岸、会展、投资促进等方面开展交流合作，推动劳动力、资本、技术等要素跨区域自由流动和优化配置，依托长三角、长江中游、成渝三大城市群带动长江经济带发展。加大人力、物力、财力等方面投入，提高公共服务水平，创造良好的市场环境，鼓励支持各类企业入驻。

② 钟洋、林爱文、周志高：《长江中游城市群交通优势度与经济发展水平互动关系研究》，《经济问题探索》2019年第5期。

成品油管道运输比例，加快建设西气东输三线、新疆煤制气外输管道等主干管道向长江中游城市群供气支线建设，构建油气管道运输网。[①]

建设完善的城镇化体系空间结构。据研究，长江中游城市群各城市之间发展水平不平衡，存在差异。[②] 核心城市的辐射和带动作用不显著，与周边中小城市的联动不够紧密，需加强区域统筹一体化，进行核—点—轴—网高度融合的城镇化体系网络构建。实际上，这个巨大的城市群，群中有群。内部城市群与城市群之间的发展水平悬殊，内部城市与城市之间的发展水平悬殊。城市是城市群的细胞，每个细胞都有每个细胞的功能。需要完善联系武汉、长沙、南昌的发展轴，形成核心边缘结构。总体来看，未来需构建"一心三角，五轴联通，十字廊道，三核三圈"的空间网络结构。[③] "一心三角"是指以武汉、长沙、南昌三个中心城市为核心的大三角。"五轴"是指二广、京广、京九、沪昆、长江发展轴。"十字廊道"是指南北、东西两条相交的廊道。"三核三圈"是指武汉城市圈、环长株潭城市群、环鄱阳湖城市群及其武汉、长沙、南昌三个核心城市。

（二）协同构建省际城市组团

长江中游城市群是一个多中心、多节点、多组团的网络化城市群体系，在中心城市与城市群发展轴线的辐射带动下，应重点加强咸宁—岳阳—九江、荆州—岳阳—常德—益阳、长株潭与萍（乡）宜（春）新（余）、九江—黄冈—黄石等省际跨域毗邻城市组团发展。[④]

以湘鄂赣合作区建设构建咸宁—岳阳—九江城市组团。岳阳、咸宁、

[①] 周正祥、毕继芳：《长江中游城市群综合交通运输体系优化研究》，《中国软科学》2019年第8期。

[②] 易含岭、张丹：《长江中游城市群城镇化发展水平研究》，《中外建筑》2019年第6期。

[③] 张梦洁、杨满场、彭羽中：《长江中游城市群城市能力成长评估及提升策略研究》，《城市问题》2019年第4期。

[④] 童中贤、曾群华：《长江中游城市群空间整合进路研究》，《城市发展研究》2016年第1期。

九江作为三省的门户,既是历史悠久的文化城市,也是充满活力的新兴城市。立足三市区位优势和合作基础,共同打造"小三角",重点推进跨界流域治理、省界市场建设、路网联通和扶贫开发,鼓励和支持通城、平江、修水建设次区域合作示范区,共同加强幕阜山生态保护,全面深化基础设施、产业布局、商贸市场、文化旅游和生态环保一体化发展,[①] 才能在真正意义上构建起现代城镇体系、现代交通体系、现代产业体系、现代市场体系、现代服务体系,最终实现共享资源、共创品牌、共赢发展、共同崛起。

以洞庭湖生态经济区建设构建荆州—岳阳—常德—益阳城市组团。洞庭湖作为长江重要的调蓄湖泊,是我国的鱼米之乡。推进洞庭湖生态经济区建设,对于探索大湖流域以生态文明建设引领经济社会全面发展新路径,促进长江中游城市群一体化发展和长江全流域开发开放具有重要意义。应着力实施河湖疏浚连通活化,畅通与长江黄金水道的联系,推进洞庭湖沿岸港口和支线航道建设,构建多式联运综合交通枢纽。同时抓住长三角产业转移契机,强化产业协作和配套能力,形成长江中游地区重要产业基地。依托洞庭湖山水独特风光,利用滨水资源优势,营造具有洞庭山水特色和湖乡人文特质的城镇风貌,将荆州、岳阳、常德、益阳建设成为长江中游地区重要的区域性中心城市。[②]

以湘赣开放合作试验区建设构建长株潭与萍宜新城市组团。湘赣边区地缘相近,人文相亲,经济相融,在历史上更是结下了特殊的红色情谊。当前的商贸合作和人员往来日益频繁,有利于推进湘赣开放合作,打造罗霄经济合作带。应着重加强萍乡、宜春和新余与长株潭城市群的联系,推进六市在"两湖"生态经济区建设、罗霄山集中连片特困地区扶贫开发等方面的合作。[③] 加强铁路、公路、航运、航空、口岸通关等通道建设,推动交通设施一体化。加强产业建设、生态保护和旅游业等方面的合作,加快实现经济一

---

① 《长江中游城市群发展规划》,2015年4月,第10~11页。
② 《长江中游城市群发展规划》,2015年4月,第10~11页。
③ 《长江中游城市群发展规划》,2015年4月,第10~11页。

体化。进一步完善现有的合作平台，强化部门合作对接，鼓励社会组织合作交流，努力将长株潭、萍宜新城市组团打造成城市群协同发展创新样板区。

以鄂赣合作区建设构建九江—黄冈—黄石城市组团。九江、黄冈、黄石三市一衣带水，地相近，人相亲，桥相连，通过省际边界融合式发展，有利于形成长江经济带开放开发先行区、中部现代物流商贸区、滨江生态文明建设示范区。应着力推进基础设施和产业园区共建，开展公共服务和社会管理创新试点，优先推动黄梅小池融入九江发展，[①] 加强瑞昌、武穴、阳新的合作交流，积极探索跨江、跨省合作新模式，拓展新的发展空间，促进城乡统筹和跨区域融合发展。

（三）着力建设环长株潭城市群

首先，强化环长株潭城市群核心都市区。[②] 优化湘江以东的长沙、株洲、湘潭城区，依托机场、高铁等开放性基础设施，重点布局现代服务业，依托现有制造业基础，大力发展高端制造业。在湘江西岸整合科技创新资源，构筑长株潭城市群科技创新中心。综合提升北部长沙的综合性区域职能：建设全国领先的新兴产业园区、科技创新园区和服务区域的中央商务区，发展空港—高铁新区，与岳阳临港经济和循环经济联动发展。增强南部株洲、湘潭的经济地位和专业性区域职能：推动株洲产业转型升级，完善工业型城市职能，建设面向全国的综合物流中心；增强湘潭面向城乡腹地的经济社会服务职能，建设面向湖南城乡腹地的综合服务中心。加强城际道路连接，促进相向发展。加强长沙与株洲、长沙与湘潭间的南北干道，整合提升株洲与湘潭的东西连接道路，打通连接三市的内环路，增加连接三市的外环路。城市道路向乡村延伸，改善小城镇的通外道路，加强城乡经济联系，促进城乡互动发展。治理湘江流域污染，加强滨江区

---

① 《长江中游城市群发展规划》，2015年4月，第10~11页。
② 环长株潭城市群核心都市区空间范围涵盖长沙、株洲、湘潭市辖区及长沙县、湘潭县全境。

的山水景观建设，保护好生态环境，建设维护绕城生态带、生态廊道、绿楔、绿心、公共绿地等生态系统，防止土地空间过度开发、城镇空间过度连绵，提高生态安全保障水平。

其次，推进城市群交通一体化。城市群交通网络体系建设，要重点培育更多的交通节点，协调城市间交通建设规划，要在现有的以长沙为核心的交通网络基础上，建设一小时交通圈，通过发展城市快速连接通道、城际铁路、城市轨道交通，促进城市群交通网络体系的提质升级和结构优化。加快推进长常、长娄、长岳、长衡间基础交通建设，在对传统交通网改造升级的同时，重点加快高等级铁路网、高等级公路网建设，促进节点城市的交流，改变交通系统的区域不平衡性和基础设施配套的不完善性。加快渝长厦快速铁路长益常段、呼南高铁益娄段和常岳九铁路建设，开拓城市群对外联系通道，促进城市群与域外城市的联系。[①] 推进环长株潭城市群交通一体化，可提升各城市对外扩散力、集聚力，提高城市群的国内影响力。

再次，建立区域产业经济协作机制。环长株潭城市群各城市间必须通过加强产业分工与合作，促进资源要素的区内优化配置，实现区域网络联动效应的增强。长株潭核心区要重点培育战略性新兴产业集群，依托产业园（区）平台，共同推动技术创新。城市群各城市必须通过加强产业分工与合作，促进资源要素的区内优化配置，实现区域网络联动效应的增强。长株潭核心区要以国家自主创新示范区建设为重点推动创新成果向外围城市扩散，在外围城市发展关联产业，扩大产业链规模，形成城市群产业纵深协作的局面。同时各城市要充分发展优势产业，加强优势产业集群建设，抢抓"中国制造2025""互联网+"的战略机遇，探索传统优势产业改造升级和延伸产业链的有效途径，加快发展各市外向服务产业部门，以产业转型升级促进经济结构优化发展和城市对外集聚扩散能力的提升。

---

① 魏国恩、朱翔、贺清云：《环长株潭城市群空间联系演变特征与对策研究》，《长江流域资源与环境》2018年第9期。

最后，推进城市群、产业集群与开发区互动。[①] 城市群是产业集群和开发区发展的空间载体，城市群为开发区和产业集群发展提供生产要素、服务和市场；开发区是城市群的产业集聚空间，是产业集群发育的重要场所，是城市群的重要生产功能区；产业集群是开发区和城市群发展的重要驱动力。产业集群与开发区共享城市群的资源、服务和市场，开发区通过产业集聚与创新，产业集群通过产业链延伸、耦合与创新，与城市群形成生产要素、市场交易、创新与服务等方面的多维度相互作用，最终实现三者的协同发展。环长株潭城市群经济规模、城市结构、创新投入与产出、服务职能的发展可以促进产业集群的经济规模、产业集聚、经济效益与产业创新，以及开发区的品质建设、产业集聚与产业效益的发展。环长株潭城市群各城市除了在产业分工、产业集群化，还应协同强化创新、强化生产服务对产业集群和各级各类开发区的支持，科技创新和生产性服务业发展要针对整个城市群，不只是核心区的产业集群和核心区的开发区。

[①] 唐承丽、吴艳、周国华：《城市群、产业集群与开发区互动发展研究——以长株潭城市群为例》，《地理研究》2018 年第 2 期。

第八章

"一带一部"
国家战略联动

"一带一部"论纲：基于区域协调发展的战略建构

战略联动是战略的生命力所在。作为关系我国东中西地区、长江开放经济带和沿海开放经济带贯通大局的"一带一部"战略，实行战略联动显得尤为重要。推进"一带一部"战略与长江经济带战略、"一带一路"倡议、京津冀协同发展战略、粤港澳大湾区战略的联动发展，需要研究它们的相互关系、地位作用、发展现状、问题及其联动效应。只有强化"一带一部"与国家战略的联动性，携手应对各种风险挑战，促进互利共赢，才能更好地实现"一带一部"的战略价值。

一 融合联动：长江经济带

（一）在长江经济带建设中的地位与作用

"一带一部"即湖南为"东部沿海地区和中西部地区过渡带、长江开放经济带和沿海开放经济带结合部"的高度概括。湖南在长江开放经济带和沿海开放经济带中起着连南接北的区位作用，是连接长江开放经济带和沿海开放经济带的桥梁、纽带。长江经济带是指沿江附近的经济圈，覆盖上海、江苏、浙江、安徽、江西、湖北、湖南、重庆、四川、云南、贵州等11个省市，面积约205万平方公里，人口和生产总值均超过全国的40%。长江经济带沿线主要城市共29个，分布在湖南的有4个，分别是长沙、岳阳、常德、益阳。湖南人口和GDP在11个省中都有着重要的地位，2018年人口数量（6860万人）在11个省市中排名第3位；地区生产总值为36425.78亿元，排名第5位（见表8.1）。

表 8.1　2018 年长江经济带 11 个省市人口、面积和地区生产总值

省份	地区生产总值（亿元）	人口（万人）	面积（万平方千米）
江苏省	92595.40	8029	10.26
浙江省	56197.15	5657	10.20
四川省	40678.13	8302	48.14
湖北省	39366.55	5902	18.59
湖南省	36425.78	6860	21.18
上海市	32679.87	2418	0.63
安徽省	30006.82	6255	13.97
江西省	21984.78	4622	16.70
重庆市	20363.19	3075	8.23
云南省	17881.12	4801	38.33
贵州省	14806.45	3580	17.60

湖南地处长江经济带中游，沿江岸线163公里，境内湘、资、沅、澧"四水"将全域80%的发展极和节点与长江顺畅相连，具有利用江河优势快速发展开放型经济的自然禀赋。湖南拥有一些重要的内河港口，其中，岳阳港和长沙港被交通运输部列为全国内河主要港口。根据《〈湖南省内河水运发展规划〉（2011－2030年)》概要，至2030年，湖南将建成以长江为依托，以洞庭湖为中心，以"一纵五横"航道为骨干，以长株潭港口群、岳阳港和其他地区重要港口为枢纽，以标准化、专业化、大型化运输船舶为载体，以先进完备的支持系统为保障，与其他运输方式有效衔接、协调发展的现代化内河水运体系。湖南内河航道的发展重点是"一纵五横十线"，高等级航道里程为1623公里，地区重要航道里程为1011公里，一般航道里程为9334公里；形成以长沙港、岳阳港两个主要港口为核心，以衡阳港、湘潭港、株洲港、益阳港、南县港、沅江港、常德港、桃源港、津市港、泸溪港、辰溪港、邵阳港、资兴港、娄底港、永州港等15个地区重要港口为基础，其他一般港口为补充的布局合理、层次分明、功能明确、与区域经济发展水平相适应的现代化港口体系。

国家将在长江经济带战略中重点扶持 7 个城市群的建设和发展，这 7 个城市群由 3 个流域性国家级城市群和 4 个区域性城市群组成，将是长江经济带未来的发展核心。其中，第二个国家级城市群是长江中游城市群，长江中游城市群涉及湖北、湖南和江西三省。加强区域之间的交流合作，最终实现城市群经济一体化发展。长沙是长江中游城市群涵盖的三个中心城市之一，长沙（包括株洲、湘潭）对该城市群甚至整个长江经济带起着举足轻重的作用。从长江经济带沿线重要城市经济发展来看，2017 年，长江经济带沿线 29 个城市经济总量排名中，长沙经济总量为 10535.51 亿元，排名第 8 位。

（二）"一带一部"参与长江经济带建设的现状

自 2014 年以来，湖南形成了主动融入、加快对接长江经济带发展的氛围和格局。首先，在思想认识上，树立主动融入的意识和理念，形成了融入发展的共同认识。湖南省委、省政府高度重视，强调要坚持抱团发展，提出协力协作、互补互助的总要求，要作为一个整体积极融入长江经济带，发挥"一带一部"区位优势和比较优势，这一要求在全省上下已形成共识。[①] 其次，建立完善合作发展工作机制。当前，全省逐步建立和优化部门、区域之间合作发展工作机制。

具体来说，"一带一部"参与长江经济带建设在开发开放平台建设、优势产业集聚发展、优势产能"走出去"、民营企业进出口等方面成效明显。

1. 开发开放平台建设

一是口岸平台体系完备。湖南逐步建立完善口岸、海关特殊监管区，国家级新区、港口等开发开放平台体系。目前，湖南拥有长沙、张家界航

---

① 蒋祖烜、刘险峰、曹娴：《主动融入长江经济带，争创湖南改革发展新优势》，《湖南日报》2016 年 5 月 19 日。

空口岸，岳阳城陵矶、长沙霞凝、常德盐关口岸，6个公路、7个铁路口岸，以及郴州国际快件中心等其他9个口岸，形成了以"两空三水十三陆"为重点的口岸平台体系。二是建立产业发展平台。湖南已拥有3家综合保税区、6个国家级承接产业转移重点承接地、18家国家级园区、80家省级以上园区等开放平台。三是平台运行更加高效。2014年12月1日实现与长江经济带区域11个海关顺利对接，2015年7月1日长沙海关实现全国"一体化"，打破了一体化区域限制，企业可以"多地通关、如同一关"。目前，企业办理减免税和加工贸易业务的时间平均缩短了30%。出口24小时通关率为96.8%，高于96.26%的全国平均水平。

2. 优势产业集聚发展

临江临港优势产业集群稳步发展。湖南以长江、"四水"以及各类港口为依托，优化产业布局，大力发展临江临港优势产业和主导产品，沿江沿河产业集聚效应日益明显，逐步形成了机械设备、轨道交通、新能源装备等优势特色产业集群。

3. 优势产能"走出去"

近年来，湖南优势产能"走出去"步伐加快。中联重科的中白工业园、鼎鑫贸易的俄罗斯农业产业园、华菱集团的印尼无缝钢管、旗滨玻璃的马来西亚生产线、南车的南非基地与埃塞俄比亚湖南工业园、长沙远大的苏里南基地、三一重工的巴西产业园等产能合作项目顺利推进。另外，湖南建工集团的斯里兰卡污水处理厂、斯博泰科的孟加拉垃圾发电厂等工程服务项目也在不断增加。[①]

根据长沙海关发布的数据，2018年，湖南省进出口总值为3079.5亿元，同比增长26.5%，增速位居中部第一、全国第四。2018年，湖南省一般贸易进出口额为2270.9亿元，增长33.8%。其中出口1561.8亿元，增

[①] 蒋祖烜、刘险峰、曹娟：《主动融入长江经济带，争创湖南改革发展新优势》，《湖南日报》2016年5月19日。

长38.7%，进口709.1亿元，增长24.1%。同期，加工贸易进出口额为749.6亿元，增长7%，占24.3%。

4. 民营企业进出口

湖南民营企业进出口保持增长，活力提升。2018年，湖南省民营企业进出口总值为2126.3亿元，增长37.5%，占湖南省进出口总值的69%，较上一年度提升5.5个百分点。[①] 同期，外商投资企业进出口总值为602.4亿元，增长8.1%，占19.6%；国有企业进出口总值为350.4亿元，增长6.4%，占11.4%。

出口商品结构方面，机电产品、传统劳动密集型产品仍为出口主力。2018年，湖南省出口机电产品874.6亿元，增长18.9%，占同期湖南省出口总值的43.2%；出口高新技术产品243.8亿元，增长7.5%，占比12%；服装及衣着附件、鞋类、箱包、陶瓷产品等均保持较快增长。

同期，湖南高新技术产品进口增长超1倍。进口机电产品452.2亿元，增长15.9%，占同期进口总值的43%；高新技术产品进口240.7亿元，增长50%，占22.9%。

5. 城市群联动发展

湖南积极对接长江经济带的长江中游城市群和成渝城市群发展。21世纪以来，为加大招商引资力度，也为更好承接长三角产业转移，湖南省委、省政府开展了"沪洽周"的招商引资活动。自2001年举办首届湖南—上海投资贸易洽谈周（即"沪洽周"）活动以来，湖南每两年举行一次湖南—长三角经贸合作洽谈周活动。2018年湖南—长三角经贸合作洽谈周（简称"长洽周"）在上海、南京、杭州、昆山四地同步举行。这是首次在上海、南京、杭州、昆山四地同步举行招商引资活动。"长洽周"是除港洽周外，湖南对外招商引资活动的另一个"大手笔"。对外招商引资活动为湖南引来不少的大企业，对于推动湖南产业转型升级、扩大对外开放等

---

① 湖南省2018年进出口情况新闻发布会（巢嘉），2019年11月20日。

起到很大的促进作用。

随着长江经济带战略的深入推进和沪昆高铁的开通，湖南与长江中游城市群的距离进一步缩短，而作为"龙腰"的湖南与作为"龙头"的长三角地区，在经济领域的合作则进一步向纵深推进。

同时，湖南西部地区与重庆接壤，与成渝城市群有天然的联系。湖南省"十三五"规划确定将怀化打造成湖南西部新增长极、湖南向西开放发展的门户，这是湖南更好更快地对接成渝城市群、加速向西开放的重大部署。

（三）"一带一部"参与长江经济带建设的重点领域

1. 推进流域生态环境保护治理

贯彻落实习近平总书记关于长江经济带"共抓大保护、不搞大开发"的要求，强化国土空间合理开发与保护，推进生态文明先行示范区建设。加强全省主要流域水质监测，推进"一江一湖四水"治理。加强污染源头防控，加快城镇污水垃圾处理设施建设，强化运营管理工作。加强岸线资源保护，统筹规划使用长江、湘江岸线资源，严格岸线后方土地的使用和管理。推进生态治理与修复。加强水土保持，推进石漠化、水土流失、干旱走廊治理。加强植树造林、封山育林，推进生态林、公益林、防护林、涵养林建设，维护生态屏障。加大湿地保护，提高湿地保护率。强化大气污染治理，提升大气污染防治能力。

2. 建设综合立体交通走廊

推动高等级航道建设。依托长江黄金水道的优势，继续加快湘江、沅水、澧水下游及洞庭湖区航道建设，加强港口建设、转型及资源整合，进一步完善港口集疏运体系。一是加快推进湘江二级航道二期工程、湘江永州至衡阳三级航道改扩建工程、沅水浦市至常德航道建设工程、洞庭湖区澧县安乡至茅草街航道建设工程等航道工程的建设。二是着力推进沅水洪江至辰溪航道建设工程、澧水石门至澧县航道建设工程、松虎航道建设工程、沅水常德至鲇鱼口 2000 吨级航道建设工程等项目前期工作,争取早日开工建设。三是加快实施岳阳港城陵矶港区(松阳湖)二期工程、长沙港霞凝港区三期工程等港口项目建设。四是进一步推进港口转型升级,深化港口资源整合研究。

加强交通基础设施建设,形成互联互通。加快高速公路建设与网络完善,提高国省干线技术等级和农村公路服务水平。继续开展长江经济带乡道及以上公路安全生命防护工程和危桥(隧)改造;加快市、县高速公路项目建设;继续实施普通国省道升级改造。

打造综合交通枢纽。抓紧制定标准规范,培育多式联运经营主体,鼓励发展铁水、公水、空铁等多式联运;加强综合交通枢纽建设,提高枢纽的一体化运输服务水平。一是加快交通运输物流信息共享平台一期工程建设,完成项目验收,实现物流基础应用服务功能上线运行。二是推进综合交通枢纽建设,重点抓好长沙汽车南站综合客运枢纽、长沙传化公路港、湾田国际物流园等项目建设。三是进一步发挥示范工程的引领带动作用,深入推进湘潭综合运输服务示范城市建设,开展道路货运无车承运人试点,推动其他城市多式联运和综合运输服务发展。

推进平安交通建设。加强危险货物港口作业、危险化学品运输和客运安全管理,督促企业依法严格落实安全生产主体责任;继续推进水上交通安全监管、救助、打捞能力建设,重点提升"一江一湖四水"抢险救捞能力;完善安全法规,进一步建立健全内河水上交通安全法规制度;深入开展安全专项整治,开展安全生产大检查、"打非治违"、危险货物港口作业安全突出问题治理及危险品运输、客运安全整治等专项整治行动,确保区域交通安全形势持续稳定向好。

3. 培育现代产业集群

依托长江黄金水道优势,加大产业承接合作和开放引进力度,积极推动传统产业转型升级,加快发展战略性新兴产业,大幅提高服务业比重,培育具有国际水平的现代产业集群。

一是打造全国先进制造业中心，形成全球智能制造装备产业区域创新中心和工程机械制造中心、全球领先的高端轨道交通装备研发与制造中心；启动炼化一体化工程，建设国家煤炭、天然气等战略资源储备基地，促进煤化工产业发展，打造重点石化产业基地；建成重要的汽车及零部件制造基地。

二是建设现代服务业区域中心。推进长沙市、衡阳市开展国家现代服务业改革试点，改革服务业发展体制，创新服务业发展模式和业态；加快发展现代物流业，构建跨区域的物流信息平台，打造全国性的现代物流中心；培育发展节能环保服务业，大力发展健康养老产业，引导传统服务业技术、组织、布局和行业结构优化升级。

三是建成全国文化产业中心和重要的旅游目的地。以服务中西部地区传统工业改造升级和承接沿海产业梯度转移为契机，大力发展创意设计产业，建立中部地区工业创意中心和全国性互联网文化产业基地。推动文化与旅游产业融合发展，与沿江省份联手建设世界级生态文化旅游经济走廊；依托沿江环湖区域丰富的农业资源和自然生态优势，大力发展乡村休闲度假旅游。

四是建设现代农业和特色农业示范区。充分利用沿江环湖区域丰富的农业资源和自然生态环境优势，依托国家级商品粮基地，加强高标准农田建设，打造全国重要的粮食高产优质示范区。大力发展水产养殖、草食动物养殖以及特色种植，打造国内一流的特色优质农产品生产基地。

五是建成中西部承接产业转移示范区。充分利用湘南湘西国家级承接产业转移示范区和国家级经济技术开发区的优势，推动环长株潭城市群与沿海产业、长三角、成渝产业的转移合作，打造全国产业协作核心示范区。

二　邻接联动：粤港澳大湾区

（一）"一带一部"在粤港澳大湾区建设中的地位与作用

粤港澳大湾区是沿海开放经济带的重要区域，而湖南是长江开放经济带和沿海开放经济带结合部，是中部内陆腹地联结开放经济带的大通道、大走廊，特别是郴州、永州是联结粤港澳大湾区的区域性综合交通枢纽，郴州为开放大通道南门户新增长极，长株潭是中部腹地联结粤港澳的重要战略节点。

湖南有粤港澳大湾区辐射带动内陆腹地协同发展的综合交通优势。近年来，湖南水、陆、空、铁建设发展齐头并进，全省已基本形成了综合配套的现代立体交通运输网络。到2018年底，全省高速公路通车里程达6725公里，居全国第四位。目前，湖南公路总里程已达24万公里，位居全国第六，出省通道达25个，基本形成了以"五纵六横"高速公路为主骨架的公路网络。京广高铁和沪昆高铁是两条纵贯南北和东西的"大动脉"，长沙是两条"大动脉"的枢纽城市，尤其是京广高铁拉近了湖南与粤港澳大湾区的距离，从北端的岳阳市到香港最快只需4小时10分钟。全省航道通航总里程达1.2公里，以洞庭湖为中心，"一纵五横十线"高等级航道网为骨架，长沙港、岳阳港为主枢纽的内河水运体系基本形成，[1]有利于融入大湾区世界级港口群。

湘南地区有内陆中西部地区离广州最近的地理区位优势，湖南是广东的邻省，是粤港澳大湾区建设的经济腹地支撑和重要战略支撑，湘、粤历来在经济、文化、外交、人才等方面密切往来、休戚与共。湖南是劳务输出大省，每年外出务工人员超过1000万人，珠三角就占近700万人，其中很大一部分来自湘南湘西地区。[2] 湖南也是广东农副产品的重要来源地区。湖南将加快推进郴州粤港澳合作示范区建设，加大与珠三角、粤港澳大湾区的全面深度合作，承接"21世纪海上丝绸之路"。

（二）"一带一部"与粤港澳大湾区合作发展的现状

湖南地处长江开放经济带和沿海开放经济带的中间位置，具有"两

---

[1] 《湖南立体交通网基本形成，水陆空与铁路齐头并进》，华声在线，2019年9月11日。
[2] 邓晶琎：《争当承接产业转移的"领头雁"》，《湖南日报》2018年11月19日。

带"结合部的区位优势，粤港澳大湾区包括的香港特别行政区、澳门特别行政区和广东省广州市、深圳市、珠海市、佛山市、惠州市、东莞市、中山市、江门市、肇庆市（珠三角九市）——"两区九市"均属于沿海开放经济带。湖南这一"结合部"如何"结"的问题，也主要体现在湖南与广东沿海地区的粤港澳大湾区如何合作发展的问题，实施"一带一部"战略是落实"结合部"如何"结"的重要举措。

湖南提出的构建"一核三极四带多点"的空间布局，有利于推进与大湾区的合作发展。做大做强"一核"，即发挥长株潭核心引领作用，推进与大湾区联动发展。打造"三极"，即建设岳阳、郴州、怀化新增长极，其中，郴州为湖南的"南大门"，郴州与广东毗邻，对于承接粤港澳大湾区的产业转移起到了巨大的作用。构建"四带"，即打造京广高铁经济带、沪昆高铁经济带、环洞庭湖经济带和张吉怀精品生态文化旅游经济带，其中，京广高铁经济带是"一带一部"战略重点打造的四个经济带之一，对于承接粤港澳大湾区产业转移和促进湖南"结合部"与大湾区"两区九市"的经济合作起到重要作用。壮大"多点"，即依托国家级新区、国家级经济技术开发区、高新技术开发区和特色园区，形成多个基础扎实、实力雄厚、特色明显、产城融合的新增长点，强化与大湾区产业合作、承接产业转移的战略平台。

与此同时，通过泛珠三角区域合作平台，每年与粤港澳等省区共同召开行政首长联席会议，议定年度合作重点工作，2017年9月泛珠三角区域合作行政首长联席会议在湘召开，就粤港澳大湾区建设、泛珠区域高铁经济带建设等达成了合作共识。省政府定期在粤港澳地区举办投资贸易洽谈活动，促进产业和项目合作。在基础设施、产业投资、科教文化、商务贸易、旅游、农业、劳务、信息化建设、卫生防疫、环境保护等领域，湖南与粤港澳等泛珠省区均建立了部门合作机制，定期协商沟通，加强合作交流。促进了"一带一部"与粤港澳大湾区的合作发展。

（三）"一带一部"与粤港澳大湾区联动发展的主要任务

实现"一带一部"与粤港澳大湾区有效联动发展，主要任务有以下几方面。

1. 优化营商环境，增强对粤港澳大湾区资本的吸引力

持续推进"放管服"改革，坚持刀刃向内，实现政府自我革命，重塑政府和市场的关系，使市场在资源配置中起决定性作用，同时更好地发挥政府作用。不断放宽市场准入，大幅精减行政审批事项，彻底终结非行政许可审批，全面改革商事制度，实行全国统一的市场准入负面清单制度；全面实施"双随机、一公开"监管，加强信用体系建设；优化政务服务，提升服务效率。推进"放管服"改革的同时，实现对企业的减税降费；实施创新驱动发展战略，激发市场主体活力和社会创造力。坚持市场化、法治化、国际化原则和方向，破除不合理体制机制障碍。坚持简政放权，将部分权力放给市场和社会，删繁就简、透明高效、便民利企，同时加强事中事后监管。

2. 加强基础设施建设，促进基础设施互联互通

一方面，加强基础设施对接，全面提升湖南基础设施内外互联互通水平。以海陆空综合交通运输、能源、信息等设施互联互通为重点，以综合保税、海关监管和自由贸易等国际贸易投资便利化设施为配套，加快补齐湖南对接粤港澳大湾区的内部基础设施短板，努力畅通湖南特别是湘南地区对接"一带一路"的交通、能源和信息等联系通道。另一方面，加强省内跨区域重大基础设施建设，加快基础设施建设"走出去"步伐，全面提升内外互联互通水平，强化战略实施和融合的基础支撑。争取赣郴永兴铁路、遂桂新公路项目，推进茶陵—常宁高速、黄长高速、临连高速等出省通道项目开工建设。加快郴州北湖机场建设，积极谋划和启动一批通用机场，进一步打通湖南与大湾区及长江经济带的立体交通通道，加速"对内大循环，对外大交通"的综合交通网络提质，破除东西南北交通瓶颈，将郴州打造成为湘粤赣省际区域性交通枢纽城市。

3. 打造交流合作平台，加大与粤港澳大湾区产业间的合作与交流

着力建设会展平台、园区平台、口岸平台，提升各类平台的功能，增强开放平台的承载能力。充分利用"港洽周"等重大合作交流平台，吸引粤港澳大湾区带动力强、高附加值的企业来湖南投资设厂，不断延链、补链、强链，打造现代产业集群；加强与粤港澳大湾区的科技创新资源平台建设与对接，推动联合研发、平台共建与成果转化，并积极对接泛珠区域内与东盟、南亚等的国际合作平台，加快推进湖南与粤港澳大湾区产业发展与科技创新合作；提升产业园区发展平台，实现园区由单一产业开发向综合配套服务转变、由产业服务平台向创新发展平台延伸，引导产业向园区集聚发展。

4. 推动产业转型升级，把湖南打造成粤港澳大湾区重要产业承接地

瞄准粤港澳大湾区高端制造业，围绕湖南先进轨道交通装备、工程机械、新材料、新一代信息技术产业、航空航天装备、节能与新能源汽车等汽车制造、电力装备、生物医药及高性能医疗器械、节能环保、高档数控机床和机器人、海洋工程装备及高技术船舶、农业机械等 12 大优势产业，致力把湖南打造成粤港澳大湾区重要的产业承接地之一。积极布局承接大湾区产业基地和配套体系建设，鼓励大湾区各类企业进驻产业集聚园区，共享便利服务，实现集约发展。

三 节点联动："一带一路"

（一）"一带一部"与"一带一路"的区别与联系

"一带一部"即湖南是东部沿海地区和中西部地区过渡带、长江开放经济带和沿海开放经济带结合部，"一带一路"（The Belt and Road，B&R）是"丝绸之路经济带"和"21 世纪海上丝绸之路"的简称，两者既有区别又有联系。

1. 战略背景、战略目标和战略任务等各不相同

"一带一路"是在当今世界多极化、经济全球化、文化多样化、社会信息化的时代背景下，旨在促进经济要素有序自由流动、资源高效配置和市场深度融合，推动沿线各国（地区）实现经济政策协调，开展更大范围、更高水平、更深层次的区域合作，共同打造开放、包容、均衡、普惠的区域经济合作架构。"一带一路"是一项为推动经济发展的国际化战略，致力于亚欧非大陆及附近海洋的互联互通，建立和加强沿线各国互联互通的伙伴关系，构建全方位、多层次、复合型的互联互通网络，实现沿线各国多元、自主、平衡、可持续的发展。"丝绸之路经济带"圈定范围是新疆、重庆、陕西、甘肃、宁夏、青海、内蒙古、黑龙江、吉林、辽宁、广西、云南、西藏13省（自治区、直辖市）；"21世纪海上丝绸之路"圈定范围是上海、福建、广东、浙江、海南5省（直辖市）。"一带一路"范围共计18个省（自治区、直辖市）。

"一带一部"是习近平总书记提出的关于湖南区域发展的战略，旨在提高经济整体素质和竞争力，加快形成结构合理、方式优化、区域协调、城乡一体的发展新格局。"一带一部"抓住产业梯度转移和国家支持中西部地区发展的重大机遇，着力解决发展不平衡不充分问题，对接国家重大区域发展战略，创新区域经济合作方式，为促进区域协调发展做出湖南贡献。"一带一部"是实施区域协调发展战略的重要举措，是新时代国家重大战略之一，是贯彻新发展理念、建设现代化经济体系的重要组成部分。"一带一部"圈定范围覆盖湖南省14个市、州，主要是培育长株潭战略增长极，促进洞庭湖地区、大湘西和湘南地区协同发展。

2. 密切的联系

从地理范围看，湖南不在"一带一路"圈定的重点省份之内，然而长沙是"一带一路"倡议涉及的重要节点城市。长江中游城市群是"一带一路"倡议范围的三大城市群之一，长江中游城市群包括湖南的长沙市、株洲市、湘潭市、岳阳市、益阳市、常德市、衡阳市、娄底市等中心城市、节点城市、支点城市。因此，从地理范围看，"一带一部"与"一带一路"在地理范围上有一定的重合，可以说，"一带一部"是"一带一路"的组成部分。

从建设目标看，"一带一部"建设目标是将湖南建设成为内陆地区改革开放高地、开放型经济高地；"一带一路"是打造"人类命运共同体"的路径和支撑、桥梁和纽带，其倡议的终极目标是打造"人类命运共同体"。"一带一部"与"一带一路"建设都承担着统筹、协调发展、发挥先行示范和辐射带动的重要功能，最终促进地区、国家和世界经济发展和社会进步。

（二）"一带一部"参与"一带一路"建设的环境分析

1. 国际环境

国际形势总体稳定，世界多极化深入发展，非西方力量不断增强，世界各国人民向往和平稳定、要求发展进步、主张合作共赢。2016年中期以后，世界经济稳步增长，主要经济体保持持续复苏态势。近年来，世界主要国家普遍加大了在新兴科技领域的投入，各国行业领先企业的创新动力加大，科技创新加速发展，有望在诸多新兴领域实现突破，并将对全球经济、国际关系等领域产生深远的影响。

但世界经济不确定性将更加突出，全球贸易和投资增长乏力，全球经济治理遭受重挫，各国经济增长的差异性扩大，部分主要经济体经济增长已经见顶，全球经济面临的风险加剧，下行压力加大。特别是美国特朗普政府推行贸易保护主义以来，国际经济摩擦不断，全球贸易和投资形势相对疲弱，全球贸易增速有所放缓，全球投资形势不容乐观。可以说，全球经济治理遭遇"冷战"结束以来的最大挑战。未来一段时间，世界经济走势可能持续放缓，并继续下行，全球经济面临更大的风险。

在世界多极化、经济全球化、社会信息化、文化多样化的潮流下，中国秉持开放的区域合作精神，致力于维护全球自由贸易体系和开放型世界经济。随着中国改革开放的深入发展，中国与世界的交往日益频繁和密切，中国在世界上的地位和声望不断上升。中国的和平崛起引发了世界各国的普遍关注，既引发了部分发达国家的遏制，也引发了部分友好国家的期待。面对复杂多变的国际形势，中国需要不断调整自我定位，积极应对经济、技术、政治、文化等领域的风险。

2. 国内环境

改革开放以来，我国经济社会快速发展，社会主义现代化建设取得巨大成就。我国的经济实力、科技实力、国防实力、综合国力进入世界前列，已从低收入国家进入中上等收入国家行列，正在向高收入国家迈进，当代中国的改革和发展进入新时期新阶段。2010年，我国GDP达到39.8万亿元，经济总量超越日本，成为世界第二大经济体，对外开放形成全方位、宽领域、多层次的开放格局。

我国的发展得益于改革开放，对外开放使中国融入世界，成为世界的一部分。中国的发展离不开世界，世界的发展也需要中国。当前，中国经济发展进入新常态，发展方式从规模速度型转向质量效率型，高质量发展成为经济发展的根本要求。在经济发展基本面比较好的同时，也出现了发展不平衡、不协调、不可持续的问题，主要有经济增长的资源环境约束强化，投资与消费关系失衡，收入分配差距较大，科技创新能力不强，产业结构不合理，农业基础仍然薄弱，城乡区域发展不协调，就业总量压力和结构性矛盾并存，制约科学发展的体制机制障碍依然较多，社会矛盾和问题没有根本解决，一些领域腐败现象严重，等等。

如何在对外开放中，把"引进来"与"走出去"相结合，提升对外开放水平，建立全新的开放模式；如何在开放中坚持问题导向，用开放倒逼改革，调整、优化、升级产业和经济结构，消化在顺周期下形成的过剩产能，在更大的范围内整合经济要素和发展资源，优势互补，互利共赢，推动建立人类命运共同体，为世界做出中国应有的贡献，是我们面临的一个重大任务。"一带一路"作为全方位对外开放战略，对于构建开放型经济新体制、形成全方位对外开放新格局，对于全面现代化建设、实现中华民族伟大复兴的中国梦，具有重大深远的意义。

（三）"一带一部"对接"一带一路"的战略思路

1."一带一部"对接"一带一路"的意义

"一带一路"倡议的目标是要建立一个政治互信、经济融合、文化包容的利益共同体、命运共同体和责任共同体，即包括欧亚大陆在内的世界各国，构建一个互惠互利的利益、命运和责任共同体。"一带一路"探寻经济增长之道。"一带一路"是中国实行全方位开放的一大创新，中国着力推动沿线国家间的合作与对话，建立更加平等均衡的新型全球发展伙伴关系，夯实世界经济长期稳定发展的基础。"一带一路"建设中，中国主动向西推广中国优质产能和比较优势产业，改变传统全球化造成的贫富差距、地区发展不平衡状况，推动建立持久和平、普遍安全、共同繁荣的和谐世界。"一带一路"开创了地区新型合作方式，"一带一路"作为全方位对外开放战略，各国平等参与、协同推进、兼容并包、相互协作。

湖南位于东部沿海地区和中西部地区过渡带、长江开放经济带和沿海开放经济带结合部，具有明显的承东启西、连接南北的战略区位优势。长江中游城市群是"一带一路"建设的重点内陆区域和重要依托，"一带一路"建设将大力推动区域互动合作和产业集聚发展。环长株潭城市群是长江中游城市群覆盖的三大城市群之一，包括湖南的长沙市、株洲市、湘潭市、岳阳市、益阳市、常德市、衡阳市、娄底市。长沙是"一带一路"圈定的重点节点城市之一，是"一带一路"建设将重点打造的内陆开放型经济高地。湖南当今也迎来了产业梯度转移和国家支持中西部地区发展的重大机遇，因此，双重机遇将加快提升湖南经济整体素质和竞争力，形成结构合理、方式优化、区域协调、城乡一体的发展新格局。

"一带一部"重点作为一个省域发展战略，与"一带一路"倡议紧密联系，省域发展战略必须置于"一带一路"倡议中。"一带一路"建设将充分发挥国内各地区比较优势，实行更加积极主动的开放战略，加强东中西互动合作，全面提升开放型经济水平。因此，要深刻认识"一带一路"倡议的重大意义，抓住"一带一路"建设的重大机遇，找准定位，主动融入，积极作为，自觉担当在"一带一路"建设中的重大责任，使湖南发展迈上新台阶、打开新局面，在服务国家战略中发挥更大作用。

2. "一带一部"对接"一带一路"的路径

加强基础设施互联互通与合作。加强湖南与共建"一带一路"国家（地区）及国内确定的重点省市、重点港口的基础设施互联互通与合作，促进省内交通网与"一带一路"陆海大通道直接联通。推动湖南机场、港口与共建"一带一路"国家和地区机场、港口的互联互通与合作。发挥湖南工程机械制造及承包能力的优势，促进企业到沿线国家扩大对外工程承包业务，参与沿线国家基础设施建设。一是打通陆上通道。推动铁路建设，加强与东南沿海地区的对接，打造联"通陆上丝绸之路经济带"和"海上丝绸之路"的通道。二是打通国际航线，完善航线网络，将长沙机场打造成长江中游重要的国际空港枢纽。推动开通长沙至欧洲、美国、澳洲、俄罗斯、日本、西亚等的国际洲际航线，扩大张家界国际机场航线。三是打通水上通道。畅通长江中游黄金水道，将城陵矶港打造成为长江中游重要的航运物流中心。加快推进湘江、沅水 2 条国家高等级航道和洞庭湖区高等级航道建设，提升长株潭港口群及常德、益阳、衡阳、永州等重点港口功能，推进内河水运与沿海港口无缝衔接，对接"海上丝绸之路"。四是打造立体综合运输体系。加强水运、铁路、公路、航空和管道的有机衔接，统筹货运枢纽与开发区、物流园区等的空间布局，完善货运枢纽集疏运功能。

深化与沿线国家的投资贸易合作。优化投资环境，提升对外贸易便利化水平，积极开展面向共建"一带一路"国家（地区）的贸易促进活动，扩大贸易合作规模。引导湖南传统优势产业和装备制造业到共建"一带一路"国家（地区）投资，促进优势企业在全球布局产业链条。积极引进共建"一带一路"发达国家和地区的高技术含量、高附加值投资项目，引进境外投资者，投入省内高新技术产业开发，引进吸收一批国际先进技术和管理模式。开展技术合作，支持与沿线国家共建一批联合实验室（研究中心）和国际技术转移中心，合作开展重大科技攻关。引导支持有实力的企业在沿线国家建立研究中心或技术示范和推广基地。

加强与沿线国家的人文交流合作。以旅游、教育、科技、文化、社会事业等领域交流合作为切入点，加强湖南与沿线国家的人文交流与合作，推动与共建"一带一路"国家和地区建立友好省州、友好城市，促进友好城市交流。鼓励引导省内社会组织与沿线国家非政府组织开展广泛交流合作，促进经贸合作关系的提升。

抓好"一带一路"节点城市、支点城市建设。湖南虽然不属于"一带一路"圈定重点省份，但长沙是规划涉及的重要节点城市。突出抓好长江中游城市群规划范围内湖南的中心城市、节点城市、支点城市建设，增强其经济和人口承载力，把这些城市打造成为改革开放高地、开放型经济高地，使其在湖南融入"一带一路"建设中发挥重要支撑作用。

加强与国内其他省份的合作。湖南地处内陆中部，具有"一带一部"的区位优势，是众多"一带一路"国内沿线省份和重要节点城市的交通枢纽。"一带一路"国内沿线省份在对外开放、产业发展、商贸物流等方面各有独特优势，湖南应加强与周边省份和节点城市在产业发展、国际物流通道建设、对外投资等领域的合作，与各省份之间形成相互促进、互利共赢的开放发展格局，把湖南打造成为中部地区开放型经济的新高地。

四　平台联动：京津冀城市群

（一）"一带一部"对接京津冀城市群协同发展的重要意义

京津冀城市群是中国的政治、文化中心，也是中国北方经济的重要核心区。其中北京、天津、保定、廊坊为中部核心功能区,京津保地区率先联动发展。2018年11月,中共中央、国务院出台《关于建立更加有效的区域协调发展新机制的意见》,指出要以北京、天津为中心引领京津冀城市群发展,带动环渤海地区协同发展。京津冀协同发展是站在实现中华民族伟大复兴中国梦的历史高度制定的国家战略,是当前中国重大国家战略之一。该战略得到国家政策的大力支持,发展前景光明。

湖南作为东部沿海地区和中西部地区过渡带、长江开放经济带和沿海开放经济带结合部,有独特的区位优势、丰富的自然资源、充足的人才资源、便利的交通条件、良好的产业基础和广阔的发展空间。"一带一部"对接京津冀协同区,实现"一带一部"对接京津冀协同区有效联动,能充分利用京津冀协同区城市如首都北京等的优质智力资源、文化资源、政治资源、创新资源,促进"一带一部"城市群建设、产业发展、创新驱动发展、区域协调等,实现"一带一部"与京津冀协同区优势互补、良性互动、共赢发展。

京津冀协同区是全国乃至全世界区域发展、城市群建设的样板区,对湖南的城市群建设、城市治理与发展、经济发展、社会建设、科教创新等有良好的示范作用。如湖南省株洲市被誉为"火车接来的城市",石家庄城市兴起的主要区位条件与株洲相同,都是位于铁路交会处,形成铁路枢纽城市。因此,石家庄的发展对株洲市的发展有极大的借鉴作用。京津冀协同区为湖南区域发展、城市群建设提供了丰富的经验,是湖南城市群建设的样板。

(二)"一带一部"与京津冀城市群合作发展面临的主要问题

1. 与京津冀协同发展区距离较远

湖南与京津冀协同发展区来往交通虽然较从前大大改善,铁路、航空、高速公路均较方便,但湖南与京津冀协同发展区相隔千里,中间有湖北、河南两个省份。湖南省会长沙与京津冀协同发展区最近的省份——河北省的省会城市石家庄市也相距 1214 公里，与天津市相距 1476 公里，与北京相距 1489 公里。因此，两地之间交流合作的交通成本和时间成本仍然比较高，这是相对"一带一部"对接长江经济带和粤港澳大湾区而言所存在的一大障碍因素。

2. 与京津冀协同发展区的级别差异

从战略级别看，实现京津冀协同发展是一个重大国家战略，京津冀协同发展区能发挥首都北京的辐射带动作用，打造以首都为核心的世界级城市群。京津冀位于东北亚中国地区环渤海心脏地带，是中国北方经济规模最大、最具活力的地区，引起中国乃至整个世界的瞩目。而"一带一部"是习近平总书记提出的一个重要区域发展战略，从某种意义上也可以说是一个省域发展战略。

从城市群角度看，京津冀协同区旨在打造以首都为核心的世界级城市群。京津冀城市群包括北京、天津、保定、唐山、廊坊、石家庄、秦皇岛、张家口、承德、沧州、衡水、邢台、邯郸。北京是中华人民共和国首都、直辖市、国家中心城市、超大城市、全国政治中心、文化中心、国际交往中心、科技创新中心；天津是中华人民共和国省级行政区、直辖市、国家中心城市、超大城市，国务院批复确定的环渤海地区的经济中心；石家庄是河北省省会，河北省的政治、经济、科技、金融、文化和信息中心，国务院批复确定的京津冀地区重要的中心城市之一。

"一带一部"核心区所包含的长株潭城市群是"两型"社会建设综合配套改革试验区，为长江中游城市群重要组成部分，是湖南省经济发展的核心增长极，也是湖南省城市化的核心地区。其中，长沙是湖南省省会，是中部地区重要的中心城市、长江中游城市群和长江经济带重要的节点城市；株洲是湖南省辖地级市，是新中国成立后首批重点建设的八个工业城市之一，是中国老工业基地；湘潭是湖南省辖地级市，是长江中游城市群成员。

3. 与京津冀协同发展区经济发展水平差距

2018 年，京津冀三地地区生产总值合计 8.5 万亿元。其中，北京地区生产总值为 30320 亿元，天津地区生产总值为 18809.6 亿元，河北地区生产总值为 36010.3 亿元。北京、天津、河北人均可支配收入分别为 62361 元、39506 元和 23446 元。① 而 2018 年，湖南全省实现地区生产总值 36425.78 亿元，全省人均可支配收入 25241 元。京津冀三地地区生产总值远远高于"一带一部"地区，是"一带一部"地区地区生产总值的两倍多。湖南人均可支配收入也低于京津冀地区的北京和天津，北京人均可支配收入是湖南的 2.5 倍，天津人均可支配收入是湖南的 1.6 倍，仅比河北高 1795 元。

（三）"一带一部"与京津冀城市群合作发展的重点领域

湖南与京津冀地区相隔千里，要实现两个板块的相互合作、协同发展，必须打造有效的合作平台，加强湖南与京津冀地区的经贸、产业投资、人文科教和交通物流领域的交流合作。

1. 打造经贸合作平台，促进经贸合作

围绕"一带一部"建设，打造京津冀湘投资贸易洽谈会、项目成果交易会、经贸交易会、博览会、合作论坛等平台，持续推进与"一带一部"和京津冀地区的经贸合作。开展系列商贸活动，打造一批富有湖南特色的经贸交流合作平台，引导京津冀企业"引进来"和湖南企业"走出去"。

2. 打造人文交流平台，促进人文科技交流

京津冀地区，特别是首都北京，有丰富的文化、科技等资源，湖南文化底蕴深厚，人才辈出。特别是影视艺术、文化创意产业在全国处于领先地位。"一带一部"与京津冀城市群合作发展必须大力传承和弘扬"湖湘"文化和精神，加强与京津冀地区高校、科研院所的合作研究与开发。全方

---

① 陈雪柠：《2018 年京津冀 GDP 总量破 8.5 万亿 三地居民收入稳增长》，《北京日报》2019 年 4 月 4 日。

位推进"一带一部"与京津冀地区在文化、教育、科技、旅游等领域的交流合作。

3. 打造产业投资平台，促进特色项目合作

突出湖湘元素，在央企资本、项目机制上加大合作力度。通过相关行业协会、产业联盟、企业联谊等特色活动，加强湖南与京津冀地区富有地方特色的项目的交流与合作，引进央企落户湖南，积极参与项目建设，组建特色合作中心、研发中心、生产基地、产业园区，建设资源基地。

4. 打造交通物流平台，促进交通体系互联互通

湖南与京津冀大部分城市同处我国大动脉——京广线上，是长江经济带、沪昆、杭瑞、厦蓉等干线上的重要交通枢纽，长沙是国家规划的国家物流枢纽和航空枢纽。打造交通物流平台，提升在京津冀交通网络中的地位，实现通道畅通，形成便捷高效的物流信息走廊。

第九章

"一带一部"
发展战略路径

"一带一部"论纲：基于区域协调发展的战略建构

作为一种全新的战略构想，"一带一部"发展没有现成路径可循，关键在于认真解决"过渡带"怎么过、"结合部"如何结的问题，这就要求我们必须加快建构跨越发展大平台，聚集创新崛起大动能，创建互利共赢大市场，缔造产城融合大载体，推进项目建设大发展，从而使区位优势转化为经济优势、通道优势转化为聚合优势、竞争优势转化为发展优势，提高经济整体素质和竞争力，加快形成结构合理、方式优化、区域协调、城乡一体的发展新格局。

一 建构跨越发展平台

构建资源要素的信息沟通、交易合作等平台，是湖南在广域范围内集聚资源要素、落实"一带一部"发展定位的重要支撑。[①] 为此，必须坚持"政府引导、市场主导"原则，积极推动经贸合作、信息服务、资本融通、人文交流等平台建设，加强与东部沿海地区及中西部地区在产业、金融、投资贸易、人力资源与劳务、旅游、科教文化等领域的紧密合作，积极融入"一带一路"、长江经济带、中部崛起等国家重大发展战略。

（一）打造经贸合作平台

经贸合作平台是指政府根据市场经济规律，为促进商品更快捷、更有效地跨地域流通而向经济活动参与者提供的一种经济服务。湖南具有连东接西、纵南贯北的区位优势，出省交通顺畅，与周边省份和地区经贸往来

---

① 楚尔鸣：《一带一部：奠定区域自信新高度》，湖南人民出版社，2017，第133页。

频繁，经贸合作基础较好。要充分利用这些优势，进一步搭建经贸合作平台，加强与粤港澳大湾区、长江经济带、闽三角、京津冀等地区合作发展。

共建区域性商贸物流中心。湖南拥有便利的跨省高速公路、铁路交通网络，以长株潭为核心，依托衡阳、郴州、岳阳、常德等省域副中心城市的商贸平台，加强与粤港澳大湾区、长三角、闽三角等发达地区经贸合作，共同打造区域性商贸物流中心。发挥怀化的区位和交通优势，进一步加强怀化与西部地区经贸合作，共同打造武陵山片区和西南五省边境地区经贸合作平台。

建设大宗商品交易集散中心。依托湖南丰富的矿产、农产品、中草药等物产资源优势，立足大湾区、长三角地区工业品的重要销售市场，以株洲、衡阳、郴州、永州、怀化、邵阳等原有商品交易中心为基础，大力加强全省对接东部沿海发达地区的大宗商品交易集散中心建设。

共同举办大型商品博览会。香港、澳门作为全球高度国际化城市，拥有众多知名的国际商品博览会品牌。湖南长沙国际会展中心、郴州国际会展中心、怀化国际会展中心等许多会展中心专业特色较强、硬件设施较好、场地较大、人口密集，适合承办大型商品博览会。积极引导并加强长沙国际会展中心、郴州国际会展中心、怀化国际会展中心等会展中心组织承办粤港澳、长三角、京津冀等大型商品博览会，扩大互利贸易。

兴建现代化物流配送基地。利用区位交通优势，以岳阳、郴州、怀化、娄底、常德为中心，以京港澳、常邵永、张吉怀三大物流通道为骨干，以重点物流园区、末端配送节点为载体，加快建设智能高效、便捷畅通、绿色环保的现代物流体系。支持发展跨境电商配送、国际快件分拨业务。推动物流信息化、标准化，建设物流公共信息平台，加强互联互通。

（二）打造信息服务平台

信息服务平台是指政府向社会提供的一种服务产品，它的作用和功能在于为公众的信息共享与交流提供合适的载体，以便促进科技进步、经济发展和社会文明。① 例如中小企业信息服务平台的建立，有利于服务资源的整合和配置，解决中小企业共性需求、畅通信息渠道、改善经营管理，从而提高企业发展质量，增强市场竞争力。在"大数据"的时代背景下，强调数据聚合、信息共享，构建覆盖全省、延伸全国的智能化、综合性的信息服务平台是十分必要的。

要让信息服务平台发挥良好作用，重点是建设专业性、资源共享的科技数据库和科技信息网，构建跨行业物联网运营和支撑平台，推进超级计算中心、云计算中心、互联网数据中心等公共服务平台建设，统筹推进电子政务内外网建设，实现政府间数据共享。

加快信息化基础建设。全面统筹信息基础设施建设规划，加强通信管线、基站等基础设施共建共享，全面推进城乡光纤网络建设，提升骨干网传输和交换能力。加快构建下一代信息基础设施，扩大无线宽带网络覆盖范围，鼓励粤港澳大湾区大数据企业在长株潭、洞庭湖区、大湘西、湘南地区建设省级大数据中心，加强湖南与粤港澳地区重要信息基础设施的共享。加快基础信息数据库建设，构建区域间信息共享体系，规范信息安全等级保护管理，提高信息安全保障能力。

全面提升信息化应用水平。充分利用信息化手段，提升信息便民利民和公平普惠水平，完善全省电子政务网络平台，建设全省统一的政务信息资源共享交换系统、政府网站和政务热线，实现政务移动办公和远程办公，提高政府公共服务信息化水平。推进全省电子商务平台和公共信息平台建设，搭建湖南特色优势产品网上推介平台。加快建立安全、方便的网上支付体系，健全信息安全保障体系。

推进区域间信息共享。加快与粤港澳地区、长三角地区、闽三角地区、中西部国家中心城市等网络基础设施对接，加强在电子口岸、信用建

---

① 楚尔鸣：《一带一部：奠定区域自信新高度》，湖南人民出版社，2017，第136页。

设、交通信息、空间地理信息、应急指挥联动等领域合作，推进教育、文化、卫生、旅游、商贸物流等领域信息资源的合作开发与共享。

（三）打造资金融通平台

资金融通是指在经济运行过程中，资金供求双方运用各种金融工具调节资金盈余的活动。资金融通平台是资金供给者和资金需求者沟通信息，达成资金融通交易的综合金融服务机构，它的作用和功能主要是缓解中小微企业的融资难题。打造资金融通平台，重点在于创建"一带一部"专项投资基金，同时加强社会信用体系，建立健全开放包容、平衡高效、安全稳健的现代金融体系。

设立"一带一部"产业发展基金。该基金可以由省财政投融资平台、金融机构、企业和个人等参股，按产业基金方式运作，促进"一带一部"优势产业稳步发展。此外，还要吸引一批天使基金、风险投资基金、产业基金、并购基金等落户湖南，打造内陆股权投资基金高地，高效推动"险资入湘"。

优配外地金融机构驻湘空间。合理规划金融机构空间布局，推进湖南与粤港澳、京沪等地区跨境金融深度合作，探索建设湘粤港澳跨境金融合作示范区，支持长株潭建设金融高新技术服务区。积极引进粤港澳、京沪等发达地区金融机构在省域设立分支机构，努力培植一批优秀的国际化、现代型金融企业。

加快建设国际联动的多层次资本市场。依托本省上市公司近100家、新三板企业200多家、在湖南股交所挂牌企业近3000家的市场资源优势，积极主动融入粤港澳、京沪多层次资本市场，推进跨国多层次资本市场建设，提高直接融资比例。大力支持和鼓励相关企业赴新三板挂牌上市，引导并支持企业在对外贸易及相关投融资活动中使用人民币进行计价结算。争取允许在湘江新区内设立外资银行和中外合资银行，开展跨境人民币投融资业务。

支持互联网金融跨域共生、健康发展。大力引进北京、上海、广州、深圳、香港金融机构和各类投资基金，支持省内企业在京沪穗深港澳重要金融城市设立投融资平台，支持企业赴深、赴港上市直接融资和发行人民币债券。健全互联网金融监管体系，强化风险防范，促进互联网金融健康发展。探索设立协同发展基金、组建跨行政区划的金融机构和金融控股公司，形成区域金融协同机制。逐步放宽对特定领域的投资限制。

（四）打造人文交流平台

人文交流在推进"一带一部"建设中具有重要作用，通过"文化搭台、经贸唱戏"推进湖南与东部沿海发达地区、中西部地区、长江经济带等地加强务实合作，增进省际友谊。在"一带一部"建设中关涉科技、教育、文化、卫生、旅游、党政等人才的培养与使用方面，可重点支持湖南与东部沿海发达城市探索合作办学模式，成立"一带一部"人才培养基地；在我国产业投资集中地，可探索产教合作办学模式，以实际需求为导向培养人才，尽快弥补人文交流中的人才缺口。

地域文化交流平台。依托湖南知名博物馆、大剧院、书院等文化交流平台，加强与京津冀地区、粤港澳大湾区、长江经济带以及"一带一路"沿线大城市的文化交流，逐步增强湖南文化软实力，提升居民文化素养与社会文明程度，进一步丰富湖南人文精神内涵。

现代智库研究平台。现代智库是政府决策者处理各种社会复杂问题所倚重的重要力量。充分发挥湖南重点大学、省级重点智库及各种学会的智力作用，加强与粤港澳、长三角、京津冀、中西部地区高端学术智库的交流与合作，吸收域外优秀研究成果，探索建立长株潭知识城，推动湖南知识经济发展。

文化产业合作平台。依托湖南优势文化产业平台，大力加强与京津冀、长三角、珠三角、闽三角等地创意文化产业以及香港国际影视文化产业、香港书展和设计营商等具有国际影响力的文化产业合作。争取允许外资影视文化企业进入湘江新区，探索电影、电视、出版的交流合作机制。加强湖南文化产业人才培育，壮大湖南文化产业实力。

强化人才要素的支撑作用。一方面，要坚持"请进来"，扩大海外优秀青年学者来湘留学、工作，合作共建一批类型广泛、辐射力强的培训基地和培训中心，为湖南科技发展、教育合作、文化交流等引进优秀人才；另一方面，要坚持"走出去"，开展多领域志愿服务，选拔派遣省内相关领域专家学者，着力解决当前"一带一部"建设过程中遇到的难点和问题，更好地满足湖南在科技、教育、文化、卫生等方面的需求。

二 聚集创新崛起动能

实施创新崛起战略是对习近平总书记关于湖南发展定位指示精神落到实处的必然要求，总书记曾经指出："国际经济竞争甚至综合国力竞争，说到底就是创新能力的竞争。谁能在创新上下先手棋，谁就能掌握主动。"① 只有全面创新、深度开放，才能在"一带一部"发展中抢占先机、赢得优势。创新引领的关键在于构建由政府、企业、高校、行业组织等多元主体投入，市场化机制运作，研究开发产业共性与关键性技术的创新平台。依托科技创新平台增强技术创新能力和技术服务能力，推动"一带一部"发展战略顺利有效实施。

（一）增强技术创新和技术服务能力

推动湖南高质量发展，把"一带一部"发展战略向纵深推进，必须紧紧抓住技术创新这个"牛鼻子"，多措并举增强技术创新和技术服务能力，加快形成自主可控、安全稳定的技术创新体系，以筑牢湖南高质量发展的科技基石。增强湖南科技创新能力和科技服务能力，要充分发挥现有科技

---

① 《习近平关于社会主义经济建设论述摘编》，中央文献出版社，2017，第125页。

创新平台的作用，进一步打造更高、更强的科技创新平台。湖南创新资源丰富，到 2019 年末，全省拥有各类专业技术人员超过 100 万人、科技活动人员超过 30 万人；拥有国家工程研究中心（工程实验室）16 个，省级工程研究中心（工程实验室）246 个；国家工程技术研究中心 14 个，省级工程技术研究中心 429 个；国家级重点实验室 18 个，省级重点实验室 306 个。① 这些科技创新平台为增强湖南科技创新和科技服务能力提供了有力保障。

加大国家级科研基地培育力度。积极对接国家重大科技基础设施建设中长期规划，努力争取若干国家重大科技基础设施落户湖南，尽力培育一批国家实验室、国家（企业）重点实验室、国家工程（技术）研究中心等国家级研发平台。优化省级科研基地和创新平台布局，培育一批骨干型省级重点实验室和工程（技术）研究中心。② 运用第三方评估机制，建立动态管理机制，切实改变过去"重立项、轻运行，重牌子、轻作为"的状况，建设一批省级骨干科研基地，加强关键共性技术研发、科技成果转化和技术创新服务。打造一批重大科技基础条件平台和区域科技创新服务平台。提升科技文献、科学数据、种质资源、实验动物等科技基础条件平台，建设全省统一、开放共享的科技资源公共平台。支持市州和县市区根据自身资源状况、产业特色和创新需求建设区域科技服务平台。

巩固和拓宽前沿科技战略高地。抢抓全球第四次技术革命战略机遇，积极对接国家科技创新重大项目，组织协调企业、院所、高校、研发机构联合开展前沿技术与颠覆性技术研究。进一步夯实超级杂交稻、超级计算机、超高速轨道列车"三超"领跑世界的技术优势。在关键材料、基础零部件、核心元器件、高端检验检测装备等领域实现重大突破，为自主掌握"国之重器"做出积极贡献。实施种业自主创新工程，强化种质资源创制

---

① 《湖南省 2019 年国民经济和社会发展统计公报》，湖南省统计局官网。
② 《湖南省人民政府关于〈湖南创新型省份建设实施方案〉的通知》（湘政发〔2018〕35 号）。

和育种创新体系，加快创建国家生物种业技术创新中心，打造种业强省。深入实施核高基、集成电路装备、数控机床、水土污染治理、新药创制、传染病防治等重大专项任务。在量子计算、天地一体化信息网络、人工智能、大数据、智能机器人、高端装备新材料、智能电网、脑科学、精准医学、干细胞与再生医学、海洋科技、超高音速飞行器、石墨烯等前沿技术领域，形成远近结合、梯次接续的系统布局。对接国家大科学装置战略布局，争取大科学装置建设任务在湘落地。

提升高校和科研院所创新能力。充分发挥"4+N""双一流"高校和学科的优势和作用，巩固省内重点高校"双一流"地位，积极建设世界一流大学和一流学科，系统提升人才培养、学科建设、科技研发三位一体创新水平。完善省校合作机制，积极支持国防科技大学、中南大学、湖南大学等高校优势学科发展，建设一批前沿科学中心，提升原始创新能力。加大"双一流"建设支持力度，鼓励高校深度融入企业创新，建设产学研协同创新中心。围绕产业发展推进产学研合作攻关，建设一批高水平应用特色学院与学科。鼓励高校和科研院所与规模以上企业组建新型研发机构，加快出台支持新型研发机构发展的具体措施。

（二）强化以企业为主的创新驱动力

企业是技术创新决策、研发投入、科研组织与成果转化的主体，其中大型企业则是推动产业技术进步、核心技术创新突破的主力军。不可否认，每年全球研发的新技术与新工艺，绝大多数来自大企业。为此，要积极引导湖南大型企业加大对基础性、战略性、前沿性科学研究和共性技术研究的投入力度，加强研发攻关和应用推广。鼓励打造更多以科技型大企业、互联网平台企业为龙头的创新机制和创新平台，推动这些资源和平台对中小企业有序开放，实现大中小科技型企业协同创新。

实施高新技术企业"量质双升"行动。完善"微成长、小升高、高壮大"的梯度培育机制，建立层次分明的高新技术企业梯度培育体系。完善全省中小企业公共平台服务体系，鼓励技术先进型服务企业和科技型中小企业申报高新技术企业，逐步实现"零成本"申报。依托财税综合信息平台构建科技、财政、税务互联互通的高新技术企业认定培育平台，落实企业所得税减免、研发费用税前加计扣除、研发经费奖补等优惠政策。

打造领军企业创新标杆。创建国家级研发平台、引进海外高端人才、深化国际科技合作，支持百家龙头企业成为全球领军型企业，大力培育独角兽企业和瞪羚企业。响应新一轮国家技术创新工程，加强国家级企业技术中心和国家地方联合工程研究中心布局，推动省级企业技术中心和工程研究中心升级发展，推动院士专家工作站、院士专家企业行、博士后流动工作站等更好地服务企业。鼓励企业编制中长期创新研发规划，强化技术创新和产业升级，大力支持企业建立研发机构、集聚研发人员。

实施科技型中小企业倍增计划。鼓励中小微企业加大研发力度，落实和完善政府采购促进中小微企业创新发展的措施。加快新产品研发和成果产业化，积极开展创新方法培训，提升中小企业的知识产权保护、运用能力，推进企业创新产品的质量和品牌建设。

完善以企业为主体的技术创新机制。促进创新要素向企业集聚，促进企业成为技术决策、研发投入、科研组织和成果转化的主体，增强企业家在创新决策体系中的话语权，推动形成"人力资本与知识技术资本控股"的新型企业股权结构与治理模式，构筑人力资本、科技创新和大数据"新三要素"支撑的新经济增长模式与现代产业体系。完善科技计划体系，鼓励企业牵头实施市场导向明确的科技项目。完善财政科技投入机制，前资助、后补助、间接投入等方式相结合，支持企业自主决策、先行投入。健全国有企业技术创新绩效考核制度。建立健全采购创新产品和购买科技服务政策，完善使用首台（套）重大技术装备和首批次重点新材料产品鼓励政策。健全产学研用技术创新协同机制，发挥企业科协聚集创新要素的平台作用，强化企业在技术决策、研发投入、科研组织和成果转化中的主体地位，发挥企业家在制定技术创新规划、计划、政策和标准的作用。加快产业技术创新战略联盟发展，带动跨区域、跨领域、跨系统全方位合作。积极探索产业技术创新战略联盟承担国家级和省级科技项目的激励机制，共建国家级产业技术创新战略联盟，促进产业链和创新链融合。

（三）打造高端化创新创业人才队伍

习近平总书记强调指出"人才资源是第一资源，也是创新活动中最为活跃、最为积极的因素。"[①] 湖南发展动力足不足、科技创新力度强不强，关键在于科技人才，而高端化创新创业人才更是关键中的关键。要按照湖南的产业发展布局，大力培养、引进高端化创新创业人才，激发人才的创新创业积极性，完善高层次人才奖励政策，改善优秀人才生活环境，让优秀人才为实施"一带一部"战略不断贡献自己的智慧和力量。

完善全方位支撑"一带一部"发展的人才体系。深入实施"芙蓉人才行动计划"，注重通过协同创新强化人才团队建设，促进科学研究、工程技术、科技管理、科技创业人员和技能型人才等协调发展。积极统筹规划科技引智工作，通过组团招聘、定向招聘、柔性引进、项目引进等多种形式，在重点产业领域引进培养一批掌握国际先进技术、引领产业跨越发展的海内外高层次人才和团队。依托湖南省院士咨询和交流促进会、院士专家工作站、海智计划基地等平台，力争引进诺贝尔奖获得者和国内外院士等顶级人才和团队。倡导"工匠精神"，加大实用技术人才队伍建设。对特别优秀、贡献巨大的创新创业人才（团队），按政策规定予以综合支持。支持科研院所和高校试点建立职业化技术转移人才队伍、专业化技术转移机构和技术转移人才培训基地。将高层次技术转移人才、科技金融人才、科技中介人才、创业导师等纳入省级科技人才计划重点培育。

建立柔性灵活的人才激励服务模式。矫正和预防唯论文、唯职称、唯学历、唯奖项现象，完善人才评价、流动、激励机制，充分激发各类人才

[①] 《习近平关于社会主义经济建设论述摘编》，中央文献出版社，2017，第129页。

创新活力。对高校、科研院所等事业单位急需紧缺的高层次人才采取特设岗位方式引进，可实行协议工资、项目工资和年薪制，所需薪酬计入当年单位工资总额，不纳入工资总额基数。支持高校、院所科研人员依规兼职兼薪或离岗创业，支持在高等院校兼职的企业科技人员直接参加专业技术职称评定。完善各类人才在机关、企业、事业单位之间流动时的社保关系转移接续政策。建立完善民营企业从业人员、自由职业者职称评定制度。落实军队退役人员相关优惠政策，鼓励各地对选择在湘、来湘创新创业的军队退役科技人才分类、分层次予以奖励补贴、科研启动金等激励支持。

完善高层次人才居住保障政策，支持高等学校、科研机构和企业，利用存量国有建设用地建设租赁型人才周转公寓，购买或租用商品房出租给高层次人才居住。完善科技人员职称评审政策，将专利创造、标准制定及成果转化作为职称评审的重要依据。建立和完善人才培养平台，设立企业院士科研工作站补助资金，设立国际化人才专项培养资金，加强与国内外知名大学、科研院所等机构合作。给予海外高端人才更多出入境便利，给予在长沙过境的海外高端人才过境停留144小时免签证的待遇。保障外国投资者依法享受相应的基本公共服务，允许在示范区工作的外国投资者及其直系亲属，享受与长沙居民相同的社保、就业、医疗、教育及文化服务。

三 创建互利共赢市场

以打造审批最少、流程最短、成本最低、诚信最好、服务最好的政务服务系统和法制化、便利化的营商环境为目标，扎实开展优化营商环境大行动。提升市场一体化水平，促进湖南与各地企业交流合作和商品自由流通。完善公平竞争审查制度，推进现代市场体系建设，对内要以打破地域分割和行业垄断，加快清理废除妨碍公平竞争的各种规定与做法；对外要大幅度放宽市场准入，扩大服务业对外开放，积极稳妥地"走出去"，促进贸易和投资自由化便利化。

（一）打造具有竞争力的营商环境

营商环境是一个地区的软实力，营商环境的好坏决定着该地区的核心竞争力强不强。由此而言，营商环境不仅对经济运行产生巨大影响，更在本质上反映出一个地区的市场化、现代化乃至文明进步的程度。一般来说，经济发展要改善的环境主要包含两大类，一是法治化、国际化、便利化的营商环境；二是公平、开放、统一、高效的市场环境。不管哪一类环境，都必须在"优"字上做文章，不断精益求精。

不断创新优化环境制度，研究和对标法治化、国际化、便利化营商环境的具体内容，将那些公平、统一、高效的市场环境必需的核心内容梳理出来，在此基础上研究创新制度。党的十九大报告要求"全面实施市场准入负面清单制度，清理废除妨碍统一市场和公平竞争的各种规定和做法"。公平竞争是市场机制发挥作用的必要前提，营造公平竞争市场环境，要继续深化以商事制度为突破口的"放管服"改革，奉行"宽进严管"的理念，不干预企业的正常生产经营活动，主动和高效地担负服务与监管职责，确保市场在经济活动中起决定性作用。

不断通过制度创新，出台更多优惠的税收政策，进一步减税降费，促进企业发展繁荣。在金融支持实体经济和产业发展上，多出台灵活性强的金融政策，切实解决中小微企业融资难问题。企业家最担心的是政策的不稳定性，为此，必须通过立法手段确保政策的连续性、稳定性和透明度，并加强对基层办事人员的监督，不断优化营商环境。

建立健全社会信用体系，加快建设完善企业和个人征信系统，建立有效的信用激励和失信惩戒制度，强化全社会信用意识和诚信行为，营造诚实守信、公平竞争的市场环境。推进商务诚信工程建设，推进重要产品追溯体系建设，创新商务行政执法方式，探索构建以信用为核心、以大数据为支撑的新型监管机制，打造统一、开放、竞争、有序的市场环境。

深入实施外商投资准入前国民待遇加负面清单管理制度,扩大利用外资领域。健全外商投资企业投诉联席会议工作机制,切实保护外商投资企业合法权益。全力推进口岸提效降费,推动关检融合"五统一",推广应用"提前申报""先验放后检测"等监管方式。实行口岸收费目录清单公开公示常态化,进一步降低通关成本。深化国际贸易"单一窗口"建设,提升口岸信息化、智能化水平。

(二)提升市场一体化水平

要使各种生产要素在"一带一部"的湖南境内便捷流动,市场一体化水平的提升至关重要。提升市场一体化水平,是建设统一开放、竞争有序的区域统一大市场的重要内容,也是市场发挥资源配置的决定性作用,更好地服务于湖南"一带一部"发展战略、加强湖南与周边省份联动发展的重要举措。同时,市场一体化建设应服务于供给侧结构性改革和国家"一带一路"倡议,为湖南乃至全国经济转型升级和提质增效发展提供支持。

紧紧围绕湖南"一带一部"发展战略,在重点区域、重点行业、重点领域开展试点示范。例如在重点区域方面,如何结合国家提出的发挥城市群辐射带动作用,围绕京津冀、长三角、珠三角、长江中游、成渝等特大城市群建设,积极探索环长株潭城市群如何打破市场壁垒,实现贸易、服务、投资等市场要素的自由流动。在重点行业方面,围绕装备制造、汽车、生物医药、农产品等产业和商品,如何促进产地、集散地和主要消费地之间,形成生产、流通、消费的高效衔接。在重点领域方面,例如跨境电商、电子商务、多式联运、供应链创新、物流金融和食品安全等方面,促进交易服务模式和监管制度的创新。

以资源配置型平台企业为抓手,重点打造集交易、金融、物流、信息服务功能于一体,具有开放性、公益性、跨地域性和规模经济性特征的电子商务综合服务平台。这类平台企业既包括传统的商贸流通企业,例如商品现货批发市场、仓储物流企业、贸易企业,也包括电子商务平台、互联网信息平台、供应链公司和大宗商品交易市场等新兴流通业态。电子商务在突破市场壁垒、提高流通产业核心竞争力中具有重要作用，也是流通产业改革发展的必然趋势，这一点在生活资料和消费品领域已有很多成功的案例，如淘宝网、京东商城。

清理省内阻碍要素合理流动的各种规定和做法，推进实施湖南与粤港澳大湾区、京津冀、长三角、闽三角、成渝城市群等地区统一的市场准入制度和标准，促进湖南与各地企业交流合作和商品自由流通。推进建立统一的市场执法标准和监管协调机制，规范行政处罚自由裁量权，为企业跨区域发展营造更好的行政执法环境。加快社会信用体系建设，健全各行业各领域信用记录，建立区域信用联动机制，实现信用信息资源互通、互认和互用。建立完善统一的企业信用分类标准，实现跨地区信用联合惩戒，完善"一处失信、处处受限"的失信惩戒机制。

（三）推进现代市场体系建设

统一开放、竞争有序的市场体系，是实现市场准入畅通、开放有序、竞争充分、秩序规范，加快形成企业自主经营公平竞争、消费者自由选择自主消费、商品和要素自由流动平等交换的现代市场体系。这是建设现代化经济体系的关键基础和重要支柱，有利于进一步激发市场活力、促进创新创业、加快形成新动能，也是推进"一带一部"发展的有效途径。

关于建设现代市场体系，中央提出了"全面实施市场准入负面清单制度，清理废除妨碍统一市场和公平竞争的各种规定和做法""深化商事制度改革，打破行政性垄断"等一系列要求，我们应积极贯彻落实。一方面，要从"放""管""服"三方面推进商事制度改革向深度广度拓展，改革市场准入制度，破除不合理的条条框框，提高市场主体登记管理的信息化、便利化、规范化水平；另一方面，应进一步完善商事法律的立法和执行工作。在现代化法治国家中，商事制度的调整主要是通过商法的制定和实施来完成的。因此，从建设符合现代化经济体系要求的市场体系角度看，通过法治工作来保证市场体系的统一开放、公平竞争尤为重要。我们一定要在贯彻执行国家相关法律法规上下功夫，积极建设符合湖南省情要求的现代市场体系。

优化商品及服务市场结构。湖南作为中部地区欠发达的内陆省份，现代市场体系建设正逐步完善，但仍然有很大的提升空间。在现阶段，市场体系建设的重点在于对商品和服务这两大市场的结构进一步优化。优化商品和服务市场的供需结构。按照市场经济规律，充分发挥市场在资源配置中的决定性作用，立足湖南的资源优势和人口红利，推进商品和服务市场供给侧结构性改革，提高商品和服务的供给效率。加强知识产权保护与市场监管，改善消费环境，提升商品和服务市场供给与居民需求的匹配程度。优化商品和服务市场的区域结构。进一步发挥长株潭都市圈现有市场优势，以建设国家中心城市为目标，提高对内对外开放程度；推动环长株潭都市圈、洞庭湖生态经济区等区域对标东部地区，建设合理的现代市场体系，提高商品和服务市场有效供给，提升市场服务水平和市场规模。[1] 培育高品位步行街，促进商圈建设，发挥社区商业，提升城市消费水平。此外，湖南农村地区广、人口多，教育、养老、居民生活服务等服务市场需求大，要积极加强相关服务商品的有效供给，稳步提升湘北、湘南、大湘西等广大农村地区的商品和服务市场建设水平；大力加强农村地区流通基础设施建设，对标城镇地区提升农村地区软硬件水平；推进农村电子商务发展，推进农产品上行、工业品下行，畅通农村市场渠道。

构建公平透明的要素市场。现代市场体系成熟的标志是市场体系的基本要素在市场中的建立、成长、发展和壮大，相对于商品和服务市场而言，要素市场的发展是我国市场经济改革的薄弱环节。[2] 完善现代市场体系必须加快金融、土地、劳动力、科技等生产要素市场化，制定公平、公

---

[1] 何立峰主编《建设现代化经济体系》，人民出版社、党建读物出版社，2019，第90页。
[2] 丛晶：《加快完善市场体系，提高资源配置效率》，《中国市场》2014年第26期。

正、透明、平等的规章制度，监督市场运行情况。建立和发展现代金融市场。现代市场体系发展的枢纽是金融市场的建设，金融市场又连接着产品市场和要素市场，是完善现代市场体系的关键。加快培育市场化金融资产价格形成机制，培育市场基准利率和收益率曲线，健全市场化利率形成机制。进一步提高直接融资比例，积极推进金融体制改革，构建符合湖南省情的现代金融市场体系。构建统一平衡的劳动力市场。更好地适应经济发展的需要，保障劳动者的合法权益。改革户籍及社会福利制度，打破城乡、区域间的分割，建立更加统一公平的劳动力市场。改变教育体制，适应调整职业教育与高等教育模式，使之与市场多样化的劳动需求相匹配。建立和发展土地市场。要完善现有土地使用制度和创新土地产权制度，切实维护好农民的利益。在建立和发展土地市场的过程中，要规范土地市场的交易规则，防范土地脱离市场进行交易。借助土地资源的市场化，切实把土地的使用效率提升到更高水平。改革土地出让制度和用地模式，合理确定城市土地用于建设与农民留用比例。建立现代产权、信息、技术、数据等要素市场体系。现代产权、信息、技术、数据市场建设过程中，立法的建设是关键，只有完善立法制度和法律体系，现代市场体系才能健康发展。健全产权市场，发展产权市场的载体，运用法律法规引导产权的健康流动。完善信息市场，建立信息化产业，形成信息流，提高经济、产业、企业信息化发展。

四 缔造产城融合载体

产城融合是一种产业与城市功能融合、空间整合的发展过程。城市没有产业支撑，就不能吸纳更多的人口居住，城市即使再漂亮，也就是"空城"；产业没有城市依托，即使再高端，也只能"空转"。为此，推进产城融合，关键要对产业化和城市化做好前瞻性的规划和定位，避免盲目地城市化导致城市空心化，真正落实产业定位，实现城市与产业发展之间的相互促进作用。

（一）推动产业链与城市价值链的融合发展

产业链是指从最初原材料到最终产品到达消费者手中的整个过程。如果把一个产业集群上的各个企业分解到产业链上的各能级，产业集群就成了一条由比例不一的上游、中游、下游产业组成的产业链。在一条产业链中，从原料、产品开发、品牌营销、成品加工，一直到售前、售中、售后服务，产业链上的不同节点具有不同的能级。产品开发和产品销售处于产业链的最高能级。

城市价值链理论是北京国际城市发展研究院于2002年在国内首次提出，该理论认为，城市竞争力是指提高地方经济和社会发展水平的能力，以及提高居住者生活质量的能力，城市化水平的高低即城市竞争力的高低。从这一定义可以看出，城市价值链理论不仅仅是一个城市竞争力理论，更是一次关于城市化进程方面的重要理论探索，是对中国城市价值取向的一次全新审视。

推动产业链与城市价值链的融合发展，关键要把握好产业发展趋势，引领产业变革；此外，城市化进程要建立在与之相匹配的产业发展基础之上。产业链与城市价值链的融合在于突破早期城镇化的弊端。城市化进程中的土地资源、空间资源用于发展新兴产业（或未来前沿产业）具有非常重要的城市发展意义，如此落实产城融合，城市才具有发展的可持续性，城市化水平才能不断得到提升，城市价值链才能得到体现。

积极推动产业与城市融合发展，提高产城融合水平。产业与城市融合就是要使产业发展适应城市需求与定位，城市功能完善促进产业转型升级，最终为在城市生活中的人提供良好的生产与生活需求服务，激发人的创造性，推动城市创新。因此，应当制定合理的城市功能定位，使其适应城市人的发展和产业转型升级，同时合理规划和引导城市产业发展，使产业发展体系与城市发展体系高度契合，并与城市创新体系融合，形成产业、城市与创新三者相互包容、相互促进的良性互动格局。

（二）促进产业园区与城市新区共生发展

产业园区和城市新区是加快城镇化进程的重要载体。产业园区对城市新区起带动作用，产业园区城市化是城市新区建设的根本动力；而城市新区对产业园区起保障作用，产业园区和城市新区互动发展有利于快速推进城镇化。[①]

认真制定、完善产业园区和城市新区发展规划，引导城市新区与产业园区有序开发。规划要突出产业布局、基础设施、公共服务设施、资源整合利用等方面的整体性和科学合理性，优化用地空间布局，强化产业园区的主体功能，增强城市新区对产业落户的吸引力和竞争力，加大城市新区对产业园区支柱产业和重点项目的推进和扶持力度。产业园区发展规划要明确产业园区的发展定位和目标任务，确定重点产业发展的方向和类型。加快服务配套设施不全的产业园区的规划调整和实施步伐，根据产业园区发展规模和实际需求，合理设置公共服务设施以及市政设施，使之逐步发展成为产业特色鲜明、配套功能完善的城市新区。

加快基础设施建设步伐，完善公共服务设施配套。加快推进城市新区道路、给排水、垃圾污水处理、电力电信等基础设施的建设步伐，完善产业园区基础设施配套。按照"统筹发展、集约增长、适度超前"的思路，把产业园区的要素配置和基础设施建设纳入城市新区整体统筹考虑，保证每年有足够的园区用地用于生活配套服务设施的建设。建立产业园区与城市新区、城市新区与周边区域基础设施建设协调发展机制，实现共建共享。尽快启动建设城市快速交通、轨道交通等产业园区与城市新区间的快速通道。加快城市新区科教文卫体以及商业居住等设施的建设，进一步完善城市新区的功能和产业园区的社会服务体系。

---

① 姚莲芳：《新城新区产城融合体制机制改革与创新的思考》，《改革与战略》2016年第7期。

加快城市新区、产业园区保障性住房建设。各市、县在安排年度保障性住房建设计划时，要优先考虑在产业园区和城市新区建设成规模的保障性住房小区，确保保障性住房按时、按量、按质完成建设，并优先安排产业园区的中低收入的独生子女户和其他中低收入的产业工人入住，配套相关的设施，尽快形成产业工人就近集中居住，带动产业园区和城市新区的人气集聚。保障性住房的建设要积极探索以划拨的方式取得土地的政策，简化审批手续。鼓励远离城市的园区探索建设工业社区，按工业用地的标准供地。

（三）创新以人为本的产城融合体制机制

统筹公共服务设施建设，合理配置产业园区与城市新区公共服务资源，加速实现城乡均等化、区域均衡化，完善教育、就业服务、医疗卫生、住房保障、养老服务体系，不断提高城市公共服务供给能力和水平，为促进湖南产城融合提供优质的民生保障。

围绕产城融合的智力保障，推进教育均衡发展。科学规划学校布局，教育用地优先纳入产城融合建设规划，加快城区及城乡接合部中小学和城乡幼儿园扩容建设。按人口比例合理配建幼儿园和小学、初中，解决产业工人和农业转移人口的子女入学问题。义务教育阶段异地务工人员随迁子女就学纳入城市普及九年义务教育工作范畴，与城市学生享受同等教育。所有高中逐步面向异地务工人员随迁子女开放招生，使其平等享有参加中考、高考的权利。

围绕产城融合的劳力保障，完善就业服务体系。健全城乡统一规范灵活的人力资源市场，健全基层人力资源社会保障公共服务平台；完善农村劳动力转移就业政策，建立城乡一体的就业、用工管理体系。持有居住证的异地务工人员，享受城乡劳动力均等的公共就业体系服务，失业后可以在城市相关部门进行失业登记，享受与城镇登记失业人员同等的所有促进就业创业的优惠政策。加强"就业促进、技能培训、就业服务"三大体系建设，持续完善人力资源市场建设。鼓励城乡居民自主创业，按照国家规定在市场准入、小额贷款、税负减免等方面提供优惠政策。

围绕产城融合的健康保障，发展公共医疗服务。统筹城乡医疗资源配置，完善城乡公共卫生服务网络，鼓励城市优质医疗资源向基层流动或开展共建合作，按服务人口合理增设社区卫生服务站，建立城区医院对口帮扶基层医疗机构的长效机制，确保城乡居民均等享有基本公共卫生服务。打破行政区划壁垒，城乡居民可自由在各地医院就医，并就近结算医疗保险费用。

围绕产城融合的安居保障，加强公共租赁房建设。进一步完善住房保障运营机制，扩大住房保障覆盖面，着力解决"融城新市民"家庭、新就业人员和外来务工人员的住房困难。加强保障性住房分配管理，重点发展公共租赁住房，鼓励、引导企业和社会资本参与公共租赁住房建设。支持各地工业园区和劳动密集型企业建设公寓类公共租赁住房。把符合条件的有稳定就业的异地务工人员纳入当地住房保障范围。

围绕产城融合的养老保障，完善养老服务设施。建立健全以居家养老为基础、社区服务为依托、机构养老为支撑的社会养老服务体系，推动城乡基本养老服务均衡发展，实现城乡社区居家养老服务中心全覆盖。重点建设老年人日间照料中心、托老所、老年人活动中心、互助式养老服务中心等社区养老设施，推进社区综合服务设施增强养老服务功能，使日间照料服务基本覆盖城乡社区。

五 推进项目建设发展

项目建设是区域经济发展的生命线，抓好各种领域的项目，尤其是重点项目建设，是贯彻发展战略最有力、最管用的途径。湖南要实现经济增长、产业转型、城市提质和民生改善，必须以项目建设为抓手，牢记扭住项目建设这个"牛鼻子"。继续坚持"引进来、走出去"的招商思路，以项目建设为抓手，大力招引项目，规范服务项目，形成项目招商和项目建设的强大合力。

（一）推动外商投资项目引得来

外商投资是我国城市创新的重要动力之一，也是我国经济快速增长的原因之一。积极发展对外招商，大力引进外商投资项目，有利于湖南引进资金、促进资源集聚、促进区域发展；有利于外商投资与技术进步、产业转型升级和生态文明建设相结合。为此，我们要进一步加强对外招商力度，清理阻碍外商投资项目落地的相关制度，搞好项目建设的跟踪服务。

转变"优惠政策"思维，以营造良好营商环境来提升招商引资的吸引力。当前各地出台的招商引资"优惠政策"基本相近，企业和投资者可以在更大范围内调配、整合生产要素，对投资目的地的选择所考虑的，已经不再局限于是否具有政策优势、地域优势、交通优势、资源优势和特色优势，而更多考虑的是产业配套能力、开放开明的发展环境等综合营商成本因素。因此，应通过推行"最多跑一次"改革，打造市场有效、政府有力、企业有利、群众受益的体制机制新优势；着力营造低成本、有竞争力的发展环境，提升综合成本比较优势，让好的"营商环境"成为招商引资的一张名片。

聚焦"新经济"特征，以"产业链条"新空间拓展招商引资的选择力。当前，新经济正以不可逆转之势蓬勃兴起，成为新旧动能转换、高质量发展的引擎。发展新经济已成为各地招商引资的重要目标和招商领域，湖南也应提早谋划和布局新经济（数字经济、智能经济、绿色经济、创意经济、共享经济等），来开拓产业发展新空间。要大力推动大数据、人工智能、物联网、5G、网络安全等全产业链发展，促进数字经济与实体经济深度融合，成为加快发展新经济、培育新动能的重要产业方向。

探索"反向飞地"模式，以"引才引智"新路子提升招商引资的发展力。人才是第一资源，特别是高层次人才已经成为经济社会发展的主要推动力，是区域发展最重要的战略资源。争夺人才和留住人才已成为招商引资的关键一招。可借鉴浙江衢州海创园"反向飞地"模式，即在发达城市建立一块"飞地"用于高端人才的创新孵化，实现孵化在外地，生产在当地的模式。从而打通欠发达地区对创新资源的迫切需求和发达地区高端资源充沛供给的通道，实现人才需求与供给链的有效对接。

创新"招商引资"手段，以"互利共赢"提升引进项目的执行力。在当前全球经济面临巨大挑战，各地招商竞争日趋激烈的新形势下，创新招商手段，强化招商措施，对顺利引进项目起关键作用。要发挥智库作用，助力产业招商，相关智库应围绕国际形势、资本流向、产业定位、政策扶持、考核激励、区域竞争等多方面开展分析研究，提出符合新形势、新规律、新特点的工作建议和招商策略。突出主导产业的链式招商，实施差别化招商，突出特色，通过龙头项目相关产业的横向拓展和协作配套，形成关联度较高的产业集群和企业集群。创新文化旅游搭台招商，借鉴市场营销理念推行文化招商的方式，发挥湖南文化旅游资源丰富独特的优势，把招商引资与文化旅游主题有机结合起来，通过文化氛围极浓和亲和力极强的促销活动，收到"醉翁之意不在酒"的招商效果。

为引入更多的外商投资，湖南要进一步优化开放环境，瞄准三类500强、战略性龙头企业、行业领军企业，大力推进以"建链、补链、强链"为内容的产业链招商，积极推动跨国公司在湘设立研发中心、区域总部等。把长株潭城市群作为引进外资的核心区域；此外，推动出台支持湘南湘西承接产业转移新一轮发展的政策措施，着力引进一批重大产业项目和开放平台项目，支持示范区内市州开展加工贸易试验区先行先试，加强示范区内企业与共建"一带一路"国家和地区的产能合作。持续办好一年一度的湖南—粤港澳大湾区投资贸易洽谈周等经贸活动，抓好示范区与粤港澳大湾区产业对接，力争把示范区建设成为中西部地区承接产业转移高地。

（二）促进对外投资项目走得出

抓好对外投资项目，不仅有利于湖南解决目前的产能过剩问题，推动高速铁路、工程机械、纺织印染、钢铁建材等开拓国际市场，而且有利于对接"一带一路"，发展与东南亚国家、非洲国家和欧美发达国家的投资合作，使湖南赢得更广阔的发展空间。

推动联盟抱团出海。鼓励有实力的制造企业、科技型企业、文化创意企业向外发展，支持轨道交通、装备制造、工程机械等优势产业和企业"抱团出海"。举办央企湘企对接会，完善央企湘企合作机制。推进重点国别、重点地区的深耕发展，扩大丝路联盟在全国的影响力。继续抓好援外工作。鼓励支持湖南优势企业获批更多援外资质，争取获得更多援外项目。办好援外培训并用好资源，争取申报更多的援外培训项目，通过来湘参加培训的学员架桥拓市，促进湖南优势企业和优质产品"走出去"。

加快"走出去"项目库建设。加大对重点国家和地区发展战略、政策、产业、市场等方面研究，按照"在建一批、推进一批、谋划一批、储备一批"的原则建设"走出去"项目库，推动湖南优质项目进入国家"一带一路"项目清单。密切跟踪落实"走出去"项目进展情况，为入库企业及时提供政策扶持、信息咨询等服务。通过各种渠道收集境外项目信息，结合湖南产业发展情况确定重点项目清单并组织相关企业跟踪对接，促成项目落地和实施。

构建"走出去"综合服务体系。建立省级"走出去"联席会议制度，统筹协调各有关部门共同推进"走出去"重大项目、重大事项、重大政策的落实。继续推进"架桥拓市"工程，完善由业务处、地区处、境外商协会、境外商务代表处、驻外使馆经参处组成的"五位一体"的境外工作服务网络。为企业搭建集信息、资金、人才、服务等于一体的对外经贸和双向投资的信息共享平台，帮助企业开展线下对接，促进项目落地。建立健全涉外法律援助机制，指导企业积极应对国际经贸摩擦。做大做强援外和培训平台。

培育本土跨国企业。重点培育工程机械、轨道交通、能源开发、路桥房建、资源勘探开发、农业、生物制药、文化传媒等湖南优势产业中的龙头企业，带动行业发展。鼓励企业向精深加工、研发和品牌、信息管理与咨询服务等科技含量较高的关键领域投资。引导企业以工程、项目换资源等多种方式开展合作，实行资源开发与基础设施建设相结合、工程承包与建设运营相结合，向系统集成、工程总承包方向拓展。

支持中小企业"走出去"。引导中小企业进行制度和管理创新，树立国际规则意识，建立与国际接轨的现代企业制度、管理模式和服务规范。鼓励中小企业开展国际化经营，支持省内有区域特色和产业优势的中小企业，依托大企业带动，参与配套生产和服务，扩大在东盟、南亚、中亚、非洲以及中东欧等地区的产业投资。

（三）谋划区域合作项目共推进

湖南想要实现一个区域的协同快速发展，必须从体制上打破行政壁垒，扩大国内开放，抓好区域合作项目。从"一带一部"的发展定位来看，关键是要抓好长江经济带和粤港澳大湾区的区域合作项目，依托黄金水道，促进湖南与湖北、江西、重庆优势互补，充分利用东部发达地区的资金与技术、西部欠发达地区的资源优势，推进区域产业合作，同时大力发展区域之间的第三产业互联互通，打造区域平衡发展机制。

推进重大基础设施建设合作项目、生态文明建设和环境保护合作项目、社会事业和社会治理合作项目、中部崛起的相互合作项目的落地，推进湘赣、湘粤等合作试验区建设。重点瞄准长三角、京津冀、粤港澳大湾区、北部湾经济区、海西经济区等重点地区，大力开展产业链招商；充分发挥湘南、湘西承接产业转移示范区等平台优势，吸引东部沿海发达地区的制造业和服务业领域的研发中心、创意中心等内迁。

加快跨域合作共建项目。毗邻广东，遥望港澳，作为粤港澳大湾区最紧密的邻居之一，湖南一直以来与粤港澳经贸往来密切，双方在许多领域存在合作共建的利益需求。随着粤港澳大湾区发展不断推进，湖南可以积极对接大湾区产业体系的建设，成为大湾区产业链上下游合作的延伸，两地可共同建设具有国际竞争力的高端制造业基地。充分利用港洽会、深交会等各种招商签约平台，争取与粤港澳大湾区在绿色产业、金融业、生物科技、文化旅游、人才培养等领域签订更多的合作共建项目。

加强国际产能合作。落实推进国际产能和装备制造合作行动计划，跟踪督促部省合作协议重点项目建设。创新项目合作模式，力争相关重大项目进入"丝路明珠"项目。推动建设一批境外经贸合作园区，积极推荐条件成熟的境外经贸合作园区进入国家级园区。

积极参与共建"一带一路"国家基础设施建设。重点引导装备制造、轨道交通、电子信息、新材料、智能电网和输变电设备等具有比较优势的产业和骨干企业扩大对外投资和出口；推动钢铁、有色、建材、光伏等优势产能加快"走出去"步伐，鼓励企业在基础较好的国家探索开展海外工程 BOT、PPP 等建营一体化模式。

"一带一部"论纲：基于区域协调发展的战略建构

第十章

"一带一部"发展战略保障

"一带一部"论纲：基于区域协调发展的战略建构

实施"一带一部"战略，需要强有力的措施保障。而作为一种探索性的战略构想，需要进一步谋划好湖南未来发展，积极推进富饶美丽幸福新湖南建设，为战略实施提供坚实基础。同时，在实施国家区域发展战略总框架下，发扬"吃得苦、霸得蛮、扎硬寨、打硬仗"的优良传统，勇于担当，积极作为，重点从深化改革开放、创新现代治理、完善政策体系、增强文化自信等方面开展先行先试，为实施"一带一部"战略保驾护航。

一 深化改革开放

习近平总书记指出："改革开放是党和人民大踏步赶上时代的重要法宝，是坚持和发展中国特色社会主义的必由之路，是决定当代中国命运的关键一招，也是决定实现'两个一百年'奋斗目标、实现中华民族伟大复兴的关键一招。"[1] 改革开放是决定当代中国命运的关键一招，同样也是决定湖南未来发展前景和发展命运的关键一招。邓小平在《解放思想，实事求是，团结一致向前看》中曾经指出："如果现在再不实行改革，我们的现代化事业和社会主义事业就会被葬送。"[2] "一带一部"战略为湖南发展定了位、把了向，如果不为"一带一部"战略提供好的制度、环境和条件，不继续深化改革开放，湖南的区位优势和发展优势就难以充分发挥出来，湖南未来发展竞争力就难以真正确立起来。

---

[1] 习近平：《在庆祝改革开放40周年大会上的讲话》，人民出版社，2018，第21页。
[2] 《邓小平文选》（第二卷），人民出版社，1994，第150页。

（一）在思想解放上取得新突破

改革开放，思想先行。1978年，在全国启动改革开放前，也是先进行了一场解放思想的大讨论活动。正是这场解放思想的大讨论活动，推动了改革开放的正式开启和全面实施。因此，可以说思想解放是改革开放的前提。只有思想解放了，改革才可能放开步子，发展才可能打破思想上的束缚。思想不解放，改革开放就是一句空话。湖南之所以和发达地区相比还有一定差距，很大程度上就是思想上的差距，就是观念上的距离。发挥"一带一部"优势，进一步深入推进改革开放，就要把思想解放放在首位。

以思想解放为引擎，深化对湖南区位优势的认识。过去，我们总是看到自己的劣势——不沿海不沿边，却发现不了自己的优势，不能辩证地看待"海""边"，孤立地认为湖南的地理位置既不沿海又不沿边，"不东不西"的定位曾经左右和影响了很大一部分人。从区域性的角度来看，"不东不西"的定位是局部性视角而非全局性视角，是短期性视角而非长远性视角。正是这种认识和看法的局部性、局限性，导致"不东不西"的区位认识束缚了我们的手脚。随着湖南基础设施建设尤其是航空、高铁、高速公路建设等的推动，湖南的区位优势日渐明显，航空、高铁、高速公路等立体交通网络使湖南由区域性交通枢纽转变成全国性交通枢纽。习近平总书记"一带一部"战略定位的提出，是湖南走出"不东不西"定位的定盘星，是对湖南发展优势的高度概括和凝练，是未来湖南增强核心竞争力的真正优势。实施好"一带一部"战略，就要切实解放思想，以之指导对湖南区位优势的深化认识，从全局的角度、以世界的眼光和发展的视角来看待湖南的区位优势。无疑，"一带一部"就是这样的战略，就是指导湖南发展的科学方略。

以思想解放为动力，冲破湖南发展观念上的障碍。习近平总书记指出："冲破思想观念上的障碍、突破利益固化的藩篱，解放思想是首要的。在深化改革问题上，一些思想观念障碍往往不是来自体制外而是来自体制内。思想不解放,我们就很难看清各种利益固化的症结所在,很难找准突破的方向和着力点,很难拿出创造性的改革举措。因此,一定要有自我革新的勇气和胸怀,跳出条条框框限制,克服部门利益掣肘,以积极主动精神研究和提出改革举措。"[1] 落实好"一带一部"战略定位,在湖南发展战略的制定和实施上,就要跳出湖南看湖南、面向未来谋湖南、立足全局建湖南,就不能搞本位主义、保护主义和部门主义,要以开放的心态、开阔的胸襟,积极营造法治化、国际化的营商环境,一视同仁对待任何企业和个人。要看全局、谋全域,从湖南的长远发展、竞争优势出发拿出创造性的改革举措,推进湖南发展再上一个台阶。

以解放思想倒逼深化湖南对开放发展的认识。湖南属于农业地区,农耕文明和小农意识思想浓厚,这种传统和思想在某种程度上束缚了湖南的发展。正是这种落后的思想和观念,导致大家视野不宽、开放合作不够。开放发展是新发展理念的重要内涵,是国家繁荣发展的必由之路,也是地区发展的必由之路。习近平总书记指出:"一个国家能不能富强,一个民族能不能振兴,最重要的就是看这个国家、这个民族能不能顺应时代潮流,掌握历史前进的主动权。"[2] 湖南要走在时代发展的前面,毫无疑问要坚持开放发展,扛起开放发展的大旗。但从当前来看,湖南对外开放还远远不够,经济外向度不高,开放型经济仍然是湖南发展的短板。"一带一部"战略为湖南发展外向型经济、加快推进对外开放带来了新的契机。近年来,湖南对外贸易一路高涨,从 2016 年开始进入高速增长期,2017 年增长近 40%,2018 年增长 30% 左右,2019 年上半年的增速位居全国第二。当前的重点就是解放思想,坚持"走出去"与"引进来"相结合,进一步扩大对外开放、构筑内陆开放新高地。要加强区域合作,积极主动对接长江经济带、粤港澳大湾区、"一带一路"倡议等,为开放发展积极打造平台。

---

[1] 《习近平谈治国理政》,外文出版社,2014,第 87 页。
[2] 《习近平谈治国理政》(第二卷),外文出版社,2017,第 210 页。

（二）在行政区划改革上打开新局面

行政区划管理工作关系到社会和谐稳定，关系到国家治理体系和治理能力现代化，关系到人民群众的福祉。行政区划管理工作要根据经济社会发展形势，立足经济社会发展水平和需要，及时做出调整。适时调整行政区划，是消除行政壁垒和区域封锁，促进区域经济协调发展的重要举措。"一带一部"战略的实施，当以深化改革为突破，在行政区划改革上需要实施新举措创新局面，为"一带一部"战略的实施搞活体制机制。

行政区划工作受到民主政治发展、国土整治、城市化发展和区域协调发展的影响。"一带一部"战略是区域协调发展的重大战略，是湖南对接粤港澳大湾区、京津冀协同发展、长江经济带、中部崛起、西部大开发等的重大区域战略。更好地发挥"过渡带"和"结合部"优势，无疑需要湖南发展壮大一批大城市、小城镇，需要理顺一些城市行政关系，为全省城市发展壮大、城市经济体量增加克服行政区经济弊端做铺垫。"一带一部"战略的实施，需要各个行政部门和地区高度协作、共同发展、共同互惠。

为促进区域经济协调发展，落实"一带一部"战略，湖南有必要调整行政区划，建立与区域经济相符的行政协调机制，以更好地促进城市经济融合发展，实现区域内资源配置的优化和产业结构的合理化。具体而言，一是要做大做强长株潭城市群，尽快在推进长株潭行政一体化上取得突破，打破各自为政的局面，实现长株潭一体化高质量发展，为城市群发展提供样本、智慧和方案。二是要从历史沿革、发展基础、产业结构、地理区域等角度出发，以行政管理体制改革创新为抓手，加快津澧、衡山南岳、新化冷水江融合发展，在适当时候合并发展，将其建设成为有较强辐射力和发展后劲的区域性中心城市，从而带动区域经济协调发展。三是在合适时机组建武冈、攸州两大新的地级市，将其建设成为区域经济增长的新增长极。四是从提升城市经济发展实力出发，积极推动中方、湘潭、宜章等县改区，更好地提升城市经济发展质量，增强中心城市经济发展活力。

（三）在对外开放中闯出新路子

封闭不是办法，开放才有出路。我国经济之所以飞速发展，归结于改革开放的直接推动。习近平总书记指出："封闭的空间只会四处碰壁，开放的道路才会越走越宽。"① 只有不断改革、持续推进开放，改革和开放同步推进，国民经济和区域经济才可能得到切实发展。经过多年的开放发展，湖南对外开放取得了一定成效，也取得了显著成绩。开放理念不断牢固，"1＋2＋5＋N"的开放崛起推进体系得以确立，"一核两极三通道四个百亿美元项目"得以明确，湖南开放崛起的政策体系和制度体系全面形成。开放基础不断巩固，拥有16个国家级经开区、高新区和123个省级园区，还有一批海关特殊监管平台，中国—非洲经贸博览会、世界计算机大会等永久落户湖南，一批国家级平台如湘南湘西承接产业转移示范区、长沙跨境电商综合试验区等成功获批。开放环境不断优化，"放管服"改革持续推进，"互联网＋政务服务"全方位推进，营商环境整体改善。开放合作蓬勃发展，湖南对外合作伙伴已拓展到200多个国家和地区，贸易额从1985年的319万美元上升到2018年的465.3亿美元，实际利用外资从1983年的26万美元上升到2018年的161.91亿美元，境外合同投资累计达238.82亿美元。但是总体而言，湖南经济发展的外向度还比较低，外向型经济还没有完全壮大起来，开放发展仍然是湖南经济发展的制约因素和短板。

当前，国家层面正在推进全方位对外开放，这为湖南实施"一带一部"战略、推动实施开放发展带来了契机。尤其是随着国家一系列对外开

---

① 习近平：《携手开创亚洲安全和发展新局面——在亚信第五次峰会上的讲话》，《人民日报》2019年6月16日。

放的措施持续落地,"从扩大进出口贸易到放宽市场准入,从推动构建'一带一路'到促进贸易和投资自由便利化",这一系列措施使实际使用外资增速不断加快,吸引的外资质量不断提升,外资大项目加快增长,中国的投资吸引力在不断增加。湖南推动落实"一带一部"战略,就要抢抓国家全方位对外开放的契机,进一步推动开放发展。

进一步树立开放发展的理念,在世界开放发展和国际开放格局中布局和谋划湖南对外开放,把对外开放作为推动湖南高质量发展的重要抓手。要用好重要平台和品牌,做大做强中国—非洲经贸博览会等,打造对非经贸合作新机制、中非合作论坛经贸举措落实新平台和地方对非经贸合作新窗口,进一步加强新时代中非经贸合作,推动中非经贸合作向更高水平、更高质量发展。要结合湖南优势产业特色开好世界计算机大会,促进产业和资本融合,促进国际交流与合作,建立计算应用产业生态体系。进一步完善对外开放体制机制,提高对外开放度,深化投融资体制改革,进一步增强湖南在全球经济治理中的影响力和话语权。

二 创新现代治理

"一带一部"战略是一种全新的理念,是湖南未来发展的指南针和导航器。推动落实"一带一部"战略,就要创新现代社会治理,为实施"一带一部"、融入"一带一路"倡议,建设富饶美丽幸福新湖南与和谐稳定社会提供坚强保障。"一带一部"背景下的现代社会治理创新,本质上就是要革除不适应社会发展的制度体系和体制机制,对落后的政策体系进行完善,树立科学治理理念,以适应治理体系和治理能力现代化的需要,进而构筑起一套新的、适应实践发展要求的体制机制。

(一)牢固树立科学治理理念

理念是行动的先导。思想有多深,行动才能有多远。党的十八届三中全会做出了"实施全面深化改革，推进国家治理体系和治理能力现代化"的总体部署，并提出全面深化改革的目标——坚持和发展中国特色社会主义，推进国家治理体系和治理能力现代化。党的十九届四中全会审议通过了《中共中央关于坚持和完善中国特色社会主义制度，推进国家治理体系和治理能力现代化若干重大问题的决定》，就坚持和完善中国特色社会主义制度、推进国家治理体系和治理能力现代化的总体目标、重点方面等进行整体谋划。社会治理是国家治理的重要方面，社会治理体系和治理能力的现代化直接影响到国家治理体系和治理能力现代化。理念作为行动的先导，创新社会治理首先要创新理念。社会治理体系和治理能力的现代化，首先就是治理理念的现代化，就是要树立科学治理理念。

实施"一带一部"战略，创新现代社会治理理念，就是要适应开放型社会结构的变化和需要，政府组织、社会力量和广大民众都要参与到社会治理中来，在社会治理主体上要看到行政治理体制的局限性，不能简单地靠行政管理、政府推动，既要吸收传统的社会治理理念中的一些有效做法，更要创新传统治理制度，真正实现现代治理，实现既控制有序又生动活泼有活力，推进国家治理和社会自治双重效能的提升。

树立科学治理理念，创新现代社会治理理念。一是要摒弃传统的单向度社会控制理念与管理模式，推动治理主体从单一向多元转变。"一带一部"战略的实施，涉及政府、社会组织、市场主体和民众，缺少哪个方面的支持都难以实现。要构建政府、市场和社会相协调的治理体系，把行政力量、市场力量和社会力量有机整合起来，使之成为有机整体、形成整体合力。二是要加强合作互动，推进协商治理，"一带一部"战略的实施还涉及周边省份，没有兄弟省份的共建共治共享也断然难以全面实现。要使社会治理高效有序，需要各兄弟省份、各社会治理主体之间持续互动、协商合作，绝不能关起门来搞治理。三是要坚持以人民为中心，树立民本观念。"一带一部"战略的实施造福的是全体湖南人民，推动社会治理创新，同样需要以人民利益为中心，坚持从维护和发展好最广大人民的根本利益出发，使广大人民更好地共享"一带一部"成果，增进福祉。

（二）推进社会治理现代化

习近平总书记指出："社会治理是国家治理的重要领域，社会治理现代化是国家治理体系和治理能力现代化的题中应有之义。加强和创新社会治理，逐步实现社会治理结构的合理化、治理方式的科学化、治理过程的民主化，将有力推进国家治理现代化的进程。"[①] 实施"一带一部"战略，创新现代治理，就要推进社会治理现代化，建立共建共治共享的社会治理制度，夯实和谐湖南、平安湖南的基础。

一是推进社会治理结构的合理化。社会治理结构，指的是社会治理主体或治理单元之间的关系及其互动。为"一带一部"战略夯实社会基础，就要推进社会治理结构的合理化。要合理界定政府、市场与社会的角色及其边界，政府既要承担相应的责任，发挥统筹协调的作用，也要适度放权，管不了的不管、管不好的放权，充分发挥企业、市场主体的竞争优势和作用，该市场发挥作用的地方就充分发挥市场的作用，政府要敢于放手、让权。同时，还要充分发挥社会的协同作用，把社会组织和社会力量的作用充分发挥出来，调动社会各方面积极性、激发社会整体活力。社会治理结构合理化的核心就是要处理好政府、市场和社会的关系，关键是政府要转变观念、转变身份、转变角色、转变职能，厘清政府、市场和社会的边界，推动三者的良性互动，构建起多元共治的社会治理结构。

二是推进社会治理方式的科学化。社会治理的重心在基层、根基在基层、难点在基层，因此社会治理方式科学化就要注重加强基层社会治理，推动治理关口前移、重心下沉，注重在打牢基层基础、提升基层治理能力中推动社会治理方式科学化，进而构筑基层社会治理新格局。社会治理是

---

① 《习近平新时代中国特色社会主义思想三十讲》，学习出版社，2018，第234页。

一门科学，有自身规律可循，社会治理方式的科学化要注重研究社会治理的一般规律和特定规律，要把社会治理和国家治理结合起来思考、统筹起来推进，注重考量社会治理对象、手段的特定性，不可采取简单暴力、机械行政和命令主义的做法。推进社会治理方式科学化，还有一个重要的方面就是要树立依法治理的理念，在社会治理中善于运用法治方式和法律手段解决问题，着力推进社会治理法制建设和制度建设，切实增强整个社会学法用法守法意识，实现社会治理法治化。

三是推进社会治理过程的民主化。社会治理的重点是社会，社会是人的社会，离开了人这一主体，社会就不能称为社会。在推进社会治理过程中，要注重吸纳群众意见、鼓励群众参与，注重走好群众路线，向群众学习社会治理的智慧，让群众成为社会治理的主体。要推进社会治理程序公开，确保公平公正，充分吸纳社会各方面意见和建议，提高社会治理政策和制度的群众知晓度，不能让社会治理程序正义失真。要推进社会治理结果公开，充分相信群众，由群众评判社会治理效果，把社会治理结果向群众解释清楚，最大限度地让群众参与社会治理全过程。

（三）创新社会治理体制机制

创新社会治理体制机制是现代社会治理的必然要求，是构建和谐社会的必由之路。随着新的社会形势不断发展，创新社会治理体制机制成为社会治理的必需课。

一是进一步完善党委领导、政府负责、民主协商、社会协同、公众参与、法治保障、科技支撑的社会治理体系。党的十九届四中全会将"民主协商"和"科技支撑"纳入社会治理体系中，进一步丰富了社会治理的内涵。要坚持和加强党对社会治理工作的全面领导，提高党领导社会治理的能力和专业化水平，重点是要加强基层党组织对基层社会治理的统筹谋划、组织领导和整体推进能力。各级政府组织应当发挥社会治理主体作用，全面履行社会治理职能，创新方式方法，全面提供基本公共服务，进行公共管理，维护公共安全，建立健全矛盾调处、利益表达、利益保护机制。各级党委和政府要将社会治理摆上重要议事日程，纳入各级党委和政府政绩考核重要指标，切实压实各级党委和政府社会治理责任，防止出现社会治理是"社会"的事等错误认识观念和思想。

二是进一步完善政府治理和社会调节、居民组织良性互动的体制机制。社会治理需要党委和政府的领导和推动，同样也需要社会力量和社会组织的协同和参与。社会治理需要各方协力，要注重组织社会力量共同参与，深入推进政府购买公共服务，鼓励和引导企事业单位、社会组织和广大人民群众积极参与社会治理。要注重发挥地方性规范、地方性共识等在社会治理中的重要作用，尊重社会传统和基层创新创造，深化基层组织和部门创新社会治理，推动各类社会主体自我管理、自我服务、自我提高。注重发挥社会组织的作用，积极培育和引导社会组织健康发展，完善社会组织管理制度，推动社会组织参与社会治理全过程、全方位、全领域。

三是进一步提升社会治理社会化、法治化、智能化、专业化水平。中国特色社会主义进入新时代，社会治理的目标更高、要求更高，推进社会治理社会化、法治化、智能化和专业化成为时代之需。激发社会活力，确保社会治理有序，就要注重走群众路线，强化社会协同的体制机制，加强和创新基层治理，充分依靠和发动群众，做到以人民为中心推进社会治理，群众的事情交给群众办，培育现代社会治理的土壤。坚持法治引领，运用法治思维和法治方式化解矛盾、调解纠纷、推进治理，引导群众在法治框架和法律范围内进行利益表达，提高社会治理法治化能力和水平。注重引进和运用现代信息技术和手段推进社会治理，充分利用区块链、大数据、人工智能、互联网、物联网等现代信息技术手段，推进社会治理智能化，实现社会治理科学化、精细化和精准化。社会治理是一项技术活、专业事，要交给专业人士来办，注重培育社会工作专门人才，建设一支高素质的社会治理工作人才队伍，提高社会治理专业化、职业化水平，提高社会治理整体性、协同性和可预见性。

三 完善政策体系

"一带一部"战略真正落地,切实成为推进富饶美丽幸福新湖南建设的核心动力,除了需要解放思想、创新社会治理之外,还需要完善相关政策体系。当前,需要重点完善以下相关政策。

(一)产业发展政策

"一带一部"战略的根基是产业,产业兴旺才有发展基础和空间。从"一带一部"构想出发,产业发展政策的完善应重点做好以下几点。

推进产业结构的合理化。产业结构合理化是经济政策始终坚持和追求的一个目标。要推进供给侧结构性改革,促进产业结构优化,促进机械制造、智能制造、航空航天等新兴、主导产业的发展。培育新兴产业,集中资源、集中力量对机械制造等主导产业进行重点培育,振兴传统产业,支持创业投资促进新兴产业发展。积极调整就业政策,依据和配合产业结构调整,进一步完善再就业培训、职业介绍、就业指导等相关政策措施。积极推进一、二、三产业融合发展,做大做强支柱产业,提高产业融合水平。

做好承接产业转移。产业转移是当今世界发展的大趋势,也是"一带一部"战略带来的新契机。将沿海发达地区部分产业转移到发展中地区,这是产业在空间分布上的调整,是国家发展战略。实施"一带一部"战略,就要主动做好承接产业转移的各项工作。积极为外商投资企业增加投资创设环境。依据湖南与毗邻兄弟省份的资源要素特点和经济社会发展需要,编制好投资优势产业目录。抓好湘南湘西承接产业转移示范区建设,更好地发挥区位优势,积极融入"一带一路"建设、长江经济带建设、粤港湾大湾区建设,推进湖南产业转移发展新高地建设。湘南湘西承接产业转移示范区要深化开放合作,扩展与东南亚、中亚、西亚和欧洲的国际通道，拓展与成渝城市群、京津冀等地区合作领域，继续深化与东部地区的全方位合作尤其是深化与各类重点开发开放平台间的交流对接。

优化营商环境。在资源、资金、人才、市场和技术竞争越来越白热化的当下，一个地区的营商环境决定了其资源要素的流向与汇集，决定了其在各种竞争中状况。近年来，湖南大开投资"方便之门"，营商环境不断得到优化。实施好"一带一部"战略，湖南还要继续狠抓营商环境的优化。要加强政策法规体系建设，积极实施优化营商环境条例，建立健全市场政策法规，创造良好的市场法治环境。继续推进简政放权，落实国家出台的一系列减税降费政策，出台更多便民利民措施，深化"放管服"改革，简化行政审批程序，为企业投资提供便利。聚焦群众反映突出、企业反映强烈的焦点问题进行整改，坚决整治"吃拿卡要"，坚决清除"红顶中介"，构建亲清政商关系。提升政务服务质量和效能，积极整合相关职能和资源，发挥人工智能、大数据、互联网和物联网作用，加强和推广"互联网＋政务服务"，更好地服务群众。

（二）公共服务政策

"一带一部"战略为湖南发展带来了新的契机，抓住"一带一部"带来的新机遇，需要围绕促进"一带一部"战略落地、改善发展环境、提供公共物品和服务，进一步完善相关公共服务政策。

一是提升基本公共服务水平。目前，湖南已初步构建起覆盖全民的基本公共服务制度体系，基本公共服务项目内容不断丰富、标准不断提高，群众满意度不断提升。但是，与人民群众对美好生活的需求相比，湖南基本公共服务还存在质量不够高、发展不平衡等短板，还不能满足"一带一部"战略的需求。要完善基本公共服务体系，确保公共教育、劳动就业创业、社会保险、医疗卫生、社会服务、住房保障、公共文化体育、残疾人服务等八个领域81个基本公共服务项目惠及全省人民群众，实现基本公共服务全覆盖。

二是创新基本公共服务供给方式。改革创新基本公共服务供给的模式与方式，在发挥政府主导作用的同时积极吸引社会力量介入，建立基本公共服务多元化的供给机制，丰富基本公共服务的实现形式，建立统筹协调、财力保障、人才建设、多元供给和监督评估机制，确保基本公共服务制度高效运转，不断提高基本公共服务的质量和水平。推进城乡、区域间基本公共服务大体均衡，不断推进基本公共服务政策和投入向农村、欠发达地区和困难群体倾斜，确保困难群体和贫困地区基本公共服务主要领域指标接近全省平均水平，提高全省广大人民群众对基本公共服务的可及性。

三是完善配套基础设施功能。基础设施是公共服务建设的重要组成部分，是"硬"的公共服务。发展外向型经济，提高湖南对外开放水平和质量，需要加强基础设施建设，补齐公共基础设施短板。完善现代交通网络，强化铁路运输网建设，抢抓中西部铁路通道建设机遇，建设好铁路环线、加强铁路站点配套设施建设；加强黄花机场、城陵矶港、长株潭城际铁路等航空、港口、城际交通的提质改造，提高站场港口通行能力；加强高速公路路网建设，确保实现"市市通高铁、县县通高速"，进而发挥交通基础设施在提升湖南承东接西、连南通北中的基础性作用。完善现代通信网络，加强5G站点建设和布网，不断优化信息服务，确保信息网络全省覆盖。

（三）人才支撑政策

人才是"一带一部"战略的重要基础和基本保障。落实习近平总书记提出的"一带一部"战略定位，人才是最关键的因素。毛泽东曾明确指出，"政治路线确定之后，干部就是决定的因素"。[①]"一带一部"战略定位，为湖南实现现代化、建设富饶美丽幸福新湖南提供了良好机遇。实现这一目标，就要做好人才工作，为"一带一部"筑实人才基础。

---

① 《毛泽东选集》（第二卷），人民出版社，1991，第526页。

一是围绕发展定位确定人才战略。首先,"一带一部"战略定位的根本就是搞开放合作,就是要湖南进一步拓宽开放发展的空间,大力发展开放型经济,深度融入"一带一路"倡议。为此,湖南既要重视人才,更要确定人才体系,要积极培养和引进一批视野广、能力强、水平高的高层次领军人才,培育一批发展潜力足、创新能力强、业务素质好的中青年拔尖人才,储备一批愿意奉献、扎根基层、专业突出的专业技术人才。其次,作为"过渡带"和"结合部",湖南要扩大开放,构筑起内陆开放新高地。为此,湖南要注重培养和引进对外开放人才,要注重确定培养和引进人才的重点。为了更好地对接"一带一路"倡议、长江经济带建设、京津冀协同发展和粤港澳大湾区战略,湖南培养和引进人才的重点应当是国际贸易人才、现代物流人才、文化旅游人才等开放合作所急需的人才,以补齐湖南开放型经济发展的人才短板。

二是聚焦发展战略优化人才布局。紧密结合湖南实际,聚焦"一带一部"战略,坚持以人才资源协同发展促进湖南开放发展,优化人才布局,为全省开放发展提供人才支撑和智力支持。一方面,根据区域发展布局优化人才发展布局。全省目前有长株潭国家自主创新示范区、湘南湘西承接产业转移示范区、洞庭湖生态经济区、湘江新区等国家级平台和发展条件,要发挥不同平台的作用和功能,要有不同层次和类别的人才支撑。比如,长株潭国家自主创新示范区要发挥创新引领的作用,重点在科技创新、智能制造、创新创意等方面加大发展力度,集中力量发展优势产业、新兴产业,应重点支持科技领军人才、创新创意人才和专业技术人才的培养、引进与发展。又如,湘南湘西承接产业转移示范区要有力有序有效承接国内外产业转移,应既实施高端人才引进计划和培养工程,又大力发展职业教育和职业培训,建立健全职业教育培训网络,依托相关职业院校,大力发展与承接产业相关的高技能人才。另一方面,根据开放发展需求优化人才布局。湖南落实"一带一部"战略,就要打造开放发展新高地,注重对接国家开放发展大战略,参与到"一带一路"建设中去,参与到国家开放发展大格局中去，积极主动地对接和拓展国家大市场，推动湖南企业"走出去"。为此，要积极储备和培育一批通晓各国语言、知识面广、视野开阔的复合型人才，支持省内高校运用跨学科教育培养国际化人才，为湖南对接"一带一路"、推动企业"引进来""走出去"提供必要的人才保障。

三是紧盯发展目标加强人才管理。人才是最大的资源。人才作为资源发挥作用，离不开良好的管理。没有良好的管理作为基础，人才资源的优势就得不到发挥，就会形成人才浪费。实施"一带一部"战略，除了需要人才资源，更需要加强人才管理，围绕战略目标为各类人才更好地发挥作用提供良好的制度和环境。围绕"一带一部"发展目标加强湖南人才管理，要围绕推动开放合作做好人才的培养、引进、使用工作。就培养而言，要立足发展开放型经济，推动省内高校优化人才培养体系，在"双一流"建设中对开放发展急需人才给予政策照顾和支持。加强职业教育，提高职业教育质量，为实施"一带一部"、对接"一带一路"培育和输入更多更好的中高端职业技能人才。就引进而言，要拓宽视野、加大力度、营造环境，下大气力引进湖南产业发展所需的高端人才和紧缺人才。为引进的高层次人才创设良好的工作和生活环境，消除他们的后顾之忧。就使用而言，要相信人才、信赖人才，给各类人才同等的竞争机会，改革人才评价体系，科学评价人才，为人才成长营造良好环境。

四 增强文化自信

习近平总书记曾经指出："文化是一个国家、一个民族的灵魂。文化兴国运兴，文化强民族强。没有高度的文化自信，没有文化的繁荣兴盛，就没有中华民族伟大复兴。"[①] 实施"一带一部"战略，建设富饶美丽幸福新

---

① 习近平：《决胜全面建成小康社会 夺取新时代中国特色社会主义伟大胜利——在中国共产党第十九次全国代表大会上的报告》，人民出版社，2017，第41页。

湖南，没有对湖湘文化和湖南区位的充分自信，同样难以实现。

（一）激活湖湘文化因子

湖湘文化是中华优秀传统文化的重要组成部分，自古有"古道圣土"、"屈贾之乡"和"潇湘洙泗"的美誉，以"心忧天下、敢为人先、经世致用、兼收并蓄"为特质的湖湘文化薪火相传，培育形成了"忠诚、担当、求是、图强"的湖南精神。相传炎帝神农氏在此种植五谷、织麻为布、制作陶器、亲尝百草，坐落于株洲市的炎帝陵成为凝聚中华民族精神的象征；舜帝明德天下，足历洞庭，永州九嶷山为其陵寝之地；善卷辞帝不授，德播天下，归隐枉山（今常德德山），给后世留下丰富的道德文化遗产，被尊为"德祖"。湖湘文化作为一种独特的区域文化，具备融会百家、兼收并蓄的特点，体现了开放胸襟和融合意识，是"道莫盛于趋变"的求新求变精神和传统。尤其是近代以来，湖南历来走在思想解放、对外开放之前列。近代历史上第一位喊出"睁眼看世界""师夷长技以制夷"的魏源，并将之付诸实践的毛泽东、彭德怀、曾国藩、左宗棠、郭嵩焘等，充分体现了湖湘文化的开放、融合特性。湖湘文化中的忧乐精神、开放精神和经世致用思想，奠定了其在中华传统优秀文化中的重要地位。在新的历史条件下，湖湘文化的开放精神同样需要大力发扬。

"一带一部"战略，为湖湘文化的开放开发提供了战略引擎。实施好"一带一部"战略，要继续弘扬创新纳容、求新求变的湖湘文化，树立坚定的地域文化和区位自信。湖南作为东部沿海地区和西部地区的过渡带，既有近海的优势，也有连接西部地区的优势；湖南作为长江经济带和沿海经济带的结合部，既是长江经济带的参与者、建设者，也可以是沿海经济带的参与者、建设者，可以融会长江经济带和沿海经济带的发展。因此，"一带一部"的区位优势定位，为湖南走出"不东不西""不沿海不沿边"的区位自卑心理提供了战略指导。看待和发挥湖南的区位优势，不能单从局部出发，而是要从全局出发，从全球视野、全国战略中看待湖南发展的区位优势。发挥好"一带一部"优势，要激活湖湘文化中的开放因子、包容因子和融合因子，坚定不移地推进湖南对外开放发展。湖南唯有开放、开放、再开放，不断提升湖南对外开放的水平和质量，才可能抓住发展机遇，赶上时代步伐，推进全域发展。

（二）盘活地域文化资源

地域文化是特定的历史地理环境下形成的源远流长、历史久远、特色鲜明的文化传统，是特定区域的历史、民族、民俗、生态、传统和习惯等形态的体现。湖南历史悠久、文源广、文脉深，地域文化资源丰沛且特色鲜明。湖南拥有长沙、岳阳、永州、凤凰4座国家级历史文化名城，拥有舜帝陵、炎帝陵、湘妃祠、屈子祠、四羊方尊、皿方罍、洪江古建筑群等228处全国重点文物保护单位，拥有"汨罗江畔端午习俗"、衡山影子戏等人类非物质文化遗产项目，以及湘绣、花鼓戏、常德丝弦、桑植民歌、德夯苗鼓、江永女书、滩头木版年画、茅古斯、摆手舞等国家非物质文化遗产项目118个。既有城头山古城遗址、玉蟾岩遗址、高庙遗址、炭河里遗址、马王堆遗址、里耶秦简、走马楼三国吴简以及岳阳楼、岳麓书院、中国南方长城等著名历史遗迹，又有张家界武陵源风景区、邵阳崀山丹霞地貌2处世界自然遗产和老司城世界文化遗产，还有"世外桃源"真迹地常德桃花源，传统自然和文化资源优势明显。同时，以湖湘文化、荆楚文化、青铜文化、梅山文化、龙舟文化、戏曲文化、武术文化、巫傩文化等文化符号为表征的湖南文化在全国享有较高知名度。湖南发生了秋收起义、湘南起义、桑植起义、平江起义、通道转兵、芷江受降等著名历史事件。涌现了东汉造纸术发明者蔡伦、北宋理学鼻祖周敦颐、有"东方黑格尔"之称的思想家王夫之、"睁眼看世界第一人"的启蒙思想家魏源，以及清代中兴名臣曾国藩、左宗棠、胡林翼，维新志士谭嗣同、唐才常，辛亥元勋黄兴、蔡锷、宋教仁，民国第一位民选总理熊希龄，无产阶级革命家毛泽东、刘少奇、彭德怀、任弼时、胡耀邦,著名科学家"世界杂交水稻之父"袁隆平,"衣原体之父"汤飞凡,"试管婴儿之母"卢光琇,"两弹一星"功勋奖章获得者周光召、陈能宽,著名历史学家翦伯赞,著名文学家李群玉、沈从文、丁玲、周立波,著名艺术家欧阳询、怀素、髡残、齐白石、黄永玉、田汉,等等,形成了人文荟萃、英才辈出的湖南人才群。实施好"一带一部"战略,不仅要充分保护好、开发好和利用好湖湘文化资源,更要挖掘好、传承好和弘扬好湖湘文化精神。

盘活好湖湘文化资源,首先要有一盘棋意识。所谓一盘棋意识就是要有整体观念、大局思维、全局视野。一盘棋意识的养成和践行要从两个方面进行筹划。一方面,要从全国层面谋划,要把湖湘文化资源放在中华优秀传统文化中去定位、思考和推进,不能孤立起来看。作为地域特色的湖湘文化是中华优秀传统文化的重要组成部分,要按照优秀传统文化的传承与发展规律去发展和传承湖湘文化。另一方面,要整体推进和盘活湖湘文化资源,让湖湘文化资源活起来。湖湘文化作为独具特色的地域性文化,是一个有机整体,强调和突出某一个方面难以呈现湖湘文化的整体面貌。其次要有底线和边界。湖湘文化资源的盘活,离不开对文化资源的开发利用,但是开发利用并不是无限制地开发、无原则地利用,而是要坚持和坚守原则与底线,适合传承的做好传承工作,需要保护的要切实保护起来,需要改进和创新的就要做好改进和创新工作,分类推进才能切切实实让湖湘文化资源动起来、活起来、传开来。最后要有开放和市场意识。文化发展有自身的规律,其中市场规律就是文化发展的重要规律之一。盘活湖湘文化资源,同样需要按照市场规律推进。要面向未来、面向群众、面向世界,做活做强做大湖湘文化,在遵从文化本真的前提下按照市场规律开发利用好湖湘文化。

(三)做活区域文化产业

湖南地域文化资源优势明显,真正盘活湖湘文化资源,增强区域文化自信，要做大做强做活区域文化产业，发展有湖湘特色的文化产业，真正实现文化资源向文化产业的转换。2006年以来，湖南通过实施文化强省战略，从率先提出建设文化强省到走在文化强国建设前列，再到建设文化强省升级版，湖南文化强省建设不断迈出坚实步伐。在建设文化强省过程中，湖南文化产业发展取得了显著成效，文化产业成为湖南的支柱性产业。坚持文化自信是文化强省建设的前提，做活区域文化产业无疑可进一步增强文化自信的根基。

坚持"走出去"与"引进来"相结合，提高湖南文化产业的对外开放度。在"一带一部"战略中推进文化产业，既要立足本土，充分挖掘本土资源，把湖南抗战文化、屈贾文化、炎舜始祖文化等特色文化资源优势开发好，将湖南自然资源文化、地域特色文化和历史文化结合起来推进，推动湖南文化企业积极"走出去"。也要学习借鉴国际国内文化产业发展经验，加强区域间、国家间的交流与合作，拉长文化产业链条，培育新的文化产业发展业态，提高区域文化产业化水平。

做大做强文化企业。湖南文化产业从无到有、从小到大，并能成为湖南的一张名片和重要支柱性产业，就在于湖南形成了在全国有影响力的文化产业品牌、在全国叫得响的文化企业。做强文化产业，就要做大做优骨干文化企业，打造千亿级企业，发挥龙头文化企业在文化产业发展中的带动作用。要推动"文化＋科技""文化＋金融""文化＋互联网"，推动文化产业与相关产业融合发展，积极培育新的增长点和增长模式，拓展新的增长空间。推动各企业提升文化创新能力，供给优质文化产品，进而推动文化产业高质量发展，更好地满足人民群众精神文化生活新期待。

推动构建现代文化产业体系。做大做强文化产业，构建现代文化产业体系是重点。湖南出台的《关于加快文化创新体系建设的意见》明确了建设国际新型影视创意中心、建设数字出版高地、建设动漫游戏创新基地、建设全国新型演艺娱乐中心、建设国内外著名文化旅游目的地、建设全球创意烟花设计基地、建设现代创意设计集聚区、建设非物质文化遗产生产性保护基地等重点任务。建成优势特色鲜明、创新活力迸发的湖南文化创新体系，重中之重就是要构建现代文化产业体系。积极推进文化产业全产业链建设，构建起从投融资到项目对接、到交易平台、到消费市场的完整的文化产业体系。

参考文献

[1] 楚尔鸣：《一带一部：奠定湖南区域自信新高度》，湖南人民出版社，2017。

[2] 陈国富、王伯承：《建设国家中心城市推进成渝经济区域一体化》，《经济研究导刊》2011年第1期。

[3] 陈叔红：《湖南参与泛珠三角区域合作的若干思考》，《学习导报》2005年第7期。

[4] 陈洋：《巴黎大区2030战略规划解读》，《上海经济》2015年第8期。

[5] 陈礼平、刘贻石：《长江经济带建设中湖南的战略定位与发展思路研究》，《财经界》2016年第15期。

[6] 成长春、徐长乐等：《长江经济带世界级产业集群战略研究》，上海人民出版社，2018。

[7] 楚尔鸣、曹策、李逸飞：《结构性货币政策：理论框架、传导机制与疏通路径》，《改革》2019年第9期。

[8] 晨风：《在创新开放中实现产业转型升级——二论推动湖南制造业高质量发展》，湖南省人民政府官网，2019年5月16日。

[9]《邓小平文选》（第二卷），人民出版社，1994。

[10] 段超、李亚：《全面推进武陵山片区生态文明建设研究》，《中南民族大学学报》（人文社会科学版）2016年第3期。

[11] 范恒山：《十八大以来我国区域战略的创新发展》，《人民日报》

2017年6月14日。

[12] 费洪平：《新时代如何振兴实体经济 切实筑牢发展根基》，《北京交通大学学报》（社会科学版）2019年第3期。

[13] 付保宗、盛朝迅等：《加快建设实体经济、科技创新、现代金融、人力资源协同发展的产业体系研究》，《宏观经济研究》2019年第4期。

[14] 付保宗、周劲：《协同发展的产业体系内涵与特征》，《经济纵横》2018年第12期。

[15] 顾朝林：《城镇体系规划理论·方法·实例》，中国建筑工业出版社，2005。

[16] 《长江中游城市群发展规划》，2015年4月。

[17] 郭丁文：《建设富有新区特色的现代产业体系》，《中国经贸导刊》2018年第14期。

[18] 胡彩梅：《特大城市人口的国际比较》，《开放导报》2015年第3期。

[19] 《湖南省武陵山片区国家生态文明先行示范区建设方案》（发改环资〔2014〕1667号），国家发改委、财政部、国土资源部、水利部、农业部、国家林业局批复。

[20] 《湖南通鉴》（下），湖南人民出版社，2007。

[21] 《湖南省志·经济和社会发展计划志（1978—2002）》，中国文史出版社，2010。

[22] 《湖南年鉴2003》，湖南年鉴社，2003。

[23] 《湖南年鉴2003》，湖南年鉴社，2004。

[24] 《湖南省2018年国民经济和社会发展统计公报》，湖南省人民政府门户网站，2019年3月13日。

[25] 蒋祖烜、刘险峰、曹娴：《主动融入长江经济带，争创湖南改革发展新优势》，《湖南日报》2016年5月19日。

[26] 邝奕轩：《推进洞庭湖湿地生态治理体系建设》，《中国国情国力》2019年第1期。

[27] 李庚、王野霏、彭继延：《北京与世界城市发展水平比较研究》，《城市问题》1996年第2期。

[28] 李立勋：《城市国际化与国际城市》，《城市问题》1994年第4期。

[29] 李燕：《发展服务型制造 重塑产业价值链》，《经济日报》2018年6月7日。

[30] 李煜伟、倪鹏飞：《外部性、运输网络与城市群经济增长》，《中国社会科学》2013年第3期。

[31] 林兆木：《着力建设创新引领协同发展的产业体系》，《经济日报》2018年3月1日。

[32] 刘建芳：《美国大都市化衍生的中心城市与郊区的矛盾及其影响》，《山东社会科学》2010年第2期。

[33] 刘茂松：《实施"一带一部"战略，推进多层级一体化集聚发展》，《湖湘论坛》2016年第1期。

[34] 刘建武：《找准湘粤赣"三江源"发展保护平衡点》，红网，2016年10月27日。

[35] 刘钊：《现代产业体系的内涵与特征》，《山东社会科学》2011年第5期。

[36] 宁越敏：《世界城市的崛起和上海的发展》，《城市问题》1994年第6期。

[37] 秦佳良、张玉臣等：《促进产业价值链迈向中高端：演化路径和政策思考》，《企业经济》2018年第8期。

[38] 《以"一带一部"新战略提升湖南发展新优势》，《湖南日报》2016年10月10日。

[39] 盛朝迅：《构建现代产业体系的瓶颈制约与破除策略》，《改革》2019年第3期。

[40] 唐承丽、吴艳、周国华：《城市群、产业集群与开发区互动发展研究——以长株潭城市群为例》，《地理研究》2018年第2期。

[41] 唐家龙：《经济现代化与现代产业体系的内涵与特征》，《天津经济》

2011 年第 5 期。

[42] 唐宇文：《创新引领开放崛起拓展富民强省之路》，《湖南日报》2017 年 9 月 23 日。

[43] 唐子来、李粲：《迈向全球城市的战略思考》，《国际城市规划》2015 年第 4 期。

[44] 汤蕴懿：《推动长三角产业高质量协同发展》，《浙江日报》2019 年 7 月 3 日。

[45] 童中贤、曾群华：《长江中游城市群空间整合进路研究》，《城市发展研究》2016 年第 1 期。

[46] 童中贤、韩未名：《区域城市群整合》，社会科学文献出版社，2014。

[47] 童中贤、黄永忠、刘晓等：《新型城镇化视角下的区域发展研究》，人民出版社，2016。

[48] 童中贤、刘晓、黄永忠：《环长株潭城市群融入长江中游城市群发展研究》，《企业经济》2015 年第 9 期。

[49] 童中贤、肖琳子、熊柏隆、佘纪国：《中部地区城市群整合及发展战略研究》，载《中国中部地区发展报告（2008）：开创城市群时代》，社会科学文献出版社，2009。

[50] 童中贤：《城市群整合论——基于中部城市群整合机制的实证分析》，上海人民出版社，2011。

[51] 童中贤：《打造"一带一部"引擎，做大做强长沙都市圈》，《长沙晚报》2019 年 9 月 12 日。

[52] 王辑慈：《创新的空间》，北京大学出版社，2001。

[53] 王凯、陈明：《近 30 年快速城镇化背景下城市规划理念的变迁》，《城市规划学刊》2009 年第 1 期。

[54] 王韬钦：《湖南实施"一带一部"总战略思考及相关建议》，《中国经贸导刊》2017 年第 23 期。

[55] 王韬钦：《湖南"一带一部"战略的核心要义》，《开放导报》2018

年第 6 期。

[56] 王晓静、周枣、刘士林：《国家中心城市与文化融合发展现状》，《中国国情国力》2019 年第 10 期。

[57] 王新坚、李楚凡：《开发湖南与浦东开发》，《湖南社会科学》1992 年第 1 期。

[58] 王承哲：《营造国际一流营商环境》，《人民日报》2019 年 6 月 18 日。

[59] 魏达志：《中心城市总部经济成长论》，中国城市出版社，2010。

[60] 魏国恩、朱翔、贺清云：《环长株潭城市群空间联系演变特征与对策研究》，《长江流域资源与环境》2018 年第 9 期。

[61] 吴义国：《"一带一部"新定位引领湖南新发展》，《湘潮》2018 年第 2 期。

[62] 习近平：《决胜全面建成小康社会夺取新时代中国特色社会主义伟大胜利——在中国共产党第十九次全国代表大会上的报告》，人民出版社，2017。

[63] 习近平：《推动形成优势互补高质量发展的区域经济布局》，《求是》2019 年第 24 期。

[64] 习近平：《在庆祝改革开放 40 周年大会上的讲话》，2018 年 12 月 18 日。

[65] 《习近平关于社会主义经济建设论述摘编》，中央文献出版社，2017。

[66] 《习近平谈治国理政》（第二卷），外文出版社，2017。

[67] 《习近平谈治国理政》，外文出版社，2014。

[68] 《湘南地区承接产业转移示范区规划》（发改地区〔2011〕2188 号），国家发展和改革委员会批复。

[69] 《新中国成立 70 周年湖南发展成就综述：中流击水新湖南》，新湖南，2019 年 9 月 30 日。

[70] 向晓梅、杨娟：《粤港澳大湾区产业协同发展的机制和模式》，《华南师范大学学报》（社会科学版）2018 年第 2 期。

[71] 谢建辉：《落实"一带一部"战略要聚焦六大任务》，《新湘评论》

2017 年第 7 期。

[72] 阎小培：《信息产业与世界城市体系》，《经济地理》1995 年第 3 期。

[73] 姚莲芳：《新城新区产城融合体制机制改革与创新的思考》，《改革与战略》2016 年第 7 期。

[74] 姚星星：《我国区域发展总体战略的再认识》，《经济视角》2017 年第 1 期。

[75] 杨杰妮、刘霞：《湖南发展新定位：一带一部》，《潇湘晨报》2014 年 2 月 11 日。

[76] 易雪琴：《国际经验与郑州建设国家中心城市研究》，《郑州航空工业管理学院学报》2017 年第 5 期。

[77] 易兵等：《湖南对接长江经济带的功能定位、政策措施和评价指标研究》，《湖南工业职业技术学院学报》2017 年第 2 期。

[78] 俞慧友：《湖南：红色热土创新潮涌 中部崛起敢为人先》，《科技日报》2019 年 7 月 29 日。

[79] 余娅：《朝着教育强省坚定前行——回望湖南教育沧桑巨变四十年》，《科教新报》2018 年 11 月 14 日。

[80] 张富泉：《实施"一带一部"战略提升湘江新区规划》，《新湘评论》2015 年第 17 期。

[81] 张京祥：《国家—区域治理的尺度重构：基于"国家战略区域规划"视角的剖析》，《城市发展研究》2013 年第 5 期。

[82] 张梦洁、杨满场、彭羽中：《长江中游城市群城市能力成长评估及提升策略研究》，《城市问题》2019 年第 4 期。

[83] 张萍：《张萍自传》，社会科学文献出版社，2019。

[84] 张迎春：《湖南湘江新区：中部首个国家级新区的"双创"经验》，《中国战略新兴产业》2018 年第 41 期。

[85] 郑建新：《放大"一带一部"优势，加快承接产业转移》，《湖南日报》2018 年 8 月 11 日。

[86] 中国国际经济交流中心:《把实施"一带一部"发展战略作为促进中部地区崛起的重要战略支撑》,《湖南日报》2016年6月23日。

[87] 《中央此时再提"中部崛起"背后有何深意?》,中国新闻网,2019年5月23日。

[88] 钟洋、林爱文、周志高:《长江中游城市群交通优势度与经济发展水平互动关系研究》,《经济问题探索》2019年第5期。

[89] 詹晓安:《打造洞庭湖生态文明建设示范区的思考》,《长江技术经济》2017年第1期。

[90] 周一星:《城市地理学》,商务印书馆,1995。

[91] 周振华:《全球城市演化原理与上海2050》,上海人民出版社,2017。

[92] 周正祥、毕继芳:《长江中游城市群综合交通运输体系优化研究》,《中国软科学》2019年第8期。

[93] 朱翔、徐美:《湖南省省际边界中心城市的选择与培育》,《经济地理》2011年第11期。

[94] 朱翔:《城市地理学》,湖南教育出版社,2003。

[95] 邹云、丁文杰、谢立言:《"一带一部":战略重构下的湖南崛起》,《新湘评论》2014年第19期。

[96] 曾冰:《中心城市培育与我国省际交界区经济发展研究》,中央财经大学博士学位论文,2016。

[97] 曾刚、王琛:《巴黎地区的发展与规划》,《国外城市规划》2004年第5期。

[98] Hall P. *The World Cities*(London: Weidenfeld and Nicolson,1966).

[99] John F.,"The World City Hypothesis",*Development and Change*,1986,1(17).

[100] J. T. P.,PN.,B. D.,*Global Urban Analysis: A Survey of Cities in Globalization*(London: Routledge,2012).

[101] M. F.,F. T. J.,*Economics of Cites: Theoretical Perspectives*(Cambridge:

Cambridge University Press, 2000).

[102] Molotch H., "The City as a Growth Machine: Toward a Political Economy of Place", *China Ancient City*, 1976, 82 (2).

[103] R. B., R. F., P. M., etal. *Econoimic Geography and Public Policy* (Princeton: Princeton University Press, 2003).

后　记

习近平总书记来湘视察时，以对经济发展规律的深透把握和对湖南地理区位、历史地位、时空方位的深谋远虑，从更广视野、更高境界、更深层次提出了"一带一部"的战略构想，凸显了湖南的区域优势、历史使命、发展活力，是习近平新时代中国特色社会主义思想与湖南实际相结合的产物，既反映了新时代湖南建设和发展的迫切需要，又反映了区域协调发展的必然规律，为推动形成优势互补高质量发展的区域经济布局指明了方向。

"一带一部"提出之后，学界和实践层面对其究竟是湖南的发展战略还是湖南的发展定位存在不同的看法。我认为"一带一部"既是湖南的发展战略也是湖南的发展定位，是"发展战略"与"发展定位"的有机统一。从总体上说，"一带一部"不仅具有战略蕴含的一切要素特征，而且是联结国家区域战略的一个逻辑奇点，事关我国东中西地区、长江开放经济带和沿海开放经济带协调、联动、贯通的大局，是立足湖南、着眼全国，促进区域协同发展的一个大战略。

贯彻落实习近平总书记"一带一部"战略思想，提高经济整体素质和竞争力，加快形成结构合理、方式优化、区域协调、城乡一体的发展新格局，结合学习习近平总书记对湖南工作重要指示精神，我们开展了"一带一部"战略研究，旨在深刻领会和把握这一重要讲话的战略思想与丰富内涵，以为有关决策者、管理者和实际工作者深入思考和切实推进区域协调、高质量发展，提供智力支持与实践参考。

具体研究经过是：2019年1月30日，童中贤对课题进行了总体设计，提出了研究思路，起草了写作提纲，框架完成后征求了方向新、熊柏隆等专家学者的意见。2019年4月23日，邀请刘茂松教授及课题组成员召开座谈会，刘教授提出了很多有价值的建议，最后由童中贤修订。2019年6月14日，本书初稿起草分工如下：前言：童中贤，第一章：童中贤、印道胜，第二章：陈律，第三章：范东君，第四章：杨盛海，第五章：黄永忠，第六章：刘晓，第七章：周海燕，第八章：周永根，第九章：李海兵，第十章：何绍辉。初稿完成后由童中贤统稿、修改、定稿，熊柏隆参与了个别章节修改。

课题研究和该书出版得到了社会科学文献出版社、湖南省财政厅、湖南省社会科学院、湖南省地方志编纂院等单位的大力支持与帮助；中国社会科学院学部委员、中国区域经济学会理事长、研究员、博士生导师金碚先生，湖南省经济学学会名誉理事长、经济学教授、博士生导师刘茂松先生拨冗为本书作序，在此一并表示衷心感谢！

在研究和写作过程中，我们参考和引用了相关专家的研究成果，未能一一注明，特此表示感谢和歉意！由于我们水平有限，加之时间紧、任务重，研究中存在许多缺陷与不足，敬请读者批评指正。

童中贤
2020年4月于德雅村

图书在版编目(CIP)数据

"一带一部"论纲：基于区域协调发展的战略建构／童中贤等著.--北京：社会科学文献出版社，2020.8
ISBN 978-7-5201-6934-9

Ⅰ.①一… Ⅱ.①童… Ⅲ.①区域经济发展－协调发展－研究－湖南 Ⅳ.①F127.64

中国版本图书馆 CIP 数据核字（2020）第 129353 号

"一带一部"论纲
—— 基于区域协调发展的战略建构

著　者／童中贤 等

出 版 人／谢寿光
组稿编辑／邓泳红
责任编辑／张　超　吴云苓

出　版／社会科学文献出版社·皮书出版分社（010）59367127
　　　　　地址：北京市北三环中路甲29号院华龙大厦　邮编：100029
　　　　　网址：www.ssap.com.cn

发　行／市场营销中心（010）59367081　59367083
印　装／天津千鹤文化传播有限公司

规　格／开本：787mm×1092mm　1/16
　　　　　印　张：20.75　字　数：293 千字

版　次／2020 年 8 月第 1 版　2020 年 8 月第 1 次印刷

书　号／ISBN 978-7-5201-6934-9
定　价／128.00 元

本书如有印装质量问题，请与读者服务中心（010-59367028）联系

▲ 版权所有 翻印必究